科学版精品课程立体化教材
湖北省精品课程配套教材

人力资源管理与开发

罗　帆　孙泽厚　主编

科学出版社
北　京

内 容 简 介

本书从四个方面系统地介绍和探讨了人力资源管理的内涵和实务：从理论研究方面概述了人力资源管理的内容、特点、原理和发展进程；从业务模块角度阐述了人力资源管理中的六大模块的理论、管理方法和操作实务；从战略管理角度归纳了人力资源法规、社会保障与劳动保护、人力资源管理诊断等的基础及操作实务；从突出人力资源前沿的角度出发，论述了人力资源风险管理和跨国人力资源管理的内容和方法。本书具有系统性强、适用性强的特点。

本书既可作为人力资源管理、工商管理、劳动与社会保障等专业的本科生教材，也可作为相应专业的硕士研究生参考教材，还可作为企业管理者的参考用书。

图书在版编目（CIP）数据

人力资源管理与开发/罗帆，孙泽厚主编. —北京：科学出版社，2018.3
科学版精品课程立体化教材　湖北省精品课程配套教材
ISBN 978-7-03-056703-1

Ⅰ. ①人…　Ⅱ. ①罗…　②孙…　Ⅲ. ①人力资源管理-高等学校-教材②人力资源开发-高等学校-教材　Ⅳ. ①F243②F240

中国版本图书馆 CIP 数据核字（2018）第 043639 号

责任编辑：方小丽 / 责任校对：王　瑞
责任印制：赵　博 / 封面设计：蓝正设计

科学出版社 出版
北京东黄城根北街 16 号
邮政编码：100717
http://www.sciencep.com
北京中石油彩色印刷有限责任公司印刷
科学出版社发行　各地新华书店经销
*
2018 年 3 月第　一　版　开本：787×1092　1/16
2025 年 1 月第七次印刷　印张：17 1/2
字数：421 000

定价：46.00 元

（如有印装质量问题，我社负责调换）

FOREWORD

前　　言

2004~2005 年，我们分别在美国明尼苏达大学和英国考文垂大学做了一年访问学者。在向国外同行学习人力资源管理与开发新理论和新方法的同时，也吸取了先进的教学理念和经验。英美大学的培养模式、学科体系、教材建设和网络辅助教学系统，使我们深受启发。

回国后，武汉理工大学成立了人力资源管理系，创办了人力资源管理专业。经过师生们的共同努力，学科建设卓有成效，毕业生就业率一直在本校经管类专业中名列前茅。2008 年，我们主持的“人力资源管理”被评为湖北省精品课程。此后，按照教育部关于精品资源共享课程的建设要求完成了课程的转型升级，实现了教学录像全程上网，目前正在建设在线课程。我们主编的《人力资源管理——理论与实践》教材已出版多年，虽然受到了社会各界的好评，但已不能满足新时代和新形势的需要。

面对世界经济和科技的激烈竞争及人口、资源、环境变化的挑战，人力资源管理与开发的各项活动日趋复杂，对组织的生存发展、员工的工作生活质量产生重大影响。学习人力资源管理与开发，掌握相关知识和技能，可以帮助组织建立健全人力资源管理体系，有效地指导选才、育才、用才和留才，提升可持续发展的组织效能。本书依托“人力资源管理”精品资源共享课程建设和湖北省教学研究项目“人力资源管理实践教学体系创新研究”，结合编者多年的企事业单位管理咨询项目经验编写而成。本书从以下四个方面涵盖了人力资源管理与开发的理论和实务。

（1）构建了人力资源管理与开发体系，概述了人力资源管理的内容、特点、原理和发展进程。

（2）阐述了人力资源管理的六大模块，包括人力资源规划、人员招聘与流动、人力资源开发与培训、工作绩效评估、激励与奖酬管理、员工关系管理的理论和方法。

（3）归纳了人力资源管理基础和操作实务，包括工作分析与职位分类、人员素质测评、职业生涯管理与开发、人力资源法规、社会保障与劳动保护、人力资源管理诊断的内容和方法。

（4）突出了人力资源管理的前沿，包括人力资源风险管理和跨国人力资源管理的原理和方法。

本书的特色如下。

（1）系统性。全书体系科学合理，理论层面系统全面，技术和方法层面具体可行。

（2）适用性。借鉴发达国家先进经验，反映学术前沿成果，力求适应中国情境。全书编排按照教学规律，每章列明教学目的、学习重点和难点、本章小结、本章关键词、练习题，开篇提供引导案例启发学生思考，以案例讨论或情景模拟、教学实验等帮助学生巩固所学的知识点。全书注重采用本土化、原创性的案例，便于学生理解和掌握中国情境下的人力资源管理理论及实务。

（3）立体化。本书与人力资源管理精品资源共享课程网站协同开发，可以配套使用的网络教学资源包括教学录像、中英文课件、案例库、习题库、在线测试、心理测验、网上互动、实践创新等。为了适应“互联网+”时代教育信息化的发展趋势，我们在书中插入二维码，读者用手机扫描即可观看关键知识点教学录像、研究进展和发展趋势、最新案例等。

本书由武汉理工大学管理学院的罗帆教授拟定大纲、组织编写并统稿，各章的主要编写人员如下：第一章为孙泽厚、罗帆；第二章为朱新艳；第三章为罗帆、郭剑；第四章为彭华涛；第五章为赵富强；第六章为徐慧娟；第七章为孙泽厚、罗帆；第八章为朱新艳；第九章为罗帆、张卫红；第十章为朱新艳、李昂；第十一章为胡浩；第十二章为朱新艳、韦娟；第十三章为桂萍；第十四章为罗帆、贾贵娟；第十五章为罗帆、肖文娟。朱新艳负责全书的修改和校对，研究生陈晓倩、唐辛欣、杨小玉、丰婷、高兴、高明、盛艳、黄冰倩、彭倩、石康、曹婉莹、田颖、尚欧洋、肖琴、杨霄、佘依林、施妃霞等参与了资料搜集、案例编写和部分修改工作。

在编写过程中，编者参阅了国内外的有关文献，借鉴和吸收了多位专家和学者的研究成果，在此表示诚挚的谢意。

罗帆　孙泽厚

2018年1月

CONTENTS

目　录

第一章　导　　论

教学目的： 掌握人力资源管理的基本概念
掌握人力资源管理的内容、原理和原则
了解人力资源管理产生和发展的概况
明确学习人力资源管理的意义和方法

学习重点： 掌握人力资源管理相关的基本概念
掌握人力资源管理的原理、主要内容和原则

学习难点： 理解人力资源管理与传统人事管理的区别与联系

引导案例

科创公司的人力资源管理

科创公司是一家开发网络技术方面的软件公司，公司所在地为北京，主要市场是来自中国北方和沿海城市的企业客户。到 2017 年 5 月，公司已经成立 7 年了，期间公司高速发展，成长迅速。在发展的同时，科创面临的行业竞争日益加剧，一方面公司需要迅速发展扩张规模，另一方面公司在市场拓展、业务运营方面备感压力。按道理，科创公司进一步发展需要一大批优秀人才的支撑，科创需要努力培养内部的业务和管理骨干，同时完善管理制度，使科创的管理更加规范化。但科创所处的状况是，虽然科创公司业绩斐然，薪酬待遇在同行中也是中等偏上，却始终无法强有力地吸引一流的人才。更糟糕的是，近年来，科创公司的人才流失现象越来越严重，有一段时间处于人才匮乏的状态。这些都严重束缚着公司的发展。公司高层为形势所迫，决定要建立一套完整的人力资源管理制度。

科创公司聘请了外部专家顾问来辅助工作。一段时间后，公司调动多方力量，耗费了不少人力、财力、物力，终于完成了人力资源管理制度的制定工作。该制度包括招聘录用、培训开发、绩效管理和薪酬管理等，内容较为完整。但当整个制度体系真正运用时，很多问题也开始凸显。科创公司以高科技产品为主打，竞争要点在于对市场的反应速度与生产的软件质量，但人力资源管理系统似乎忽略了其市场特点和战略要求，仅从成本控制的角度考虑人力资源管理，自然无法解决燃眉之急，更不能使科创公司在激烈的市场竞争中获得竞争优势。其结果是，一线的管理者和员工不屑使用人力资源部辛苦建立起来的人力资源系统，许多人力资源管理规范化和制度化的设想也无法有效推行，公司面临的一系列经验管理问题也没有得到解决。

资料来源：彭剑锋. 人力资源管理概论. 第 2 版. 上海：复旦大学出版社，2011

思考题：

1. 科创公司的人力资源管理制度建设不成功，其失败根源在哪里？
2. 企业要开发一套实用的人力资源管理系统应该注意哪些问题？

第一节　人力资源管理概述

一、人力资源与人力资源管理

（一）人力资源的概念

“资源”在《辞海》中的解释为资财的来源。在经济学中，资源是投入生产活动中的全部要素的总称，其用途在于创造物质财富。在当代经济学家看来，资源可分为四类，即自然资源、资本资源、信息资源、人力资源。其中，人力资源，作为生产活动中最活跃的一个要素，是所有资源中最重要的一类，因而也被经济学家称为“第一资源”。

那么，究竟人力资源的定义是什么？常见的定义有以下几种。

（1）人力资源是指包括数量和质量两方面的、能推动国民经济和社会发展的、具有智力和体力劳动能力的人们的总和。

（2）人力资源是表现在劳动者身上的包含在人体内的一种生产能力。它是以劳动者的数量和质量表示的资源，对经济起决定性作用。

（3）人力资源是指具备如下条件之一的人口的总和：一是有智力劳动能力；二是有体力劳动能力。

（4）人力资源是指处在劳动年龄的已直接投入建设或尚未投入建设的人口的能力。

（5）人力资源是指能为社会的物质和精神创造财富，为社会的劳务或服务贡献力量的人。

本书所讲的人力资源界定如下：在企业或其他组织中，能够与当前及未来发展相适应的具有智力和体力劳动能力的人们的总和。

（二）人力资源的构成

人力资源可以从数量和质量两个方面衡量。

1. 人力资源的数量

人力资源数量可从绝对数量和相对数量两个方面体现。

所谓人力资源的绝对数量，宏观上可以定义为一个国家或地区中具有劳动能力、从事社会劳动的人口总数。从两个途径来计量：一是从一个国家或地区的劳动适龄人口中减去其中丧失劳动能力的人口之后剩下的人口数；二是现实的社会劳动力供给（已经开发的人力资源，包括适龄就业人口、未成年就业人口和已经超过劳动年龄的老年就业人口）与潜在的社会劳动力供给（尚未开发的人力资源，包括待业人口、就学人口、家务人口、军队服役人口及其他闲置人口等）之和。对于一个企业而言，人力资源的绝对数量包括两部分，即企业目前所有的员工和即将招聘来的潜在员工。前者主要包括雇用的未成年员工①、适龄员工和老年员工，但不包括即将离开企业的员工（如即将被解雇的员工，辞职的员工，退休、病退和死亡的员工）；而后者则来源于人力资源市场。

所谓人力资源的相对数量，是指人力资源的绝对数量与总人口的比例关系。通过计算人力资源的相对数量，可以了解一个国家、地区或组织的经济实力。对于国家和地区来说，人力资源率越高，表明该领域经济优势越大。对于一个组织而言，人力资源率越高，则说明退休人员和出于特殊原因不能工作人员所占比重越低，资源浪费越少，对企业的发展越有利。

2. 人力资源的质量

人力资源质量较人力资源数量更为重要。那么，何谓人力资源的质量？人力资源质量强调的是人员的体质、智力、知识和技能水平及劳动态度。人力资源质量的衡量手段为健康卫生水平、教育状况、劳动者的技术等级状况和劳动态度水平（如对工作的满意程度、工作的努力程度、工作的负责程度、与他人的合作性等）。人力资源质量的重要性体现为其内部的替代性，质量的替代性明显强于数量，即质量可以替代数量，而数量有时不能替代质量。影响人力资源质量的因素主要有以下三个。

（1）遗传和其他先天因素。遗传决定了人力资源的质量及最大可能达到的限度，但除去那些遗传病而致残的人，其他人通过遗传在体质与智力上的先天差异较小。提倡优生优育，提高人口质量的道理也在于此。

（2）营养因素。人体发育和人体正常活动都需要营养，儿童时期的营养状况必然影响未来的体质与智力，维持人力资源的体质与智力也需要营养。

（3）教育因素。在遗传和营养一定的情况下，提高人力资源质量则必须借助教育。作为一种人为传授知识、经验的社会活动，它能显著提高人力资源智力水平和专业技能。

（三）人力资源的特征

人力资源的特征主要表现在以下五个方面。

---

① 主要是指已满 16 岁未满 18 岁的劳动者。

1. 能动性

能动性是人力资源区别于其他资源的根本所在，人力资源的能动性体现在以下几个方面，见表 1-1。

表 1-1　人力资源能动性的体现

能动性的维度	解释说明
自我强化	通过接受教育或主动学习，提高自身素质
选择职业	根据个人所长在人力资源市场中自由地选择职业
积极劳动	人在劳动过程中会产生敬业、爱业精神，能够积极主动地运用自己的知识与能力、思想与思维、意识与品格，高效地利用自然资源、资本资源和信息资源，为社会和经济的发展创造性地工作

2. 两重性

两重性是指生产性和消费性。一方面，生产性是指人力资源是物质财富的创造者，而且是有条件的创造，通过与非人力资源相结合，在足够的时间和空间等条件下创造财富；另一方面，人力资源是投资的结果，是一种必需的消费行为。这种投资构成的成本分为直接成本和间接成本，其中，直接成本包括在接受教育和培训以提高知识与技能上投入的时间和财富、对卫生健康和迁移的投资；间接成本，是指由于投入大量的时间接受教育以提高知识和技能，从机会成本的角度看是其失去的就业机会和收入所带来的成本。需要强调的是，生产性是大于消费性的，因而人力资源具有高增值性的特点。

3. 时效性

时效性是指物质形态在一定时间上的效用。自然界中的有些物质（如各种矿产资源）不具有时效性，无论什么时候或经历多长时间都保持自身效用。而人力资源是有时效性的，其培养可分为幼稚期、成长期、成熟期和退化期，其使用则会经历培训期、试用期、最佳使用期和淘汰期，所以，人力资源必须在一定时间内开发，超过一定的时段就会荒废和退化，错过了个人最佳的开发时期，这种资源损失就无法补救。

4. 再生性

人力资源存在有形磨损（人的疲劳和衰老）和无形磨损（知识和能力的相对老化）。物质资源在磨损后只能折旧不能继续开发。人力资源则可持续开发，通过不断的学习提高知识和技能，修复所谓的磨损，实现自我补偿，自我更新，自我丰富。因此，终生教育对人力资源的开发与管理尤其重要，加强后期的培训与开发，使人力资源不断再生，提高组织的竞争力。

5. 社会性

人类劳动是群体性劳动，不同的劳动者一般都处于各个劳动集体之中，每个劳动集体都有其共同的文化特征、价值观等，以协调和统领他们的劳动和行为模式。社会又是由众多劳动集体构成的，因而人力资源在开发、使用和配置的过程中，不可避免地受民族文化、区域文化和社会环境的影响，表现出文化性、经济性、政治性、历史性等方面的共性和差异性特征，即人力资源的社会性。人力资源的社会性就要求人力资源管理更加注重团队和群体的建设，协调好人与人、人与组织、人与社会之间的关系及利益。

二、人力资源管理的概念

人力资源管理，是指运用现代化的方法与技巧，对与一定的物力相适应的人力进行合理的配置与使用，同时对人的思想、心理与行为进行恰当的诱导、预测和控制，做到人尽其才、才尽其用，释放人的潜能，充分实现组织目标。人力资源管理的概念可以从外在要素和内在要素两个方面去理解。

（1）对人力资源外在要素——量的管理。量的管理是指对人力与物力合理配比的管理。对人力资源进行量的管理，就是在充分了解人力和物力及其相关变化状况的基础上，恰当地培训、组织和协调人力，使人力、物力比例最佳，充分发挥出两者的功能，进而实现组织目标。

（2）对人力资源内在要素——质的管理。质的管理是指对人的心理和行为的管理。对人力资源质的管理，就是借助现代化的科学方法，对个体和群体的思想、心理和行为进行有效的管理，使人的主观能动性能更好地发挥。质的管理实质上是通过对人（个体、群体）的管理，组织功能达到 1+1>2 的效果，而不是让组织的效率被人际磨合内耗掉。

在组织的管理实践中，人力资源管理一般从围绕六大模块而建立起来的一套科学的管理体系的角度来理解。人力资源管理的六大模块，是通过模块划分的方式对组织人力资源管理工作所涵盖的内容进行的一种总结，包括人力资源规划、人员招聘与配置、培训开发、绩效管理、薪酬管理及劳动关系（员工关系）管理，如图 1-1 所示。

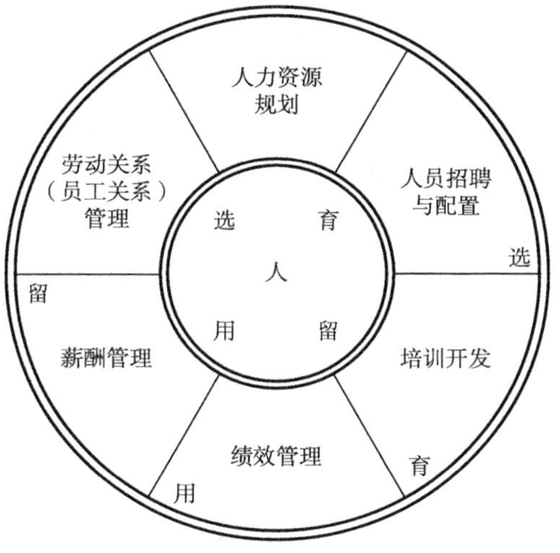

图 1-1 人力资源管理的六大模块

各大模块的工作各有侧重点，但又紧密联系，就像生物链一样，任何一个环节的缺失都会影响整个系统的失衡。人力资源工作是一个有机整体，各个环节的工作都必须落实，同时要根据不同的情况，不断调整工作的重点，保证人力资源管理工作的良性运转，以支持企业战略目标的最终实现。

三、人力资源管理与劳动人事管理的区别

现代人力资源管理与传统劳动人事管理存在本质上的不同，对两者概括性的比较如表 1-2 所示。

表 1-2　现代人力资源管理与传统劳动人事管理的区别

项目	现代人力资源管理	传统劳动人事管理
理念	视员工为有价值的重要资源	视员工为成本负担
目的	满足员工自我发展的需要，保障组织长远利益的实现	保障组织短期目标的实现
重心	以人为中心	以事为中心
视野	广阔、远程性	狭窄、短期性
性质	战略、策略性	战术、业务性
深度	主动、注重开发	被动、注重管好
功能	系统、整合	单一、分散
内容	丰富	简单
地位	决策层	执行层
工作方式	参与、透明	控制
与其他部门的关系	和谐、合作	对立
本部门与员工的关系	帮助、服务	管理、控制
对待员工的态度	尊重、民主	命令式、独裁式
角色	挑战、变化	例行、记载
部门属性	生产与效益部门	非生产、非效益部门

以下对两者的重要区别进行深入分析。

1. 管理理念不同

现代人力资源管理的指导思想和理念是以人为本，传统劳动人事管理视人为被支配的劳动工具。现代人力资源管理视人为经济资源、能动的第一资源、一种宝贵的资本资源，而传统劳动人事管理视人为企业的成本负担，以降低成本支出为其管理宗旨。

2. 管理重心不同

传统劳动人事管理以事为中心，人被降格为“执行指令的机器”，管理活动局限于给人找位置，为事而配人。人只能服从岗位，人被“砖”化、“螺丝钉”化。现代人力资源管理以人为中心，从人性出发，其管理着手于对人力资源的开发利用，其重心是对人力资源的开发。

3. 管理地位不同

在传统企业管理中，劳动人事管理不被重视，其被看做企业管理工作的次要部分。劳动人事管理者处于执行层，只为领导者提供某些建议，不参与决策。在知识经济时代，人力资源对企业发展的决定性作用突出显现,人力资源管理上升到企业战略管理的高度。具体表现在两个方面：一方面，人力资源管理部门由执行层进入决策层，由单一的职能部门转变为战略决策与职能相结合的部门；另一方面，人力资源管理成为企业战略规划不可分割的有机构成部分。

4. 管理内容不同

传统劳动人事管理是简单地招聘、选用、为事择人，然后进行动态调配、薪资福利、安全保健等一系列管理和督导。当人被作为有效资源、人力资源开发成为管理重心及人力资源管理战略地位被确认时，人力资源管理内容就丰富多了，除了担当传统的职责外，还承担工作分析、工作设计、规划工作流程、预测人力资源需求与供给、制定人力资源规划、协调工作关系、人力资本投资、职业生涯开发、组织创新再造等多项管理任务。

5. 管理性质不同

传统劳动人事管理模式有两个突出特点：管理者与被管理者身份界限分明；管理局限于低层次的事务型管理。现代人力资源管理模式则不同，呈现出如下特点：第一，员工积极参与企业管理；第二，现代人力资源管理是高层次的战略型管理模式，它不是局限或沉醉于琐碎、具体的繁杂管理事务中，其首要的聚焦点是整个企业人力资源开发管理战略。现代人力资源管理立足于企业战略高度，在分析企业内外环境的基础上，适应企业发展的需要，全面、系统地规划企业人力资源的需求、配置、使用及开发；在关乎全局与未来的战略指导下，脚踏实地地开展人力资源开发与管理工作，保证企业战略目标的实现。

6. 工作方式不同

传统劳动人事管理手段是简单化、感性化的刚性管理，其本质是硬控制，以规章制度、惩罚等手段进行管控，强制性色彩很浓，强迫员工遵守与服从，具有不可抗拒性。这种刚性管理建立在不尊重人性、个性等心理行为规律的基础之上。进入以人力资本为现代经济增长引擎的时代，在把以人为本作为现代企业管理核心理念的今天，柔性管理作为管理科学的一个新领域，引起了人们的高度重视。所谓柔性管理，是在研究人们心理和行为规律的基础上，采用非强制方式在人们心中产生一种内在的说服力，从而把组织意志变为人们的行动。值得注意的是，现代企业对员工实施柔性管理，并不是完全否定刚性管理的作用。在实施柔性管理的同时，辅之以刚性管理，二者相辅相成，全面协调，从而强化企业人力资源管理的成效。

四、人力资源管理的内容和作用

在实践中，人力资源管理的内容主要体现在各种人力资源活动中，具体包括分析预测及人力资源计划的制订、组织的人员配置、绩效评估、员工薪酬计划、工作环境的改善及建立并维护良好的员工关系等。并非所有的组织都具备人力资源的六项活动，但当今组织面临着激烈的竞争环境，更应该加强和完善组织的人力资源管理实践活动。

（一）人力资源管理的内容

1. 预测、分析和制订人力资源计划

对组织内外部环境的预测、分析及人力资源计划的制订是人力资源管理成功的关键所在。

人力资源管理人员需要持续不断地了解、预测和分析组织的内外部环境，从而确保人力资源管理活动为组织的需求服务，在此基础上制订人力资源计划。人力资源计划由宏观计划和微观计划构成。宏观计划是指预测并计划组织短期和中长期的人力资源需求；微观计划是指根据技能和能力的要求对组织的职位进行分析，即工作分析。人力资源计划作为人力资源管理活动得以有效实施的基础，是影响整个组织人员配置、培训和开发的关键因素。

2. 配置人力资源

组织的人力资源计划一经确定，就需要根据计划来配置人员。人员配置活动包括招聘和甄选。为了保证招聘和甄选的公正性，组织需要尽可能扩大被甄选人员的范围，面向一切具有才能的人员。一旦确定候选人，需要采用科学的方式进行严格的甄选。通过招聘和甄选，将合适的人分配到相应的岗位。秉承人岗匹配的原则，才有可能为企业创造更多的财富。

3. 绩效评估

组织一定要对员工的行为进行绩效评估，通过评估反映其工作中存在的问题，同时有针对性地进行培训、改进薪酬激励机制或对工作进行重新设计。由于绩效评估工作的专业性较强，且需要掌握每个员工的工作情况，所以这项活动必须由人力资源管理人员和直线经理在对绩效评估信息的收集和利用的基础上共同完成。

4. 员工薪酬计划

广义的薪酬包括经济性和非经济性的报酬。经济性薪酬是指组织给予员工的各种物质性报酬，包括工资、奖金、津贴、补贴、股权、红利及各种福利；非经济性薪酬则包括工作本身、工作环境和组织特征给员工带来的心理报酬，如工作成就感、友好的工作关系。现代人力资源管理在薪酬管理上越来越强调内外兼顾、经济性和非经济性的报酬并行，以最大限度地激发员工工作的积极性和创造性。各种薪酬支付形式均蕴含特有的激励目的，管理的要点和难点也不相同，需要人力资源工作者谨慎而有创造性的设计。

5. 改善工作环境

改善工作环境不仅可以提高员工的满意度，还可以增强员工的积极性，使其更有归属感，从而增强企业的竞争力。工作环境有自然环境和社会环境之分，因此改善工作环境既包括主要针对自然工作环境的劳动保护活动，也包括优化工作自然环境和社会环境的工作设计活动。

6. 建立和维护良好的员工关系

建立和维护良好的员工关系是人力资源管理中的重要活动，具体包括：尊重和保护员工的各种合法权益；为员工工作提供一个安全和健康的工作场所；在组织活动过程中，随时关注员工的情绪反应；组织与员工的座谈活动聆听他们的心声，从而最大限度地保证员工的安全和身心健康等。

（二）人力资源管理的作用

现代人力资源管理在包括传统的行政管理和事务管理内容的基础上，成长为企业战略管理不可或缺的组成部分，已变得更加具有战略性，具备更长久的参考价值。表 1-3 反映了人力资源管理在组织中的作用。

表 1-3 人力资源管理在组织中的作用

项目	行政管理	事务管理	战略管理
关注重点	行政管理过程和记录	事务性支持	全球企业范围
时间尺度	短期（1 年以内）	中期（1~2 年）	长期（2~5 年）
主要活动	管理员工的福利 指导新员工的培训 解释人力资源政策和程序 准备公平就业报告	管理福利事务 近期的人员招聘和甄选 指导有关安全方面的培训 处理员工的抱怨	评估劳动力的趋向和问题 团队劳动力的开发与培训 协助进行企业重组和精简 对合并和收购提出建议 制订福利战略计划

资料来源：Mathis R L，Jackson J H. Human Resource Management. New York：South-Western College Publishing，1990

（1）人力资源管理在行政管理上的作用主要包括维护员工的档案、建立和管理与人力资源相关的数据库、了解并处理员工福利要求、解答有关福利政策问题、编辑和提交有关法律要求的报告等方面。在一些组织中，这些行政管理的任务已经逐渐外包给其他企业。

（2）事务管理从根本上说是战术性的，它要求人力资源管理必须按照法律规定来执行。它强调人力资源管理几大模块的完整性和程序性。这一点体现在以下几个方面：就业申请一定要按照程序；现行岗位的补充必须通过正规途径的面试；主管或部门经理必须经过培训；安全问题必须得到重视；工资要加强管理。总之，这些具有代表性活动的最终目的是把企业的经理和主管的工作与人力资源管理活动密切联系起来。在一些组织中，现在仍然十分强调这种事务性的管理，有的是因为人力资源管理人员本身的局限性，有的则是因为高层管理人员拒绝扩大人力资源的作用和任务。

（3）从战略高度来看，组织日益加强对人力资源的重视是为了有效地提高组织在国内和国际上的竞争优势。人力资源管理在战略管理上的作用主要表现如下：如何充分发挥人力资源的主观能动性和创造性为企业创造巨大的财富；如何改变劳动力分布和劳动力短缺对组织产生的影响；等等。这些讨论一直在强调人力资源管理应成为帮助组织获得更好发展的战略贡献者。

五、人力资源管理的原理

（一）能级层序原理

能级（能位），是指事物系统内部按个体能量大小形成的结构、秩序、层次，以原子的电子层结构为例，处在不同层上的电子自身具有不同的势能，它们根据能量的大小规律排列，形成了稳定的物质结构。将物理学中的能级层序原理引入人力资源管理中。能级对应，是指组织应将具有不同能力的人合理安排在不同的岗位上，并给予一定的与职位发展相匹配的职权。组织应根据统一的规范或标准，在纵向和横向上形成严密的网络体系，从而构成相对稳定的管理“场”，并将所有成员定位在不同层次位置上，以确定其“角色身份”。组织对于处在不同层级的人，能力素质要求存在显著的差异，如图 1-2 所示。领导层的主要能力素质是决策知识和管理知识，而管理层则要求有丰富的管理知识和必要的决策能力；监督层重点兼具管理知识和操作知识，而操作层则要求具备很强的操作能力。

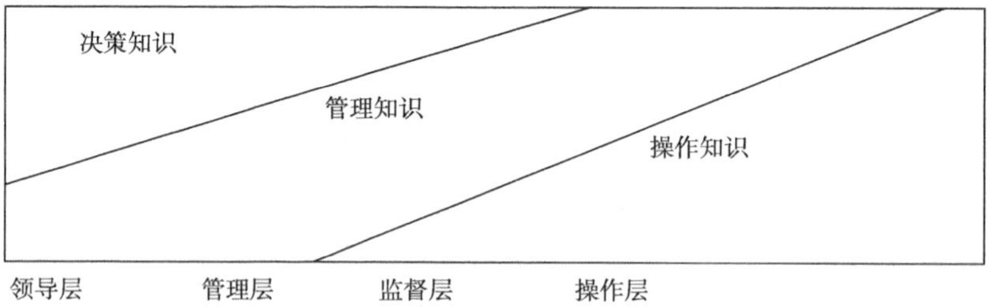

图 1-2　各层次人员知识结构图

（二）要素有用原理

要素有用原理，是指在人力资源开发和管理的整个过程中，任何要素（人员）都是有用的，关键在于组织必须具备让它最大限度发挥作用的条件。也就是说，不存在没用的人，只是有的人没有用好，正所谓“天生我材必有用”。不同人的才能展现在不同的方面，而且才能发挥作用也需要组织支持，组织所扮演的就是伯乐的角色，慧眼识才，并善于挖掘其更深层次的才能，从而为组织做出更多贡献。然而，人的素质往往呈现出矛盾的、复杂的双向性特征。复杂的人性特征对我们了解人、判断人、发现人及选择任用人等增添了许多障碍，而且人往往都是优点与缺点并存，因此，欣赏人才、发现人才的价值并努力为实现价值创造环境，是一名优秀的人力资源工作者所应具备的基本素质。

（三）互补增值原理

互补增值原理，是指在一个组织中，群体间通过个体差异取长补短，从而形成群体的整体优势，共同完成组织目标。在人力资源系统中，由于个体的多样性和差异性，从而有了互补的可能性。互补增值就是通过发挥个体优势，优化整体功效。人力资源的互补具体涉及知识互补、能力互补、性格互补、年龄互补及关系互补等方面。在组织建立管理团队和员工队伍时，充分应用互补增值原理，更有利于组织建立合理的人力资源结构，实现组织目标。

（四）激励强化原理

激励强化原理，是指组织尽可能多地为员工创造各种需要的条件，激发员工工作的主动性和积极性，促进其做出实现组织目标的行为。各级管理人员应充分实施各种激励政策以提高组织工作效率，通过采取一定的奖惩手段，每位员工能够遵守纪律，做到忠于职守。一项统计结果表明，1 个计时工一般只需发挥 20%~30%的潜力就能够胜任其工作，但给予适当的激励，他就可以把潜力发挥到 80%~90%。根据激励强化原理，在人力资源的开发与管理中，除了对人员技术、能力、知识等的调配之外，还应加强对人员动机的激励与强化。在符合组织目标要求的情况下，设置合理的目标，予以相应奖惩，以激发员工的主动性、积极性，使目标导向行为（即组织期望行为）大量出现。

（五）公平竞争原理

公平竞争原理，是指竞争各方都必须遵循统一的规则，采用公正的考核、录用、晋升和奖惩的竞争方式。社会主义市场经济是我国经济改革的目标，市场经济从根本上就是一种竞争机制。这种竞争可以分为两个部分：一是在外部人才市场上，人才通过竞争选择用人单位和职业；二是组织内部，通过竞争，组织做出任用、提拔及岗位调整的决策。在人力资源管理中引进竞争机制，能够较好地解决奖勤罚懒、用人所长、优化组合等问题。

（六）信息催化原理

人力资源的开发离不开信息，信息是人才成长的营养液，是人们发展智力和培养素质的基本条件。根据信息催化原理，组织的人力资源管理应该对教育培训工作予以高度重视，实时获取最新的信息动态。同时，为增强组织活力和竞争优势，还需要将最先进的技术知识、工艺操作方法和管理理论传递给组织员工，从而保证组织的人力资源拥有持续的质量优势。如今，许多企业已经意识到信息的重要性，投入大量的经费用于教育和培训，这种培训已不仅仅停留在岗前培训、新职工培训、各种专业技能培训，还逐渐扩展为终生性的教育和培训。随着网络技术的发展，培训的方式也开始拓展为在线学习、远程学习。此外，应该尽可能在本地区、本部门、本单位，建立起信息搜集、处理和通报制度，以便快捷、妥善地开展信息管理这一基础性管理工作。

（七）文化凝聚原理

人力资源开发与管理的其中一个重要内容是提高组织的凝聚力，以便吸引和留住人才，增强组织的竞争优势。文化凝聚原理主要体现在两个方面：其一，组织对个体的吸引力，这通常与组织对外形象有关；其二，组织内个体间的吸引力和凝聚力，这通常与组织文化、制度等因素有关。组织凝聚力不仅与工资、奖金、福利待遇等物质条件有关，还与组织目标、组织风气、组织道德、组织制度、组织形象等精神条件及文化条件有关。一个组织的凝聚力，从根本上来说取决于内在的共同价值观。因此，组织要帮助员工建立良好的群体价值观，通过优秀的组织文化来凝聚员工，达到事半功倍的效果。

第二节　人力资源管理的产生与发展

人力资源管理的产生是生产力发展到一定阶段的产物。随着知识型员工的出现，员工素质的提高，管理者不得不调整自己的管理理念和管理模式以适应新的管理环境的要求，从人事管理的出现到现代人力资源管理的转变很好地反映了这种要求。

一、人事管理的出现

伴随着组织的出现，对人和事的管理也逐步产生，人事管理的实践活动就此诞生。工业革命爆发后，大机器生产方式、规模化的生产和装配线使人与机器的联系越来越密切，越来越多的大工厂，派生出大批量雇用员工的需求；同时，对生产过程的管理，尤其是对员工的管理也提出了更高的要求，于是出现了专门负责监督员工生产和管理员工相关事务的管理人员。至此，人事管理逐渐被组织接受，成为企业的日常管理活动之一。很多学者将这一时期看做现代人事管理的开端。研究者取得的大量成果，为现代人事管理的基本职能的确定做出了重大贡献。

（一）科学管理理论在人事管理中的应用

20 世纪初，人事管理出现了巨大变化。泰勒（Taylor）的科学管理理论被越来越多的美国企业采用。科学管理理论首次提出了科学的工作分析方法，并以金钱为主要的激励要素。在此之前，企业管理者通常认为，不停地监督员工并以辞退手段来威胁他们是管理员工最有效的方式。而科学管理理论指出，企业应该采取更为科学的方法对工作进行最有效的设计，以精确的工作分析为依据选择员工并确定报酬，这才是企业管理员工的关键。泰勒设计了“差异计件率系统”，当工人完成了规定产出后，超过部分会获得额外奖金，使工资、奖金与工作绩效直接相关。员工为了实现对金钱的需求，会以最大的努力提高劳动生产率。

这一时期，人事管理最主要的任务是通过各种方法提高员工的劳动生产率。人事管理人员在时间和活动姿势及特征研究的基础上，开始进行工作分析，并由此产生工作说明书。员工的体力、脑力及与工作相匹配的问题，成为人事管理人员进行员工招聘和选择的重要考虑因素；此外，生理和心理测试也开始受到更多的关注。

然而，科学管理理论也存在一定弊端，它将员工等同于机器设备等生产资料，忽略员工的感受，致使员工产生不满情绪，在一定程度上影响了激励效果。为了有效改善劳资关系，一些企业开始实行早期的员工福利计划，如满足员工必需的生理、社会和教育需求，为员工提供住房等。

科学管理理论第一次在人事管理中加入科学管理的理念，体现了人事管理与劳动生产率及工作绩效的相互关系，证明有效的人事管理对于提高劳动生产率和工作绩效有着巨大作用。

（二）霍桑实验和人际关系运动

科学管理理论认为，能够激励员工和有效提高生产率的只能是金钱。20 世纪 30 年代，哈佛商学院的梅奥等进行了著名的霍桑实验。研究证明，工作方式和报酬并不是影响员工生产率的唯一因素，某些社会因素和心理因素同样影响员工生产率。研究发现，工作环境（包括群体环境、管理者的支持和领导风格等）会对员工的感情、情绪和态度产生强烈的影响，而这又会作用于员工的生产力。所以，管理者对员工的尊重将会提高员工的劳动生产率和工作满意度。从此，人们将目光从科学管理转向了人际关系。很多企业在人事管理上都采用了新方法，包括设置培训主管、给予员工更多的关心和支持等。这些措施都由人事管理人员负责设计和实施，由此丰富了人事管理的职能。

毋庸置疑，人际关系管理理论的出现对于改善员工的工作环境起到了巨大作用，但就提高工作产出和增加员工满意度而言，它所起到的作用就没有那么明显了。主要有以下几点原因。

（1）这种方法仅对简单组织中的个人行为进行了分析，然而“快乐的员工是一个好的员工”却并没有得到证实。

（2）人际关系的人事管理方法忽略了个体之间的差异性。人是复杂的，每一个员工的价值观不同，需要也不一样，对某一员工有效的激励方式并不一定对另一员工也有效。

（3）忽视了工作结构对员工行为的影响。人际关系的人事管理方法忽视了生产过程和生产标准，也没有看到规章制度的重要作用。

（4）夸大了人际关系对保持高水平员工激励的作用。绩效管理与职业生涯开发等其他方法同样可以提高生产力。

人际关系的人事管理方法自 20 世纪 50 年代后已不再适应人事管理的需要，因此逐渐衰落。虽然如此，建立良好的人际关系对组织仍然十分重要，只是组织不再将这种管理方法作为最主要的管理方式。

（三）组织行为学理论的早期发展及其对人事管理的影响

组织行为学是一个研究领域，它探讨个体、群体及结构对组织内部行为的影响，以便应用这些知识来改善组织的有效性。不同于人际关系理论仅对简单组织中的个人行为进行分析，组织行为学汲取社会学、心理学、政治学、管理学、人类学、生物学等学科的研究成果，系统地研究个体、群体及组织在工作中的行为。组织行为学的一个分支是工业心理学，主要代表人物是芒斯特伯格（H. Munsterberg），他于 1913 年出版了《心理学与工作效率》，主张用员工的智力和情感要求对工作进行分析，还将学习的概念用于培训，对疲劳的研究用于工作时间安排。该书对早期的人事管理产生了显著的影响。组织行为学对个体、群体行为的动机和原因进行了深入研究，促进了激励理论的完善和应用。激励理论在 20 世纪 50 年代出现了一系列成果，包括马斯洛（Maslow）的需要层次理论、麦格雷戈（McGregor）的 X 理论和 Y 理论等。这些理论都对人事管理产生了重大影响，并延续至今。70 年代后，组织行为学中的激励理论得到了很大的发展，产生了诸如奥德佛（Alderfer）的 ERG①理论、布罗德沃特（Broad-water）的强化理论、亚当斯（Adams）的公平理论和弗罗姆（Vroom）的期望理论等。这些理论都有确凿的支持性的实际材料，已被广泛应用到人力资源管理理论与实践中。可以说，在 20 世纪六七十年代，组织行为学对人事管理的影响达到了顶峰。

二、人力资源管理的提出

进入后工业化社会，员工的素质和需求均发生了较大变化。对于具有相当知识基础和技能的员工而言，经济需求不再是他们唯一的需求。此外，员工不再被单纯地看做一种生产资料，而是组织的一种资源。这些都标志着人事管理开始向人力资源管理转变，但这种转变不是一蹴而就的，而是经历了一个相对较长的时间。

1954 年，彼得 · 德鲁克（Rerter F. Drucker）在《管理的实践》一书中首先提出了“人力资源”一词，并指出，人力资源和其他所有资源唯一的区别是，它是人并且是具有“特殊资产”的资源。他认为人力资源拥有协调能力、融合能力、判断力和想象力，这是当时其他资源所没有的素质。经理可以利用其他资源，但是人力资源只能自我利用。

正是因为人力资源具有上述特点，德鲁克提出在进行工作设计时要充分考虑人的精神和社会需求，采取措施加大对员工的激励作用，创造更具有挑战性的工作以开发员工潜能。德鲁克迫切地希望能够改进员工管理的方式，“传统的人事管理正在成为过去，一场新的以人力资源开发为主调的人事革命正在到来”。他提出新型的人事管理必须具有所需的专业知识，应使用正确的管理方法。

三、人力资源管理发展过程中的早期理论

（一）巴克和人力资源职能理论

1958 年，怀特 · 巴克（E. Wight Bakke）出版了《人力资源功能》一书，在书中，他将管理人力资源作为管理的普通职能，并详细阐述了有关管理人力资源的问题。巴克

① 即 existence，生存；relatedness，关系；growth，成长。

认为，人力资源管理包括人事行政管理、劳工关系、人际关系及行政人员的开发等各个方面。他还详细阐述了人力资源管理是如何成为管理职能的，并提出了人力资源管理的一些原则。

比较彼得·德鲁克和巴克的人力资源理论，不难发现其中有一些共性。例如，他们都认同“企业中的每一个个体都是有价值的资源”这一理念，他们都非常强调管理活动，而这种管理活动正是建立在人力资源理念基础之上的。此后，“人力资源”一词开始频频出现于企业界和学术界。

通过对早期人力资源管理理论分析，可以看出人事管理向人力资源管理转变发生于20世纪50年代初至60年代初，主要是因为进入后工业化时代，经济和社会发展对人事管理提出了新的更高的要求。

（二）迈勒斯和人力资源模式理论

1965年，雷蒙德·迈勒斯（Raymond E. Miles）在《哈佛商业评论》发表了一篇重要论文，对人力资源的概念在管理学领域进行了较为确切的解释，使资深学者和管理人员对“人力资源”这一概念产生了极大兴趣。随后，迈勒斯对管理态度进行了调查，结果表明，人事关系的管理模式仍然受大多数经理青睐，而且员工也要求经理在管理过程中使用一定的人力资源模式。同时，迈勒斯建议用人力资源代替员工的概念。人力资源模式理论认为，员工应该被当做一个独立的人，管理人员也应更关心员工的生活和幸福。总而言之，管理人员应该通过沟通让员工感受他们对于组织的重要性。实际上，迈勒斯的理论也是对麦格雷戈、李克特（Likert）等理论的综合，他们都认同员工的经验和知识对组织来说是一笔巨大的财富，人力资源的充分利用对于改进决策、帮助企业提高生产力及提升员工满意度有着重大意义。

（三）人力资源管理理论的发展

1972年，美国管理协会（American Management Association，AMA）出版了达特尼克（R. L. Datnik）编著的《改革人力资源管理》一书。达特尼克提出了“在组织中人是最重要的资源”的观点，并强调了员工的需求、兴趣、期望与组织目标的一致性。美国管理协会后来更名为人事经理协会，致力于提高人事经理的重要性。20世纪70年代中后期至80年代早期，鉴于人力资源管理活动的重要性与组织心理学、组织行为学的快速发展，人们又一次对人力资源管理给予了高度关注。当时人们讨论的重点在于如何更有效地实施人力资源管理活动，以及分析员工的行为和心理对生产力和工作满意度的影响，并更加关注员工的安全与健康。

1. 人事/人力资源管理理论

20世纪70年代中期，人力资源管理的定义发生了变化。但是，在大多数教科书中，人们将人力资源管理的定义等同于人事管理所做的工作。

那么，人事管理是不是人力资源管理的代名词，或者说这种名称的变化究竟意味着什么？这种改变是否引起了人事管理活动的主要内容，如人员配备、绩效评估、薪酬、培训等的变化？通过分析人力资源管理的内在特征，斯托瑞（Storey）回答了上述问题。他总结了人事管理和人力资源管理的27个不同点，并将其分为信念和假设、战略领域及重要程度三大类。斯托瑞的理论认为，人力资源管理的活动中心已经发生了扩展，由国内转向国外甚至全球。从组织的角度来看，人事管理的重点是管理人，而人力资源管理的重点则在企业战略层面。斯托瑞的分析反映了人事管理在向人力资源管理转变过程中人事管理活动的变化，明确了人事管理与人力资源管理的差别。

2. 20世纪80年代人力资源管理理论的发展

20世纪80年代，逖凯（Tichy）、弗布鲁姆（Fombrum）和戴瓦纳（Devanna）、贝尔德（Barid）、布兰克（Burack）等先后在论著中给出了较为完整的战略人力资源管理理论，他们认为战略人力资源管理和人事管理的根本区别在于，人力资源管理活动计划的制订必须与组织的总体战略计划相联系。

1984年，比尔（Beer）等在《管理人力资本》中提出的理论成为影响力最大的战略人力资源管理理论。他认为人力资源管理涉及组织行为学、劳工关系及人事行政管理等多门学科，组织应对管理个体的不同方面作统一处理。他们将工作系统设计作为人力资源管理的一个重要领域，并指出人力资源管理的研究领域已经扩展为对影响组织和员工关系的所有管理决策和活动的研究。他们对人力资源管理活动范围的描述如图1-3所示。

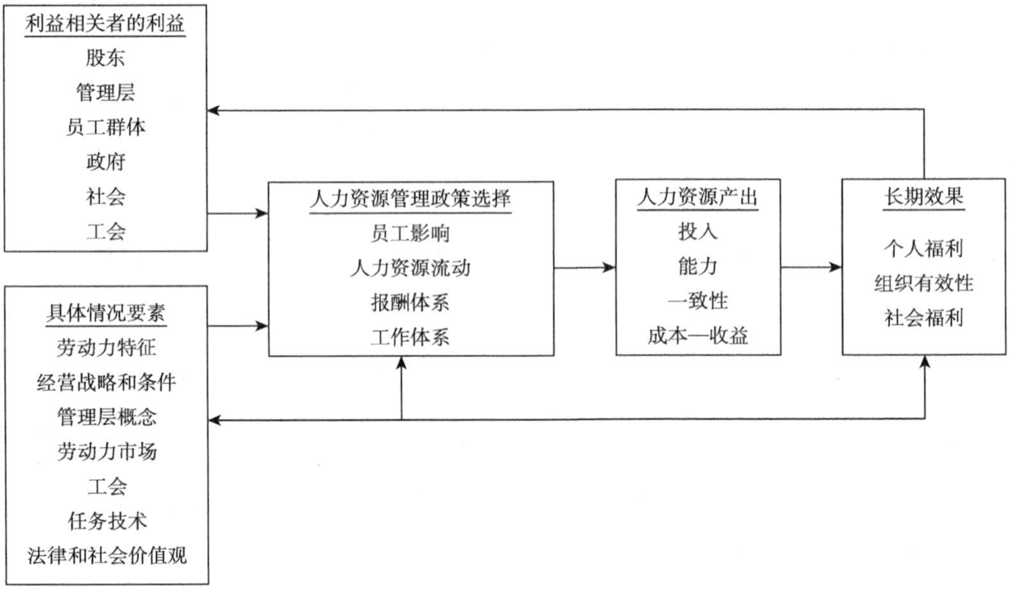

图1-3　人力资源管理活动范围示意图

资料来源：比尔 M. 管理人力资本. 程化，潘洁夫译. 北京：华夏出版社，1998：19

四、人力资源管理的发展趋势

目前，人才的竞争越来越激烈。面对错综复杂的社会环境，人力资源管理的发展呈现出新的形态、新的趋势。

1. 人力资源管理在企业中的地位越来越重要

人力资源管理是企业为了实现战略目标而使用的资源整合策略之一，是企业调动员工积极性的手段。人力资源管理已成为企业管理的重要一环，从行政性事务管理层次上升到开发人员的潜在能力、规划企业战略的层次，对于企业的长远发展意义重大。人力资源管理者也将成为具有战略意识的企业规划家，不断提高自己的预测和管理能力。

2. 人力资源管理日趋信息化、科学化、人性化、资本化

21 世纪是信息技术高速发展的时代，信息技术在管理领域的应用开始普及，人力资源管理也因此发生重大变革，如开发出了人力资源管理信息系统。人力资源管理信息系统是一个基于流程管理和协同办公的开放式交流平台，将人力资源管理的六个模块紧密连接，将人力资源的日常管理电子化、网络化、系统化，从而提高了人力资源的招聘、绩效、薪酬等一系列管理工作的效率，为企业与员工、员工与管理者之间提供了更好的交流平台。

人力资源管理的信息化进一步推动了人力资源管理的科学化和专业化，借助信息管理系统等技术，可以将绩效考核、人员招聘等制度公开化，增进了人力资源管理的公平化与科学化。

目前，为了更好地满足员工的需求，越来越多的企业推崇人性化管理，而人力资源管理与员工关系最为密切，因此，企业人力资源管理更加注重尊重和服务员工、倾听和体察员工的想法、开展和策划各种人性化的活动。

知识经济时代，知识、信息、技术等都成为企业的重要资源，而作为资源的主体——人，对企业来说更是重中之重。人力资本主要是指企业员工所具备的知识、工作经验、技术熟练度等，外在表现即人的能力和素质。当今时代，人力资本是推动经济和企业不断发展的动力。

3. 人力资源管理正转向超前管理

人力资源事后管理的模式已经不适用于知识经济时代，企业必须要首先了解客户、业务、市场，做好战略规划，将人力资源的事后管理转向超前管理。人力资源部门也需将工作标准化、自动化，将工作重心转移到生产力及员工整体素质水平的提高上。从现阶段人力资源状况出发，做好企业未来的人力资源供需预测和风险预警等，都是人力资源超前管理的体现。此外，企业人力资源管理者还应充当企业创新者，带领企业走在时代的前沿。

4. 企业内部人力资源管理与外包机构合作模式共存

人力资源管理业务外包是企业实现人力资源管理的有效方式和重要途径之一，有些企业已尝试借助人力资源外包来减少自行开发与管理的成本。人力资源外包涉及人力资源规划、员工满意度调查、薪酬方案制订、企业文化管理、劳动仲裁等许多方面。在我国现阶段，鉴于人力资源外包公司的业务齐全程度、业务水平，以及许多企业内部人力资源投资、发展及资金的现状，许多企业选择了人力资源管理的部分外包，并且在短期内，人力资源的自行管理和外包方式将会互补、共存。

第三节　学习人力资源管理的意义和方法

一、学习人力资源管理的意义

作为一名管理者往往要“通过其他人”使组织的目标得以实现，而不是事必躬亲，于是就存在管理失误、用人不当的可能。例如，管理者可以自己制订一个鼓舞人心的计划，设计一个逻辑清楚的组织结构图，购置一条现代化的流水生产线，建立一个任何人都难以钻空的财务控制体系，但仍会由于诸如用错了人、安排了不恰当的岗位、缺乏健全的激励机制等而计划失败。当然也存在相反的情况，许多管理者在不适当的计划、不完善的组织和控制的条件下取得了令人瞩目的成功。他们之所以获得成功，常常可以归结为正确的人选、合理的职位安排、完善的激励机制与绩效评估体系，以及促使员工发展的思想和技巧。简单地说，就是为人尽其才创造了各种条件。所以，越来越多的管理者意识到人力资源管理与解决组织面临的各种问题的紧密关系。

毫无疑问，人力资源管理有利于提高企业生产率和员工工作生活质量。首先，员工的缺勤率和离职率对生产率有较大影响，尤其是一些优秀员工的缺勤和离职会使生产率明显降低。一项研究发现，具有健全人力资源管理实践的组织，如能够恰当地测试求职者、有效地挑选候选人的公司，与那些不具备较健全人力资源管理实践的组织相比，所获得的年利润、利润增长和总体绩效的水平都较高。其次，人力资源管理的各项活动，包括人力资源规划、培训与开发、工作分析、安全与健康等，都对员工的工作生活质量有较大的影响。健全的人力资源管理对员工生活质量有明显的提升。面对21世纪世界经济和科技的激烈竞争与人口、资源、环境及发展的严峻局面，大力开发人力资源，强化人力资源管理，以提高员工素质和挖掘潜能，调动广大劳动者的工作积极性，是企业提升竞争力的关键所在。

学习人力资源管理，掌握人力资源管理知识和技能，可以帮助企业建立健全人力资源管理体系，有效指导企业的选才、育才、用才和留才活动，建立和保持一支高效的员工队伍，从而在激烈的竞争环境中获得生存优势。

二、学习人力资源管理的方法

与其他学科相比，人力资源管理以人为研究对象，故其灵活性和实践性更强。学习这门学科，通常采用以下三大类方法。

1. 信息传达类

信息传达类，即以理论学习为主，形式多种多样，有课堂学习、一对一沟通、多媒体沟通、在线学习、文献综述等。这类方法强调信息的准确有效和理论的清楚严密。

2. 模拟方法类

模拟方法类包括心理测验、案例分析、角色扮演、商业游戏等。这类方法强调学习环境的仿真，使学习者有身临其境的感觉并得以亲身体验，因而能取得较好的效果。

3. 实践研究类

实践研究类包括现场调查、参与项目研究、企业实习等。这类方法强调进入真实的工作环境，使学习者亲自参与调查研究和实际体验，了解国情和人力资源管理实践，培养和强化分析与解决实际问题的能力。

学习人力资源管理应明确学习目的，积极合作；掌握课程内容，突破重点难点；注重平时积累，提高学习绩效。力求理论联系实际，从企业面临的实际问题出发，学会利用人力资源管理学提供的理论和方法，分析解决实际问题。

【本章小结】

人力资源管理在企业管理中的重要性日益凸显，人力资源管理的发展已从传统的劳动人事管理阶段进入现代人力资源管理阶段。本章主要介绍了人力资源管理的基本概念、原理、产生和发展，以及学习人力资源管理的意义和方法。

【本章关键词】

人力资源	human resource	人力资源管理	human resource management
全球化	globalization	角色扮演	role play
沟通	communication	人力资源成本	human resource cost
劳动力市场	labor market	激励	motivation

【练习题】

1. 名词解释题

（1）人事管理　　（2）人力资源管理

2. 简答题

（1）人力资源具有哪些显著特征？

（2）人力资源管理的主要原理有哪些？

3. 论述题

（1）人力资源管理的出现是生产力与生产关系矛盾运动的结果，你同意这个观点吗？

（2）目前，很多企业的人力资源部门承担了诸多行政事务，企业应该如何将人力资源管理与传统的人事管理和行政管理区分开来？

（3）人力资源的开发与管理通常不只是企业人力资源部的工作，请思考人力资源部门可以从哪些方面努力来协调与各部门的关系，从而做好企业的人力资源管理工作。

（4）如果某企业还未建立人力资源管理体系，你对其人力资源开发与管理有哪些建议？

案例讨论

海尔的人力资源管理

海尔独特的人力资源管理模式是其经营取得成功的关键因素之一，主要蕴含以下人力资源战略。

1. 海尔定律：斜坡球体论

海尔认为，人力资源开发管理的基础在于掌握员工的需求层次，因此提出了“斜坡球体定律”：将员工的发展比作斜坡上的球体，会受到拉动力、制约力及支撑力的影响。人的惰性或其他外在的竞争压力会使球体有下滑的趋势，如果企业没有及时提供支撑力，球体就会下滑。海尔为员工所提供的支撑力，即著名的“日清控制体系”，该体系保证了企业内所有的工作、任何一件事情、任何一件物品，都处于有序的管理控制状态。遵循该体系，海尔得以做到奖罚细致分明。海尔的员工曾说：“日清控制体系就是让每个人都做自己的首席执行官（chief executive officer，CEO），它鞭策着我们，使我们‘日事日毕，日清日高’。”

2. 海尔的识人机制：赛马不相马

在海尔，所有人都是人才，海尔认为制约企业发展的不是缺乏人才，而是缺乏培养人才的机制。为此，海尔设立了一种独特的动态人才选拔机制，即“赛马”而非“相马”。海尔创造出一种人才竞争机制以选拔人才、创造人才，使其人力资源管理永远处于一种动态更新的机制中。所谓的“赛马”是全方位开放式的，所有的岗位均有资格参赛，并严格遵循三条原则：公平竞争，任人唯贤；职适其能，人尽其才；合理流动，动态管理。对人才的考核任免讲求公平、公正、公开（简称“三公”），并依据“能者上、庸者下、平者让”的岗位晋升原则。在这样一个动态的机制中，海尔可以确保识别真正与海尔、与岗位匹配的人才，并使人尽其才。

3. 海尔的育人机制：全方位的人才培训

海尔全方位的人才培训通过其专设的培训学校与外部培训机构等实现。除了常见的岗前培训、在岗培训等培训形式，海尔还尝试了独有的特色培训方式，如价值观念培训、实战技能培训、漫画教学等。而且，海尔的培训体系面向所有员工，上至企业高管，下到一线工人，都可以接受企业的特色培训，惠泽全体员工。同时，海尔十分注重对员工企业文化与员工德才的培训。在海尔走国际化战略的进程中，面对国际化人才短缺的问题，海尔一方面整合全球人力资源，另一方面加快培养内部人才，兴建海尔大学和海尔国际培训中心，培养自己的国际化人才。全球海尔经理人年会是海尔对全球经理人的文化培训会，其最大的特点是培训的互动性：海尔的企业文化感染着每一位海外经理人，而海外经理人的经验和信息对国际化经验尚不丰富的海尔来说，也是一笔巨大的财富。

4. 海尔的奖才机制：物质与精神的双重奖励

海尔实行的是与员工绩效挂钩的多种形式并存的工资制度，到目前已经形成十余种特色工资形式，如点数工资、岗位工资、计件工资、承包工资、年薪制度等，实现了“多劳多得、少劳少得、不劳不得”的基本目标，真正激发了员工的工作积极性。在激励的方法上，海尔更多地采用即时激励的方式。除了物质奖励，海尔也十分注重对员工精神归属和安全感的培育。海尔为此开展了独具特色的爱心工资制，包括：为员工办理各种国家保险，企业内部建立补充保险；提供劳动保障福利，解决员工住房；提供优质工作餐，举行集体婚礼；等等。海尔还成立了专门为员工解除后顾之忧的“排忧解难小分队”等。海尔如此多元化、系统化的激励措施，极大地激发了员工的积极性和创新性。对于海外员工的激励，在综合比较与权衡后，海外员工的薪资按照当地标准进行发放，只有薪资与东道国标准相符，才有可能雇用到合适的人才，而且当地人可利用其自身优势为企业创造价值，这是中方管理人员难以实现的。

资料来源：孙健. 海尔的人力资源管理——关于一个中国企业成长的最深入研究. 北京：企业管理出版社，2011；裴劲松. 哈佛MBA中国经典案例——哈佛视野中的海尔集团. 北京：国际文化出版公司，2001

思考题：

1. 试总结海尔集团在人力资源管理实践中的成功之处。
2. 请简要表述海尔的人力资源管理模式给你的启示。

参 考 文 献

彭艳艳. 2013. 浅析我国国有企业人力资源管理的发展趋势. 行政事业资产与财务，(10)：199-200.

沈晓甜. 2012. 我国企业人力资源管理趋势研究. 东方企业文化，(18)：81.

孙连才. 2013. 战略视角下的人力资源——人力资源管理理论与实践的融合. 第2版. 北京：清华大学出版社.

王娟，熊朝旭. 2012. 新时期企业人力资源管理趋势分析. 世界华商经济年鉴·科技财经，(7)：112.

谢兰璋. 2012. 论新商业经济下的人力资源管理趋势. 管理纵横，(5)：24-26.

张德. 2012. 人力资源开发与管理. 第四版. 北京：清华大学出版社.

张立军，贺俊亮. 2013. 浅析新形势下的人力资源管理. 商情，(33)：239.

Mathis R L，Jackson J H. 1990. Human Resource Management. New York：South-Western College Publishing.

第二章　工作分析与职位分类

教学目的：了解工作分析与职位分类的内涵
熟悉工作分析的内容和方法
掌握职位分类的要素和实施流程
进行职位说明书的编写

学习重点：工作分析的性质
收集工作分析信息的方法

学习难点：工作说明书的编写

引导案例

招聘的难题

S海事局是我国沿海某水域负责监管辖区船舶交通安全和防止船舶污染的主管单位。该局采取的是直线职能制的组织结构，直线指挥链，即海事局→海事处→业务科；机关职能部门有13个处室。各处（科）室的职位设置多延续行政管理的惯例和经验，缺乏规范的职位说明书等文件。截至2015年底，该局共有在编正式工作人员260多人。随着近年来我国航运事业的快速发展，S海事局感到严重的人手短缺，工作人员也纷纷抱怨工作负荷大。于是该局领导决定"招兵买马"，2016年招收了33名新人，其中有24名是硕士研究生，该局的研究生比例达到了近三分之一。今年，又到了招聘的时候，人事处的招聘专员老李有点犯难，局里还要大手笔地招人，但是，该招什么学历的、什么专业的、什么能力水平的，老李心里没谱，于是组织了一个协调会，让各基层单位和职能处室的负责人讨论。结果，仅学历一项，意见就不少。

办公室苗主任认为，从目前的情况来看，高中低学历人员在S海事局的比例呈现"橄榄型"：硕士研究生以上学历的人员比例过大，远超出国内同行的水平；大中专生的比例偏低，只有20%左右；其他人都是本科学历。而这些高学历的人员大多从事简单的程序性工作，是浪费人才，今后招人不应盲目追求研究生学历。

人事处肖处长则反对上述观点，他认为，目前的学历结构看似不合理，实际上是可取的：①招聘人才不能只看眼前，随着监管要求的提高，海事局多数岗位都需要担负指导管理职能，而专科生很难达到指导、管理和业务创新的程度；②某些基层海事处的国际交往增多，辖区涉及数十条国际航线和世界上最环保、最先进的船舶，没有高学历和高素质的人员难以胜任工作；③本市招收公务员的基本学历要求为本科，考虑到户口的问题，招聘的学历起点也只能提高；④随着近几年研究生招生规模的扩大，高校对研究生培养的定位已经转变，由以往的研究型人才转向应用型人才，相当一部分研究生毕业后还是愿意从事事务性或应用性工作。

基层海事处陈处长坚决反对招收高学历的毕业生，因为上年那拨研究生分配到基层单位实习，刚教会他们，多数就调回机关，基层专业执法人员短缺的情况并没有从根本上得到缓解，基层老同志对此有怨气。

法规处的杨处长也提出，学历高不等于能力强，而且学历层次高的人员对职业成长的要求的意愿往往更加强烈，在目前缺乏有效的职业激励途径的状况下，大批高学历的人员竞争十分有限的高一级岗位，会造成普遍的职业挫折感，对今后的发展同样不利。

局长则认为要与国际接轨，实现海事管理的现代化和信息化，需要以前瞻性的视角看待目前的人才引进和储备，在招聘人员时应适当地提高学历要求，才能保证海事管理未来的可持续发展。

虽然，大家互相争论且很难说服对方，但有一点最终取得了共识，即需要一个客观的标准，知道究竟需要什么学历、什么知识、什么专业、什么经验的人才能胜任某个职位。

思考题：

1. 你觉得S海事局招聘人员的难点在哪里？
2. 你认为应该如何制定招聘人员的标准？人事处应该怎么开展这项工作呢？

第一节　工作分析的内容和方法

一、工作分析的内容与程序

工作分析是对组织中某个特定职务的设置目的、任务或职责、权力和隶属关系、工作环境和条件、任职资格等相关信息进行收集与分析，并对该职务的工作做出明确的规定，进而确定完成工作所需的行为、条件、人员的过程，是人力资源管理的第一个环节，也是重要的基础工作。工作分析产生的职位说明书等书面文件，不但是员工工作职责的依据，而且是招聘、规划、培训、考评、奖酬等后续环节必备的前提。

（一）工作分析的主要内容

工作分析作为一种活动，就是要为管理职能的履行提供与工作有关的各种信息，这些信息可归纳为6W1H：①做什么（what）；②何时做（when）；③在哪里做（where）；

④如何做（how）；⑤为什么做（why）；⑥谁来做（who）；⑦为谁做（whom）。

工作分析的主体是工作分析者，客体是工作岗位（职位）。工作分析的内容主要包括四个方面，即分析工作名称和基本信息、工作权责和关系、工作环境和工作条件、工作资质要求。其中，工作名称和基本信息分析主要是对岗位名称的选择与表述、工作特征的概括及岗位的基本信息汇总；工作权责和关系分析主要是进行工作责任与任务、工作权限、工作强度与工作关系的分析；工作环境和工作条件分析主要是对物理环境、社会环境与安全环境，以及工作条件配备进行分析；工作资质要求分析是指对岗位从业者所必备的知识、经验、操作技能及心理素质进行的分析。

工作分析的结果是形成职位说明书。职位说明书通常包括工作描述（job description）和工作规范（job specification）。工作描述是以书面叙述的方法说明工作中需从事的活动、担负的责任及工作环境等信息，综合体现工作分析前三个方面的内容；工作规范则用来说明承担这项工作的员工所必需的技能、工作知识、能力及其他身体和个人特征的最低要求，是工作资质要求分析的概括。

（二）工作分析的程序

工作分析是一项技术性很强的管理活动，需要周密的准备，同时还需要遵循科学、合理的操作程序。工作分析的流程可分为七个阶段，即准备阶段、计划阶段、调查阶段、分析总结阶段、描述阶段、运行阶段和控制阶段，如图 2-1 所示。

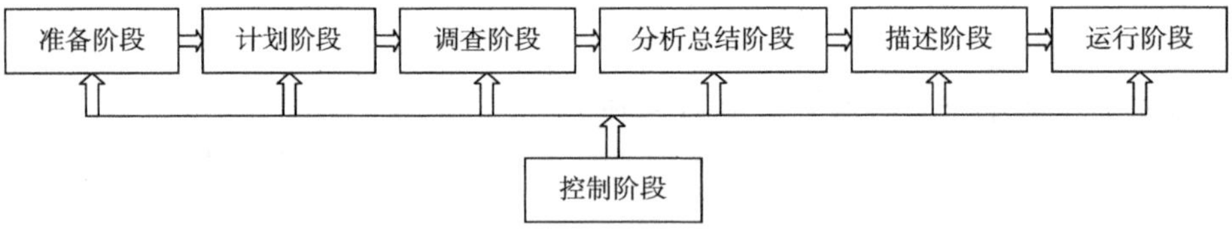

图 2-1　工作分析的流程

第一阶段：准备

这一阶段的主要任务是了解情况，确定工作分析的目的、结果和使用范围，并选择工作分析样本。

（1）明确工作分析的目的。工作分析目的的不同，直接影响工作分析的范围、对象和内容，以及信息收集方法的选择。如果工作分析是为人员招聘服务的，其内容应侧重于胜任岗位的能力、素质等职位任职资格；如果工作分析主要用于组织的绩效考评，则分析重点就应该放在各岗位的工作内容、工作职责等方面。

（2）建立工作分析小组。工作分析小组的任务是编制工作分析方案，收集、整理、分析工作信息，形成相应的工作分析文件。工作分析小组的成员可以是来自组织内部的人力资源管理者或某一类工作的行家里手（如本部门的主管、资深并熟悉岗位情况的老员工等），也可以是从组织外部聘请的工作分析专家。必要时，对工作分析小组成员也要进行培训。

（3）确定工作分析的对象。由于时间、资金和人力的限制，往往不能对所有的岗位进行工作分析，通常需要选择有代表性、关键的工作进行分析。

（4）与相关部门和人员建立良好的工作联系。工作分析人员要与相关部门和人员建立良好的工作关系，以获得广泛的支持和信赖。

第二阶段：计划

第二阶段的主要任务是选择工作分析的信息来源，确定收集信息的方法。具体工作包括：工作分析小组制订工作分析方案，根据工作分析的任务、程序将工作分解为若干单元和环节，以便逐项完成；每个单元和环节都应明确规定开始和结束的时间，以及相应的负责人；在工作分析方案中还要对收集哪些信息、如何获得这些信息、使用什么方法等细节做出详细的规划。

第三阶段：调查

第三阶段的主要任务是工作信息的收集。调查中可灵活运用访谈、问卷、观察等方法，广泛深入地收集有关职位的工作信息和各种数据资料。具体工作包括：①编制工作调查提纲；②安排工作调查日程；③设计调查问卷；④在多种调查方法中选择适合的调查方法；⑤指导任职人员如实、准确地填写问卷或回答问题；⑥通过书面资料、文档收集有关工作特征等各种信息数据；⑦通过书面资料、文档收集任职人员必需资质的信息数据；⑧对收集的信息进行初步筛选，剔除无用和错误的信息。

第四阶段：分析总结

第四阶段是整个工作分析的核心阶段，其主要任务是对调查阶段所收集的信息进行分析、分类、整理、转化和组织，使之成为书面文字，为下一阶段的工作描述做好准备。工作分析的四个主要内容，即工作名称和基本信息、工作权责和关系分析、工作环境和工作条件及工作资质分析，都将在这一阶段集中体现出来。

（1）工作名称和基本信息分析。工作名称的命名应准确，不发生歧义，并能准确表达该工作的主要内容，尽量采用标准化的工作名称；基本信息涵盖岗位的部门归属、类别、定员、上下级关系等，应准确无误。

（2）工作权责和关系分析。工作职责和任务包括常规的工作和应急、临时的工作，一般需要分析工作完成应该具备的工作活动和工作行为，如工作内容、工作的多样化程度、完成工作的方法步骤等；需要强调的是，对于工作职责的分析，应根据情况进行分类描述，如部长有部门人员管理和业务管理的职责，需要将这两大类职责进行科学分类。岗位权限，是指根据岗位的设置目的和主要工作职责，组织赋予该岗位的决策范围、决策层次和控制力度，一般从业务管理权、人事权及财务权三方面着手分析。岗位工作关系反映的是特定岗位在整个组织中与其他部门和岗位及组织外部的关联性，主要包括监督指导关系、职位升迁关系、工作联系等，可以分为内部关系、外部关系来分析。工作强度则通过工作时间、劳动定额、工作量基准、工作循环周期等指标来体现。

（3）工作环境和工作条件分析。分析工作的物理环境，一般要借助一定的测量工具，对工作所处环境的噪声、烟尘、危险性、温度、湿度等进行分析，然后根据国家有关标准，确定其工作环境的等级系数；分析工作的社会环境，通常从工作群体的人数、工作地点内外的文化设施和组织文化氛围等方面进行；分析工作的安全环境，主要考虑从事特定岗位的工作者所处工作环境出现事故的可能性与有毒有害气体、粉尘、噪声、高温等不利因素损害身体健康的程度，包括易患的职业病和所必需的劳动保护要求等。工作条件主要包括两项：一是任职者要应用的设备名称，二是任职者运用信息资料的形式，如图纸、报表、测绘仪等。

（4）工作资质分析。分析工作资质，通常要分析圆满完成某种工作所需的理论和实践知识的广泛度和复杂度，也要分析达到工作要求速度和精确程度所需要的操作能力和技巧水平，如果有必要，应该列出胜任岗位所必须持有的资格证书，如会计证、医师执业证等。此外，也不能忽视完成工作对员工在生理和心理方面的要求，如身高、体力、性格、态度等。

第五阶段：描述

第五阶段的主要任务是形成职位说明书等书面文件，具体工作如下。

（1）创造性分析、发现有关工作和相关人员获得成功的关键因素，确定本组织内特定职位的“定位”。职位的“定位”不同，职责的描述将会有很大差别。以销售经理的工作为例，有的企业只看到其销售功能，于是职位说明书中职责和任务的描述就停留在“推”与“销”的层面；也有的企业将其定位为传统营销功能，职位说明书中就增加了市场策划与定位、市场细分、售后服务等职责；还有的企业将其定位为全面营销功能，于是品牌增值、创造和挖掘客户潜在需求等职责也归属于销售经理的工作内容。

（2）归纳、总结、提炼描述工作所需的深层素材。将调查收集的数据进行处理，如计算数据所占的比重、根据重要性程度排序等，可以得到对工作更深的理解。

（3）编制工作描述、工作规范，形成职位说明书。

第六阶段：运行

第六阶段，即应用工作分析的文件指导其他人力资源管理工作。例如，在招聘时，运用岗位说明书中任职资质要求来确定评价应征者是否胜任；在薪酬设计时，依据岗位说明书中的工作环境和工作条件，决定哪个岗位应该获得劳动作业的特殊津贴。

第七阶段：控制

第七阶段贯彻工作分析的整个过程，以确保工作分析的各个阶段都按计划推进，不出现偏离或出现偏离后应及时修正，使整个工作分析处于控制状态。

二、工作分析常用的方法

工作分析常用的方法有观察法、访谈法、问卷调查法、工作实践法、工作日志法、关键事件法等，这些方法各自有其优缺点和相应的适用范围。

（一）观察法

观察法通常是一些具有丰富经验的工作分析人员，通过直接观察，记录某一时期内某项工作的内容、形式及方法，以此为依据进一步分析相关的工作因素。为了提高观察分析的效率，通常采用一种隐蔽的观察方式，将观察到的所有重要的工作信息都记录下来。同时，选择不同对象在不同时期进行观察，尽可能消除分析者对工作行为方式的偏见；还可以对同一工作者在不同时间与空间进行观察分析，以消除工作时间与工作情景上的偏差。一般而言，观察法适用于对短时间、外显行为特征进行分析，不适合用于一些包含复杂脑力劳动的工种，也不适合用于工作心理素质的分析。

（二）访谈法

对于某些工作，分析人员往往因难以在短期内掌握专业技能，或者不具备该工作要求的特殊胜任特征，而无法亲身尝试，也不便于到现场观察。于是，访谈工作者和密切相关者（该工作岗位的上级、下属及与该工作有业务往来的外部顾客等）就成为一种有效的收集信息的方法。访谈法能够简单、迅速地获取信息，适用性很强。使用访谈法，工作分析人员必须精心准备访谈提纲，并以标准化的形式记录下来，将问题和回答限制在与工作有关的范围内，同时也便于归纳与比较不同员工的反应。表 2-1 是工作分析访谈提纲的一个范例。

表 2-1　工作分析访谈提纲

工作分析的内容	访谈的问题
岗位目标	此岗位的工作目标是什么？ 此岗位最终要取得什么结果？ 从公司角度看，这个岗位具有什么意义和作用？
岗位地位	公司上级对此岗位作用的评价如何？ 此岗位直接为哪个部门或个人效力？ 哪些岗位与此岗位同属一个部门？ 此岗位一年所需的各种经费是多少？
工作的内外关系	依据怎样的原则、规章制度、先例和人事制度办事？ 此岗位的行为或决策受哪个部门或岗位的控制？ 在组织内，此岗位与哪些部门或岗位联系频繁？有哪些方面的联系？ 是否需要经常见上司商讨或者汇报工作？ 通常需要与上司讨论什么问题？ 有下属吗？若有，管辖哪些职位？有多少人？ 此岗位与组织外哪些单位或个人工作联系频繁？有哪些方面联系？ 此岗位需要出差吗？频率如何？经常去哪里出差？为什么出差？

续表

工作分析的内容	访谈的问题
工作的内容和责权	此工作最大的挑战是什么？ 对此工作最满意和最不满意的方面分别是什么？ 此工作需要解决的关键问题是什么？ 面临的问题是否各不相同？不同之处表现在哪些方面？ 处理问题时有无指导或先例可参照？有哪些处理依据？ 在工作中遇到的问题，在多大程度上是可预测的？ 对哪些问题有自主权？ 哪些问题需要提交上级处理？ 是否经常请求上司的帮助，或上司是否经常检查、指导工作？ 上司如何指导工作？ 是否有机会采取新方法解决问题？
工作成果	工作能够取得什么成果？其中最重要的成果是什么？ 通常可以用什么标准衡量工作成果？

（三）问卷调查法

问卷调查法，是指工作分析人员通过由被调查人员填写相关问卷来获得工作信息的方法。该方法操作程序简单，成本低廉，因此深得工作分析人员喜爱。问卷调查法的关键是要制定一份针对性强、内容分量适中的高质量的问卷，而问卷的设计是建立在设计者对要分析的工作有所了解的基础上，所以，实践中常将现场观察、访谈和问卷调查结合使用。

按照结构化程度，调查问卷可分为结构化问卷和非结构化问卷。结构化问卷是在一定的假设前提下采用封闭式的问题收集信息，具有较高的信度和效度，便于职位之间的相互比较。目前比较流行的几种工作分析问卷，如职位分析问卷（position analysis questionnaire，PAQ）、管理职位描述问卷（management position description questionnaire，MPDQ）、通用标准问卷（common-metric questionnaire，CMQ）都是属于结构化问卷。

职位分析问卷是 1972 年由美国的麦考密克（E. J. McCormick）开发的。该问卷包括 194 个项目，其中 187 个用来分析完成工作过程中员工活动的特征，另外 7 个涉及薪酬问题。职位分析问卷对各项目采用 6 级制评分（评价最低为 0 分，最高为 5 分），统计所有分值并作数据处理，得出相应结论。职位分析问卷的所有项目归为 6 大类，分别用来概括各种工作的特征，具体如下：①信息投入，员工从哪里及如何获得完成工作所需的信息。②脑力过程，执行工作时需要完成的推理、决策、计划及信息加工活动。③体力过程，执行工作时所发生的身体活动及所使用的工具、设备。④同他人的关系，执行工作时与他人发生的联系。⑤工作环境，执行工作过程中所处的物理环境和社会环境。⑥其他特点，其他与工作有关的内容，如工作时间安排、报酬等。

职位分析问卷可以分析工商业企业、公共部门中的各种职位，并能提供对各职位的量化分数，以便于排序和比较；但是分析过程非常烦琐，时间成本很高，要求填写人员是受过训练的工作分析人员，而不是任职者或上级。

管理职位描述问卷则是美国著名工作分析专家亨普希尔（Hemphill）、托诺瓦（Tornow）和平托（Pinto）等开发的，是以工作为基础、以管理型职位为分析对象的工作分析问卷。它与职位分析问卷非常相似，包括 13 类共 208 个描述管理人员工作的问题，也采用 6 级标准对每个项目进行评分，计算总得分。管理职位描述问卷法有三个板块，即信息输入板块、信息分析板块和信息输出板块。信息输入板块主要用于收集职位的相关信息，涉及 15 个部分、274 项工作行为，由管理职位任职者填写；信息分析板块针对人力资源管理各职能的要求，提供管理工作要素体系、管理绩效要素体系和管理评价要素体系三种评价体系，以区分工作内容、绩效水平和工作内在价值的差异；信息输出板块则通过特殊的计算机处理程序编制成 8 类分析报告。由于计算机的使用，管理职位描述问卷法在某种程度上降低了主观因素的影响，提高了工作分析的效率，但该问卷灵活性不足，只适合管理职位，限制了其应用范围。

通用标准问卷是美国学者罗伯特·哈维（Robert J. Harvey）编制的一种适用性很强的问卷，该问卷弥补了以往标准化工作分析问题的不足，应用了测量理论对职位进行评定。评定内容包括接受与实施管理、语言的运用、知识与技能、管理和业务决策、主持或发起会议、参与会议、利用视觉信息或其他感觉信息、设备机器与工具的使用、内外部联系、环境条件及其他特征等。通用标准问卷的结果既可以用于撰写职位说明书，也可以用于为培训需求进行辅助分析、设计绩效评价表等。

非结构化问卷中的问题是针对不同组织进行的个性化设计，通常是开放式的，可以全面、完整地收集信息，因此具有适应性强和灵活高效的优势。但与结构化问卷相比，非结构化问卷的精度不高，随意性较强。表 2-2 是某企业推销员岗位的工作分析问卷。

表 2-2　某企业推销员岗位的工作分析问卷

据调查，我公司推销员岗位主要承担以下职责。请根据实际情况，说明以下职责在工作中的重要性（最重要的打 10 分，最不重要的打 1 分，标在右侧的横线上）
1. 和客户保持联系 ________
2. 接待好每一个客户 ________
3. 详细介绍产品的性能 ________
4. 正确记住各种产品的价格 ________
5. 掌握必要的销售知识 ________
6. 送产品上门 ________
7. 完成销售额和成本目标 ________
8. 把客户有关质量问题反馈到有关部门 ________

（四）工作实践法

工作实践法是指由工作分析人员亲自从事需要进行分析的工作，用以搜集相关的工作信息。这种方法的优点是可以掌握第一手资料，从而能够准确了解各项工作的实际流程，以及在知识、经验、体力等方面对任职者的要求。但是这种方法不适合用于需要大量培训和危险的工作，也不适合用于脑力劳动的工作，通常在短期内可以掌握岗位技能的工作中，如餐厅服务员，应用得比较多。

（五）工作日志法

工作日志法是由每个职位的任职者本人按照时间顺序记录自己的工作过程，然后对此进行归纳提炼，整理出所需资料的方法。这种方法适用于工作循环周期短、工作状态稳定的职位；适用于确定工作职责、工作关系、劳动强度等方面的信息。应用工作日志法的关键是在工作的同时如实填写工作日志表，并将其作为工作分析的重要依据。表 2-3 是工作日志表的示例。这种方法的优点在于自己记录，搜集的信息比较全面，而缺点在于使用的范围有限，对于信息的整理、归纳工作量大。

表 2-3　工作日志表的示例

<table>
<tr><td colspan="6">工作日志</td></tr>
<tr><td colspan="6">姓名：</td></tr>
<tr><td colspan="6">职位：</td></tr>
<tr><td colspan="3">所属部门：</td><td colspan="3">直接上级：</td></tr>
<tr><td colspan="3">从事本业务工龄：</td><td colspan="3">填写期限：
自___年___月___日至___年___月___日</td></tr>
<tr><td>日期</td><td>___月___日</td><td>工作开始时间</td><td></td><td>工作结束时间</td><td></td></tr>
<tr><td>序号</td><td>工作活动名称</td><td>工作活动内容</td><td>工作活动结果</td><td>时间消耗</td><td>备注</td></tr>
<tr><td>1</td><td></td><td></td><td></td><td></td><td></td></tr>
<tr><td>2</td><td></td><td></td><td></td><td></td><td></td></tr>
<tr><td>3</td><td></td><td></td><td></td><td></td><td></td></tr>
<tr><td colspan="6">说明：
Ⅰ. 在每天工作开始前将工作日志放在手边，按工作活动发生的顺序及时填写，切勿在一天工作结束后一并填写
Ⅱ. 要严格按照表格要求填写，不要遗漏任何细小的工作活动
Ⅲ. 请您提供真实的信息，以免损害您的利益
Ⅳ. 请注意保管，防止遗失</td></tr>
</table>

（六）关键事件法

关键事件法是通过记录实际工作过程中工作者的某些特别有效或特别无效的行为，然后分类、汇总、提炼以得到实际工作对员工的要求。记录的内容大致包括以下几项：事件发生的原因、有效或无效行为的特征表现、事件发生的后果，以及工作者对此事件的可控范围和努力程度的评估。表 2-4 是对打字员的工作质量控制能力的关键事件记录。这种方法的优点是直接描述工作者在工作中的具体活动，可以揭示工作的动态性质。其缺点是收集归纳关键事例并进行分类，需要耗费大量时间；由于描述的是工作的典型事件而非全貌，难以形成对工作的整体概念。

表 2-4　关键事件法示例

分析客体：打字员	
分析项目：工作质量控制能力	
典型事例	1. 注意打印稿中不正确的地方，检查并改正
	2. 修饰每侧都是方边的稿件，使之看起来更美观
	3. 检查并纠正即将邮出的打印文件
	4. 当怀疑不适合打印时，查阅有关手册
	5. 由于粗心，在专业数据等关键信息上出错
	6. 经常将图表放错位置
	7. 对某个字的正误无把握时，不愿意查字典而让顾客自己校对
	8. 打印排版错误，以致必须重新打印第 600~648 页

第二节　职位说明书的编写

一、职位说明书的格式和内容

职位说明书是用书面的形式对组织中各类职位（岗位）的工作职责、工作权限、绩效评价标准、所需培训、工作环境及任职条件等情况进行描述的文件，是工作分析的重要成果。在实际操作中，职位说明书的编写没有统一的格式，但是为了确保职位说明书内容的系统与完整，人力资源管理者总结了一些有代表性的格式，如表 2-5~表 2-7 所示。

表 2-5　职位说明书的格式（一）

职位名称		所属部门	
工作内容： 1. 2.			
任职资格： 1. 学历要求： 2. 工作经验要求： 3. 必要的知识和能力： 4. 综合素质要求：			
工作环境： 1. 工作地点： 2. 工作条件：			

表 2-6　职位说明书的格式（二）

职位名称：		所属部门：
职位编码：		编制日期：
职位概要：		
具体职责	1. 2. 3.	
岗位职权	1. 2.	
考核指标	1. 定量指标： 2. 定性指标：	
任职资格	1. 专业知识： 2. 工作经验： 3. 学历证书要求： 4. 其他要求：	

表 2-7　职位说明书的格式（三）

单位：	职位名称：	编制日期：
部门：	任职人：	任职人签字：
	直接主管：	直接主管签字：
	直接下属：____人	
职位编号：	说明书编号：	批准日期：
职位概要：		
任职条件	学历/专业	
	必备知识	专业知识：
		外语要求：
		计算机要求：
	工作经验	
	业务了解范围	
	能力素质要求	
	职位晋升	可直接晋升的职位：
		可相互交流的职位：
		可晋升至此的职位：
		可降级的职位：
工作关系	内部关系	所受监督：
		所施监督：
		合作关系：
	外部关系	

续表

<table>
<tr><td rowspan="4">责任范围</td><td colspan="2">汇报责任</td><td colspan="2">直接汇报___人　　间接汇报___人</td></tr>
<tr><td colspan="2">督导责任</td><td colspan="2">直接督导___人　　间接督导___人</td></tr>
<tr><td colspan="2">培育责任</td><td colspan="2"></td></tr>
<tr><td colspan="2">成本责任</td><td colspan="2"></td></tr>
<tr><td>权力范围</td><td colspan="2">权力项目：</td><td colspan="2">主要内容：</td></tr>
<tr><td colspan="2">工作范围：</td><td colspan="2">工作依据：</td><td>负责程度：</td><td>建议考核标准：</td></tr>
</table>

规范的职位说明书在内容上至少应该包括职位基本信息、工作关系、责权范围、任职条件四部分。编写职位说明书，要力求合理可行并具有一定的前瞻性。

二、编写职位说明书的注意事项

（一）职位说明书的语言表达应尽量准确简练

编写职位说明书，用词要简洁、明了，力求客观、真实和公正，防止人为夸大或缩小岗位元素，做到不增不减。编写时一般按照“动词+宾语”的句式；时态用现在时；尽可能采用主动性的功能动词描述，如“检测、审核、指导”等，避免用“负责”“管理”“处理”等笼统、模糊的字眼，尽量描述管理或负责的具体事项。例如，对于某项工作任务（A 工作），同一个部门内部可能会涉及几个岗位，但是各个岗位对该工作负责的程度不同、着力点不同，在岗位说明书的编写中就应仔细斟酌用词，以准确、客观地反映各岗位的实际职责边界，举例如下。

部门经理岗位的职责描述：策划、指导 A 工作

主管岗位的职责描述：组织实施 A 工作

主办岗位的职责描述：协助组织并实施 A 工作

文员岗位的职责描述：协助实施 A 工作，收集准备相关信息及资料

编写职位说明书时，能够使用专业术语的地方，尽量用一些明确表达工作步骤和技术的术语。例如，家具制造业中将工人制作木制组件，表述为“手雕木制品”，就更加准确地表明了工作的方式和成果。

（二）陈述的排列顺序要突出重点和相互关系

对工作任务、职责和权限等进行描述时，陈述的排列顺序有一定的讲究，通常以一种符合逻辑关系、可以理解的方式来表述，突出主要任务、主要职责、主要权限等。例如，实验研究员的工作任务有提出实验方案、保证实验室清洁、购买实验用品、进行实际操作、维护实验仪器等，在编写职位说明书时，应该把“提出实验方案”“进行实际操作”两项作为主要任务列在靠前的位置，而不是机械地按照观察的先后顺序排列。

（三）对工作各方面的描述要有定性和定量的刻画

定性的描述可以给人以整体的概念，定量的描述则能明确具体标准和细节，因此，在编写职位说明书时，这两方面的描述都应兼备，尤其是量化的描述。在对工作任务进行描述时，从质量和数量方面进行明确的规定，能够大大增加职位说明书的可操作性。对工作职责和权限的描述也是如此。例如，“具有 1 000 元以下经费的审批签字权”就比“具有小额经费的审批签字权”的描述明确得多。

三、职位说明书的举例

以下提供两份职位说明书的范例，一份是企业财务部经理的职位说明书（表 2-8），另一份是海事局办公室主任的职位说明书（表 2-9），以供参考。

表 2-8　企业财务部经理的职位说明书

职位名称：财务部经理	所属部门：财务部	职位编码：ZW-CW-01
直接上级：总经理	直接下属：9 人	编制日期：2016-12-28
职位概要：负责组织公司财务预决算、财务核算和管理、会计处理、会计监督工作；全面负责财务部的日常管理工作		
具体职责	1. 协助总经理，根据公司发展战略，制定公司财务政策，参与公司重大财务决策 2. 全面负责财务部工作职责分工，理顺工作关系，协调各方面关系 3. 合理安排资金运用，保证满足生产经营活动资金需求，负责公司资金运作确保保值、增值 4. 组织财务分析，提供财务分析报告 5. 监督日常的会计业务处理 6. 参与制定各部门费用指标并监督管理 7. 审核公司及各部门奖金考核、核算和分配 8. 参与签订重大销售合同、采购合同，参与项目可行性分析报告的财务论证	
岗位职权	1. 对下级工作具有监督检查权 2. 对各项费用开支具有监督检查权 3. 对限额资金（5 000 元以下）的使用具有批准权 4. 对下级管理、业绩考核具有评价权	
考核指标	1. 定量指标：计划任务完成率、财务预算控制率、部门费用控制率 2. 定性指标：各类财务报告、会计报表的及时性、准确性、有效性；管理能力、沟通协调能力、计划控制能力	
任职资格	1. 专业知识：熟练掌握财务、会计、审计、税收的相关专业知识 2. 工作经验：大型企业担任财务经理 3 年以上 3. 学历证书要求：财会专业大学本科及以上学历，有高级会计证书 4. 其他要求：熟悉常用的财务软件，会使用财务分析系统	

表 2-9　海事局办公室主任的职位说明书

单位：××海事局	职位名称：办公室主任	编制日期：2017-02-10
部门：办公室	任职人：×××	任职人签字：
	直接主管：分管业务的副局长	直接主管签字：
	直接下属：10 人	替代关系：办公室副主任
职位编号：	说明书编号：	批准日期：

续表

<table>
<tr><td colspan="4">职位概要：
组织制定办公室内部行政管理规章制度；具体分管目标管理、经费计划；归口管理、签报、会议组织、调研、接待、协调、档案及办公印鉴保管工作</td></tr>
<tr><td rowspan="15">任职条件</td><td>学历</td><td colspan="2">大学本科（或同等学历）及以上</td></tr>
<tr><td>专业</td><td colspan="2">行政管理、海事管理及相关专业</td></tr>
<tr><td rowspan="3">必备知识</td><td colspan="2">专业知识：行政管理知识、海事管理知识、相关的法律知识</td></tr>
<tr><td colspan="2">外语要求：国家四级或同等水平</td></tr>
<tr><td colspan="2">计算机要求：能熟练运用办公软件和网络</td></tr>
<tr><td>工作经验</td><td colspan="2">5 年以上工龄及 2 年以上基层工作经历，并有 2 年以上副处级岗位管理经验</td></tr>
<tr><td rowspan="6">能力素质要求</td><td>能力项目</td><td>能力标准</td></tr>
<tr><td>组织协调能力</td><td>能够组织好办公室的各项工作，协调好与其他部门及外部相关单位之间的关系</td></tr>
<tr><td>理解决策能力</td><td>准确理解国家法律法规、相关国际公约及上级指示，做出恰当的决策</td></tr>
<tr><td>调查研究能力</td><td>能够结合实际进行综合分析，提出预见性的有效建议，并制定相应的对策和措施</td></tr>
<tr><td>业务技术能力</td><td>具备熟练的业务知识，较好地指导和处理有关行政业务管理的各项工作</td></tr>
<tr><td>语言表达能力</td><td>具有较强的口头和文字表达能力，能独立起草各类文件和报告</td></tr>
<tr><td rowspan="3">职位晋升</td><td colspan="2">可向上晋升的职位：副局长</td></tr>
<tr><td colspan="2">可相互交流的职位：其他正处级职能管理岗位</td></tr>
<tr><td colspan="2">可晋升至此的职位：办公室副主任</td></tr>
<tr><td rowspan="4">工作关系</td><td rowspan="3">内部关系</td><td>所受监督</td><td>日常工作接受分管副局长的指导和监督；在中长期工作规划、特殊任务的处理等方面接受局长的指导和监督；在廉政建设上接受纪检部门、法规处的监督；在工作作风方面接受党群部门监督</td></tr>
<tr><td>所施监督</td><td>对办公室下属的工作进行监督</td></tr>
<tr><td>合作关系</td><td>与办公室内部岗位、基层单位、机关业务处室等就行政管理进行相关业务合作</td></tr>
<tr><td>外部关系</td><td colspan="2">与交通运输部海事局办公室、地方行政部门等单位保持联络</td></tr>
<tr><td>沟通关系</td><td colspan="3">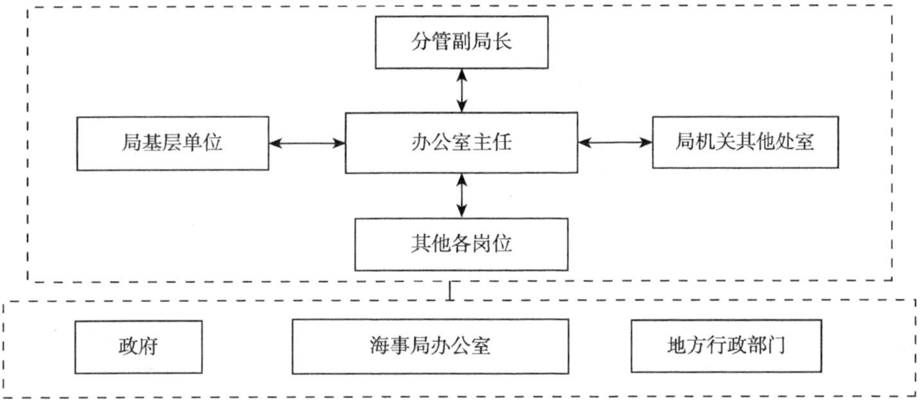
</td></tr>
</table>

续表

<table>
<tr><td rowspan="10">责任范围</td><td>汇报责任</td><td colspan="2">直接汇报 1 人　间接汇报 4 人</td></tr>
<tr><td>督导责任</td><td colspan="2">直接督导 10 人　间接督导___人</td></tr>
<tr><td>培育责任</td><td colspan="2">组织办公室人员进行行政管理业务培训，学习国家有关部门法律法规及相关的国际公约</td></tr>
<tr><td rowspan="3">成本责任</td><td>电话/手机</td><td>每月费用控制在 1 000 元之内</td></tr>
<tr><td>电脑设备安全</td><td>保证本部门电脑设备的安全使用</td></tr>
<tr><td>办公用品设备</td><td>对所使用的办公用品和设备负有最终成本责任</td></tr>
<tr><td>审核责任</td><td colspan="2">对提交的文件和事项的正确性负有最终审核责任</td></tr>
<tr><td>保密责任</td><td colspan="2">对上级传达到处级以上的会议精神、文件材料，对本单位重大的人、财、物讨论决定，以及本办公室应当遵从保密规定的事项要严格保密</td></tr>
<tr><td>奖惩责任</td><td colspan="2">对已批准的奖惩决定执行情况负责</td></tr>
<tr><td>预算责任</td><td colspan="2">对本办公室的开支预算负责</td></tr>
<tr><td rowspan="7">沟通关系</td><td>权力项目</td><td colspan="2">主要内容</td></tr>
<tr><td>审核权</td><td colspan="2">根据规章制度和原则，具有组织审核修改局内部行政管理规章制度的权力，在局经费计划管理规定权限内行使审核的权力，具有审批局用印申请的权力</td></tr>
<tr><td>解释权</td><td colspan="2">对政策条文、规章制度及海事行政业务的内容和含义、运用方法和原则等进行阐述、释义</td></tr>
<tr><td>建议权</td><td colspan="2">对办公室内部人员配备、晋升、培训等提出建议</td></tr>
<tr><td>财务权</td><td colspan="2">对限额 1 000 元以下资金的使用有批准权</td></tr>
<tr><td>考核权</td><td colspan="2">对本办公室提出人员考核意见</td></tr>
</table>

工作范围	工作依据	负责程度	建议考核标准
编制局行政工作计划和办公室内部管理规章制度	海事局的战略目标、相关制度	全部责任	计划完成情况
具体分管的目标管理、经费计划归口管理、签报管理、会议及调研、接待、协调、档案和印鉴业务管理	海事局的相关规章制度	全部责任	工作完成的数量和质量；是否符合相应的工作流程；服务对象的满意度
在规定权限内的经费管理	国家相关规定，海事局的相关规章制度	全部责任	经费使用是否符合相应的制度规定
组织会务工作	海事局的相关规章制度	全部责任	服务对象的满意度和领导的满意度
处理行政公文和综合性文件	海事局的相关各种文件的规定	全部责任	文件处理的及时性和准确性
对办公室工作人员的日常管理	海事局人事管理的相关制度和程序	全部责任	办公室工作人员的满意程度
对日常工作定期或不定期的汇报及建议	工作汇报的相关制度及直接领导的要求	全部责任	工作汇报的及时性、内容的完整性
完成领导交办的其他工作	上级的指示	次要责任	领导满意度和其他部门的满意度

第三节 职位分类的要素和实施流程

一、职位分类的概念与构成要素

职位分类，是指根据职位的工作性质、责任轻重、难易程度和所需资格条件等进行分类，划分为若干种类和等级的过程。职位是职位分类的对象，是分配给一个工作人员的责任和相应职权。它具有以下特点：一是由具有充分权力的组织分配的，不是由工作人员或其他组织、个人决定的；二是适合并交由一个工作人员完成的，其工作量不能过大也不能过小，不可安排更多或更少的人员完成；三是具有完成工作所需的权力，是职务、责任和权力的集合体。职位分类是将组织中的所有职位按照业务性质从横向上划分成若干职类、职组、职系，再从纵向上，按照工作难易、责任大小、任职资格等划分为若干职级、职等，在此基础上对每一职位给予准确定义及描述，使职位成为一个纵横有序的系统，为工作人员的招聘、录用、培训、考核、奖惩、工资待遇、晋升等各项管理提供依据，以达到分类管理和同工同酬的目的。职位分类的特征是以职位为基准，主要强调职位的职权和责任，而不是担任该职位的从业者的特点。

职位分类的重点在于建立职类、职组、职系、职级、职等五大构成要素。

（1）职系。在众多职位中，有一些职位的工作任务，需要运用相同或充分相似的知识技能完成。职系就是工作性质相同或充分相似而责任轻重、困难程度不同的职位系列。

（2）职组。职组亦称职群，指工作性质相近的职系的集合。

（3）职类。在职组中间，一些工作性质大致相近的职组集合起来就构成了职类。

三者之间的关系可用图 2-2 表示。

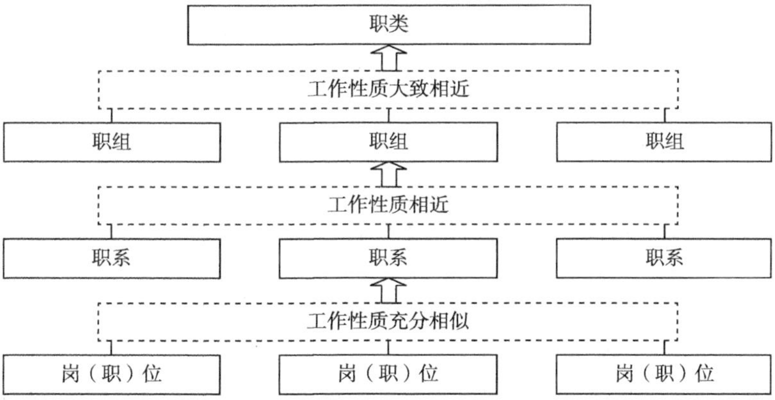

图 2-2 职系、职组、职类三者的关系

（4）职级。职级是对同一职系内的职位所做的高低层次的划分。在一个职系内，那些工作性质、难易程度、责任轻重、任职资格相似的职位的集合构成一个职级。各个职系的职级多少不等，各个职级内所包含的职位多少也不等。

（5）职等。职等是对组织的所有职位所做的高低层次的划分，是不同职系的职级，按职责大小、工作难易程度、工作所需资格等条件归纳而成的等次。职等撇开了工作性质，以职位的工作难度、责任和资质为划分标准，解决了不同职系的职位的比较问题。其目的是求得待遇上的平衡，实现同工同酬。

职位分类各要素的关系可用图 2-3 表示。

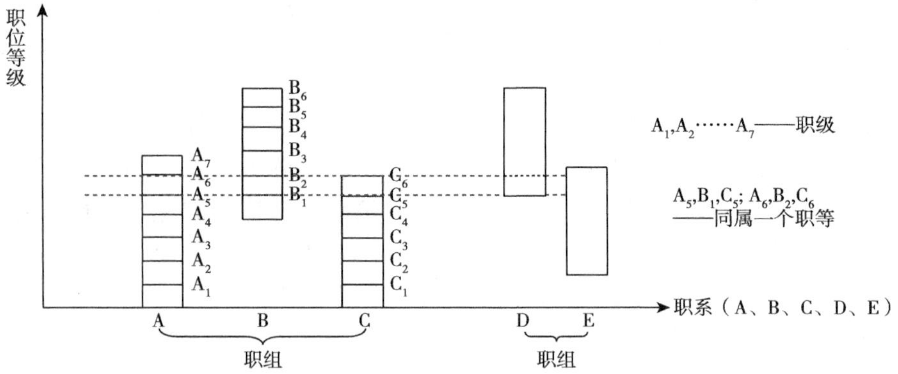

图 2-3　职位分类各要素的关系

二、职位分类的实施流程

职位分类的实施一般要依次经过职位调查、职位分析评价、制定职位分类规范和职位归级等流程，如图 2-4 所示。

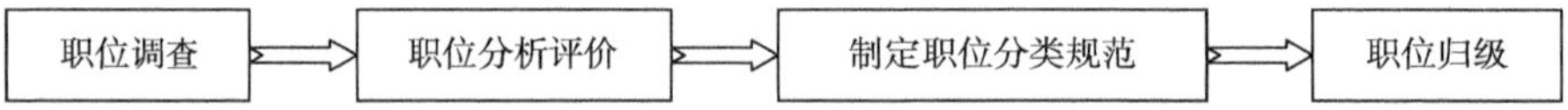

图 2-4　职位分类的实施流程

第一步：职位调查

职位调查是职位分类的准备和基础，其目的为确定职位的分析因素、职位评价及区分职系、职级、职等和撰写职级规范、职等标准提供事实依据，其实质是工作分析中的收集和整理信息步骤。职位调查的内容主要包括职位的工作性质、难易程度、责任轻重和任职资格条件。调查的方法可以选择书面调查、实地调查、综合调查等。调查得到的信息要如实地填写在职位调查表上，职位调查表可以由该职位现任者填写，也可由其直接主管填写，还可以由职位分类人员根据访谈和问卷的结果整理填写。调查结束后，职位分类人员要进行调查资料的审核。

第二步：职位分析评价

职位分析评价包括职位分析与职位评价两个方面。职位分析是对上述调查结果的分析，一是对调查结果进行统计分析，明确职位的数量、类别；二是对职位调查结果进行理论分析，即借助概念、判断和推理等思维形式，对职位的内容及其内在联系作系统化分析。职位分析属于工作分析的一种，其操作方法无本质差别。职位评价则是在职位分析的基础上，依据基本分类因素的比较，确定各职位工作性质的异同和工作程度的高低，并据此将职位区分职系、划分职级和职等的过程。职位评价常用的方法有全部列等法、分类法、因素比较法、因素评分法等，各种方法殊途同归，最终都要根据各职位的工作对组织的相对价值分等排序。

第三步：制定职位分类规范

职位分类规范包括职位说明书、职系说明书、职级规范和职等标准。就职位分类规范而言，职级规范是核心，职系说明书是纵向骨干，职等标准是横向构架，缺一不可。拟定职位分类规范的直接目的，是将分类结果以法规的形式予以固定和公布，照章办事。除了职位说明书不予赘述外，以下依次说明各职位分类规范的内容。

职系说明书是对每个职系的工作性质及有关事项的说明。所叙述的内容，只涉及工作性质，而工作性质认定的根据是执行工作任务时所需运用的知识技能是否相同或相似。职系说明书一般包括职系名称、职系编号、本职系所包括的各职级的名称、职位的主要工作任务举例、所需的主要学识和技能等。

职级规范是规定与叙述每一职级的工作性质、繁简难易、责任轻重及任职资格的书面文件。职级规范的内容通常有职级名称、职级编号、本职级所包括职位的工作特征、工作举例、所需知识和资历要求等，其中，对工作特征的规定和描述是职级规范最重要的部分。

职等标准则是叙述每一职等的工作难易程度、责任轻重、所需资格条件的书面文件，将工作的难易程度、责任轻重和任职资格条件描述清楚即可。

第四步：职位归级

职位归级是按照一定程序，依据一定标准，将各职位归入适当的职系、职级和职等。归级依据可以是职位分类的标准文件，也可以是标准职位，还可以是因素评分的结果。职位归级初步完成后，交由审核委员会进行审议、通过审核，才能将归级结果通知职位的主管领导和任职人员。

第四节　工 作 设 计

一、工作设计的含义

工作设计是指组织为了提高工作效率和员工的工作满意程度，设计、完善或整合修改工作描述和工作资格要求的行为或过程。工作分析与工作设计有直接的关系。两者都是针对工作、职位展开的一项人力资源基础性工作，但是在侧重点、分析视角上有区别：

工作分析是对现有职位的客观描述，明确所要完成的任务及完成这些任务所需的人的特点，而工作设计不仅要了解现有职位的工作内容和规范，还要对这些内容和规范进行认定、修改或对新设职位做出完整的描述；工作分析主要从技术和组织的单方面立场来考虑工作的内容，工作设计是在工作分析的基础上，从工作要求和员工需要两方面来考虑工作。

工作设计相对工作分析的要求更高，一般在工作设计中力求达到以下目标。

（1）全部职务的集合通过工作设计能顺利完成组织的总任务，即企业运行所需要的每一件工作都落实到职务规范中去。

（2）全部职务所构成的责任体系应能保证企业总目标的实现，即企业运行所要达到的每一项工作结果，组织内每一项资产的安全有效都必须明确由哪个职位负责，不能出现责任空档的情况。

（3）职务分工应有助于发挥个人能力，提高组织效率。这就需要找到一个结合点，既能发挥个人的工作积极性，又能保证组织利益实现。

（4）每个职务规定的任务、责任可以由当时资源条件决定适当人选，不能脱离资源约束来单独考虑组织的需要。

二、工作设计的方法

工作设计过程中常用的方法有科学管理方法、人际关系方法、优秀业绩工作体系、辅助的工作设计方法。

（一）科学管理方法

科学管理方法的基础是泰勒提出的职能（工作）专业化，工作设计的基本途径是“时间—动作研究”，即工程师研究和分析手、臂及身体其他部位的动作，研究工具、员工和原材料之间的物理机械关系，研究生产线和工作环节之间的最佳次序，强调通过寻找员工的身体活动、工具和任务的最佳组合使生产效率最大化。这样设计的优点是，把工作分解为许多单一化、标准化和专业化的操作内容和操作程序，劳动者被固定在某一岗位，完成管理者指派的工作任务，管理者不仅规定劳动者应该做什么，还规定应怎么做，什么时间完成，所以劳动者的工作简单、安全、“熟能生巧”有利于提高效率，但是工作久了，往往会使劳动者产生对单调而枯燥的工作内容的厌倦和不满情绪。

（二）人际关系方法

人际关系方法是在按照专业化方法设计出的枯燥的工作内容中增加管理的成分，增强工作对员工的吸引力。根据人际关系哲学提出的工作设计方法包括工作轮调、工作扩大化和工作丰富化等内容。

（1）工作轮调是让员工从一个工作岗位换到另一个工作岗位，整个工作流程保持不变。这种设计的本意是员工在不同的工作岗位进行轮换操作，可以比较全面地了解整个生产过程，技术水平也能有所提高，还能减少员工对单一工作的厌倦和不满情绪。但是，其实际上在满足员工心理需要上的效果是非常有限的。

（2）工作扩大化的做法是扩展一项工作包括的任务和职责，即横向地扩大工人的工作范围，使每个员工除了担负原来的工作外，还担负原来由其他员工所做的前后工序的工作，从而使个人所做的工作种类多样化。例如，银行的储蓄柜台服务岗位，由以前的分设两个岗位——单据处理岗和出纳岗，通过工作扩大化的设计，合并成一个岗位，称为柜员，柜员负责原来的单据处理岗和出纳岗的全部工作内容。

（3）工作丰富化是指在工作中赋予员工更多的责任、自主权和控制权。工作丰富化不是水平地增加员工工作的内容，而是垂直地增加。这样，员工会承担更多重大的责任，员工有更大的自主权和更高程度的自我管理及对工作绩效的反馈。例如，对原来只有“产品推销和出售”职责的销售员岗位，采取承包责任制，要求销售员在完成销售额目标的前提下，可以在一定范围内自行决定产品的价格、售后服务的条件、超额收入的分配、销售费用的支配等，就会激发销售员较高的工作积极性。

（三）优秀业绩工作体系

优秀业绩工作体系是将科学管理哲学与人际关系方法结合起来的一种工作设计方法。这一模型的特点是同时强调工作社会学和最优技术安排的重要性，认为工作社会学和最优技术安排相互联系、相互影响，必须有效地配合起来。在优秀业绩工作体系中，工作设计者（管理方）不是去设计具体的工作内容，而是聚焦在建立工作小组（团队），工作小组的成员不再被管理方指定从事某种特定任务的工作，而是要求每位成员都具有多方面的技能，工作任务被分配给工作小组，然后由小组去决定谁在何时从事什么任务，并且小组成员在绩效评价、费用支配等方面也拥有多种自我管理的权限。优秀业绩工作体系尤其适合互联网时代的扁平化和网络化的组织结构。

（四）辅助的工作设计方法

辅助的工作设计方法是指缩短工作周和弹性工作制。这两种设计方法并没有改变工作的内容和关系，只是着眼于改变员工个人工作时间的安排，但是在客观上也能起到促进生产率和提高员工满意度的作用。

缩短工作周是指员工工作的周安排从传统的每周工作 5~6 天、每天工作 7~8 小时，缩短为每周工作 4 天，每天工作的时间可以适当延长。一般是错开工作时间排班，使在所有的传统工作日都有员工工作。

弹性工作制的典型做法如下：企业要求员工在一个核心时间期间（如上午 10 点到下午 3 点）必须在岗位上工作，但是上下班时间由员工自己决定，只要工作时间总量符合要求即可。也有的企业甚至更进一步，只规定员工个人应该完成的工作任务目标，工作时间安排完全由员工自己决定。

【本章小结】

工作分析的思想由来已久，可以追溯到公元前 5 世纪，在第二次世界大战期间得到空前发展。作为人力资源管理的基础工作，它为管理职能提供“6W1H”的信息内容。工作分析的程序包括准备、计划、调查、分析总结、描述、运行、控制七个阶段，常用的方法有观察法、访谈法、问卷调查法、关键事件法等。

职位说明书是工作分析的成果之一，它的编写应注意语言简洁、准确，陈述排序突出重点和相互关系，对工作描述有定性定量的刻画等。

职位分类实施的程序为职位调查→职位分析评价→制定职位分类规范→职位归级。

【本章关键词】

工作分析	job analysis	职位分类	position classification
工作描述	job description	工作规范	job specification

【练习题】

1. 名词解释题

（1）工作分析　　（2）职位分类　　（3）职位说明书

2. 简答题

（1）工作分析的基本流程是什么？
（2）工作分析常用的方法有哪些？各自的适用范围是什么？
（3）简述职位分类各构成要素之间的关系。

3. 论述题

你怎样认识工作分析与职位分类融合的趋势？

4. 小组练习题——行政秘书的职位说明书

行政秘书是企事业单位常见的职位，其工作职责和权限有共性的特征，一般包括：起草和审核领导发文的稿件；组织协助各种综合性会议；协调内部各项工作关系；行政值班管理等。但在实际工作中，又因组织性质和内部分工的差异而有所区别。下面以小组为单位，分别调研企业、学校、政府机关的行政秘书职位，并草拟职位说明书。

案例讨论

A海事局的职位管理

A海事局目前的职位设置在政府机关中具有一定的代表性。首先，职位的设置不是很明确，工作分工采取AB牌制，即每一部分工作确定一个主要负责人（A牌），当其因故不能履行职责时，由B牌的人兼任其工作，工作负荷实在吃不消了，就去人事处要人手。因此，本单位的领导和工作人员都说不清全局到底有多少个职位。最近A海事局抽出10个骨干参加交通运输部组织的业务进修和培训，进修期长短不一，短则3个月，长则派送到国外学习3年，进修人员的工作由同部门的同事兼任。有些基层海事处本来人手就短缺，新同志和即将退休的老同志又不能独立上船执法检查，再去掉进修的人员，留任的人员几乎每人都要兼职，工作负荷很大，但是人事处又派不出人手来，于是人人都喊累。

该局尚未形成正式有效的职位说明书，对某一具体岗位的工作内容、责权范围、任职资格、工作关系和绩效标准等的把握，一般由部门的行政领导自行决定。其实早些时候，人事处曾安排由具体从事某职位的任职人员填写自己的职位说明书。由于人员配备不到位，以及员工之间存在职责交叉、不清的现状，任职者自己填写的职位说明书也存在职责交叉等情况；再者，有人出于自身考虑等原因往往有意或无意夸大或缩小某些职责，填写的职位说明书的准确性又打了折扣；此外，多数人根本就不重视职位说明书的填写工作，认为是应付上级领导检查，敷衍了事。最终，填写的职位说明书就像一堆废纸丢在档案柜，并没有参照执行。

A海事局也没有进行严格的职位分类工作，只是粗略地以行政管理、业务执法、党群工作为界划分为三大职组，再以部门工作职能的差别区分了职系，如业务执法职组中按照通航管理处、船舶监督处、船员管理处、危管防污处、法规规范处5个业务处室分为5个职系。在同一部门内部以行政职务级别的不同划分了处级、科级、员级、工人级4个级别。由于公务员的行政职务级别必须按照国家政策的有关规定设置，不便变化，所以各职系的职级数都是这4个级别。在全局范围内，行政级别相同的职位均处于同一职等，如海事处的科级职位与职能部门的科级职位属于同一等级，基本薪酬待遇相同。

以行政职务的级别来确定职位的职级，使职级的多少不可避免地受制于职务级别的数量。由于国家对公务员行政职务等级的限制，中层及以下的职务级别只有处和科两级，且从科级晋升到处级的比例非常有限。A海事局现有处级干部52人，占全局人数的21%，其中大多数在40~50岁，由此导致科级干部在未来十余年基本上没有晋升职级的机会，而现有的科级干部有160人之多，其中研究生及以上学历的人员多数集中在这一职级。A海事局最近对科级及以下干部做了调查，发现这些人员消极思想比较严重，近九成的人员表示，可能终其一生只在一个职级工作，既没有职务提升的空间，也没有职位升级的机会，也就是说没有多少加薪的可能。还有人甚至表示，要不是现在工作难找，加上A海事局的总体薪酬水平比较高，早就走了。

看到这样的情景，局里的领导也很着急，可是，该怎么办呢？

思考题：

1. A海事局要进行工作分析，首先要解决什么问题？

2. A海事局早些时候填写的职位说明书未能执行，这反映出在组织填写过程中存在哪些问题？

3. 请画出A海事局职位分类要素的示意图。

4. A海事局的职位分类有哪些不合理之处？如何解决？

参 考 文 献

董克用，叶向峰，李超平. 2013. 人力资源管理概论. 第三版. 北京：中国人民大学出版社.

付亚和. 2009. 工作分析. 第二版. 上海：复旦大学出版社.

康廷虎，王耀. 2012. 工作分析方法的进展分析及启示. 中国人力资源开发，(12)：57-65.

刘江花. 2012. 知识经济时代工作分析发展趋势综述及思考. 科技与管理，(3)：112-116.

刘丽香，张云. 2011. 浅析美国职位分类以及对我国人员分类的启迪. 剑南文学，(6)：278.

马超. 2013. 基于人力资源管理中无工作时代的工作分析与研究. 中国连锁，(10)：120-121.

马静. 2012. 胜任力模型与传统工作分析的差异化研究. 长春大学学报，(5)：543-546.

屈群苹. 2014. 中国公务员职位分类管理的回顾与思考. 湖南行政学院学报，(1)：20-27.

孙宝文. 2013. 美国公务员制度的演变逻辑：职位分类制的角度. 特区经济，(4)：87-88.

孙宗虎，张倩华. 2006. 最新职位说明书设计范本. 北京：人民邮电出版社.

万希. 2012. 工作分析面临的挑战与发展趋势分析. 云南财经大学学报（社会科学版），(6)：104-108.

云绍辉，王飞. 2013. 基于工作分析和素质测评的企业人力资源配置. 技术经济与管理研究，(1)：66-69.

张鑫. 2012. 基于工作分析的公务员绩效考核指标体系研究——美国公务员绩效考核经验借鉴. 齐齐哈尔大学学报（哲学社会科学版），(5)：22-24.

朱勇国. 2006. 工作分析与研究. 北京：中国劳动社会保障出版社.

Robinson M A. 2010. Work sampling：methodological advances and new applications. Human Factors in Ergonomics & Manufacturing，20（1）：42-60.

Shoss M K，Witt L A，Vera D. 2011. When does adaptive performance lead to higher task performance. Journal of Organizational Behavior，（10）：1002.

本章阅读材料：工作分析及职位分类研究及发展综述

第三章　人力资源规划

教学目的：了解人力资源规划所包含的基本内容
熟悉人力资源规划设计的流程
掌握人力资源需求预测与供给预测方法
掌握人力资源规划的编制与控制

学习重点：人力资源供给预测与需求预测的方法

学习难点：人力资源需求预测与供给预测方法的应用

引导案例

五金制品公司的人力资源规划

冯如生刚调到五金制品公司的人力资源部当经理，接到了一项紧迫的任务，要求他在10天内提交一份本公司5年的人力资源规划。虽然冯如生从事人力资源管理工作已经多年，但面对桌上一大堆文件、报表，不免一筹莫展。经过几天的整理和苦思，他认为要编制好这个规划，必须考虑以下关键因素。

首先，本公司现状。它共有生产与维修工人825人，行政和文秘性白领职员143人，基层与中层管理干部79人，工程技术人员38人，销售人员23人。其次，据统计，近5年来职工的平均离职率为4%，没理由预计这个比例在未来会有什么改变。不过，不同类别的职工离职率并不相同，生产工人离职率高达8%，而技术人员和管理干部则只有3%。最后，按照既定的扩产计划，白领职员和销售员要新增10%~15%，工程技术人员要增5%~6%，中、基层干部不增也不减，而生产与维修的蓝领工人要增加5%。有一点特殊情况要考虑，即最近本地政府颁布了一项政策，要求当地企业招收新职工时，优先照顾女性和下岗职工。本公司一直未曾有意排斥女性或下岗职工，只要他们来申请就会按同一标准进行选拔，并无歧视，但也未予特殊照顾。如今的事实却是，销售员除1人是女性以外全是男性；中、基层管理干部除2人是女性外，其余也都是男性；工程师里只有3个女性；蓝领工人中约有11%的女性或下岗职工，而且都集中在最底层的劳动岗位上。

冯如生还有5天就要交出计划，其中包括各类干部和职工人数、从外界招收的各类人员的人数及如何贯彻市政府关于照顾女性与下岗人员政策的计划。此外，五金制品公司刚开发出几种有吸引力的新产品，所以预计公司销售额五年内会翻一番，冯如生还需要提出一项应变计划以应对这类快速增长。

思考题：

1. 冯如生在编制人力资源规划时要考虑哪些情况和因素？
2. 冯如生该制订一项什么样的招工方案？
3. 在预测公司人力资源需求时，能采取哪些方法？

第一节　人力资源规划概述

一、人力资源规划的内涵

人力资源规划是根据企业发展战略，分析和预测企业未来人力资源的需求和供给状况，通过职务编制、员工招聘、测试选拔、培训开发、薪酬设计和人员配置等人力资源管理手段，达到与企业发展相适应的全面综合性发展计划。

人力资源规划的内容分为总体规划和业务规划两个大的方面。总体规划是指对计划期内规划结果的总体描述，主要内容如下：比较人力供给和需求的结果（净需求）；阐述在规划期内企业对各种人力资源的需求和各种人力资源配置的总体框架，阐述人力资源方面有关的重要方针、政策和原则；确定人力资源投资预算。业务规划是总体规划的分解和具体实施措施的计划，涵盖了员工关系规划、人力资源需求规划、人力资源补充计划、人力资源合理配置规划、人力资源替代与储备规划、人力资源培养与开发规划、员工激励及职业发展规划等。

二、人力资源规划的意义

随着经济环境的不断变化与科学技术的日益提升，人力资源逐渐超越了财务与资产，成为当今社会最有价值的资源，进行有效的人力资源规划已成为企业战略实现的重要前提。人力资源规划是战略人力资源管理的核心内容，具有着重大的实践意义。

（1）根据企业发展战略的要求，及时调整人力资源的不平衡状况，在未来的几年内尽量减少由于人员方面的原因给企业带来的损失，从而提升企业的效益。

（2）使人力资源管理活动有序化，满足企业发展中人力资源的需求，确保组织在适当的时间、地点有适当数量且具有必备技能的员工。

（3）科学有效的人力资源规划可以使企业和员工共同成长。人力资源规划为员工进行职业生涯的设计与规划、确定自己职业生涯的目标提供了条件和基础，员工根据企业的人力资源规划认识到企业未来的职位空缺，进而依据职位所需条件来完善自身的知识和技能，既能更好地适应企业发展的需要，也找到充分施展自身才华的广的空间。

（4）人力资源规划的过程促使决策者对组织环境状态进行思索和评估，预测可能的变化，提高应对环境变化的主动性和及时性，确保组织在竞争中有备而来，抢占先机。

三、人力资源规划的流程

人力资源规划主要分为调查分析，预测供需，制定规划，实施、评估与反馈四个阶段。具体如图 3-1 所示。

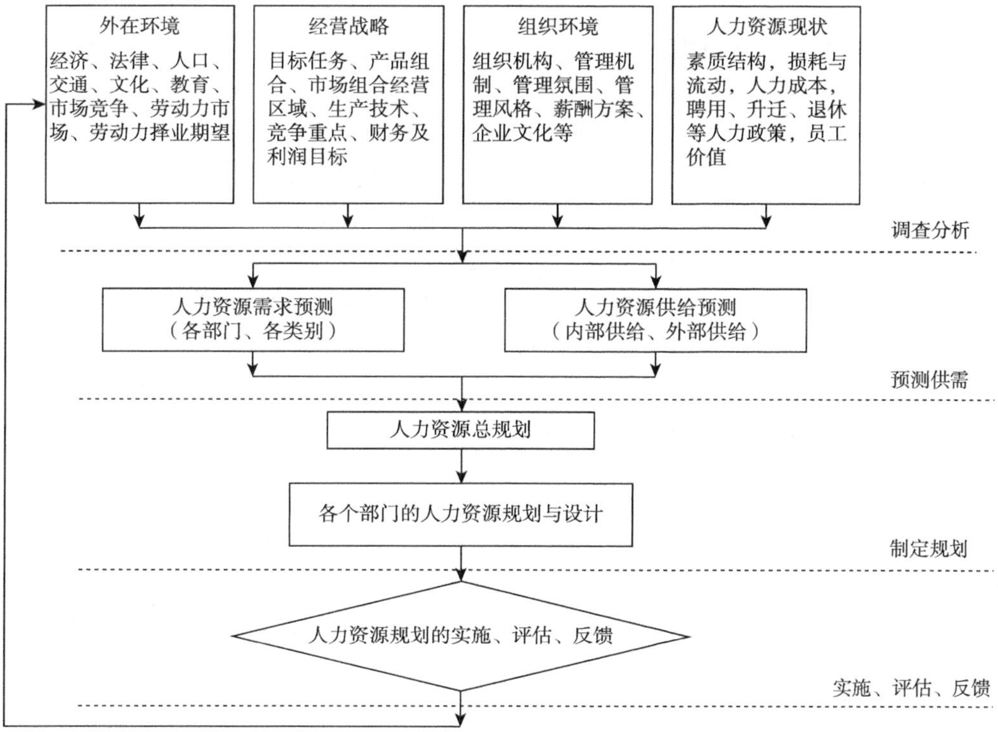

图 3-1　人力资源规划流程图

（一）调查分析

规划制定前，信息的调查和收集是必要的。信息在收集后就需要对信息做出整理和分析，信息的质量往往直接关系到人力资源规划的质量。与人力资源规划有关的信息包括以下两点。

（1）组织外部环境的信息。任何组织的存在都是依托一定环境的，因此，人力资源管理者首先要充分了解组织的外部环境，通常包括经济形势、政治环境、自然环境、科技文化水平等因素。

（2）组织内部环境的信息。人力资源管理者还要剖析组织的内部环境，这是进行人力资源规划的直接影响因素。组织的内部环境范围很广，从组织的组织架构、财务能力、产品竞争力、内部规章制度，到组织的发展战略、市场经营区域、竞争重点、利润目标，再到组织内部人力资源的现状。其中，组织的发展战略是人力资源规划的追求目标，组织采取不同的战略将直接决定组织人员规模的需求；采取一体化还是采取多样化的战略则直接决定企业的人员结构。组织内部人力资源的现状包括：现有人员总数和质量；适合某岗位的员工数量、结构（年龄结构、专业结构、学历结构、性别结构、技能水平结构等）及身体状况；企业流出人员在企业内部的流动情况等，都直接影响人力资源规划中的供给和需求预测，需要周详地调查分析，可以利用调查表、现有人事统计表、员工档案、人力资源信息系统等，进行有效的统计和汇总。

（二）预测供需

人力资源规划是为提供组织未来需要的人力资源而做出的计划，需要对人力资源的需求量和供给量进行估算，并对供求平衡情况进行预估。

（1）对人力资源需求的预测。人力资源需求预测要估算需要多少人力资源、需要什么样的人力资源等，在选择预测的方法时应综合考虑预测的要求和预测的成本。组织的内在需求，如组织的业务量或产量变化、预期的流动率、提高质量或扩大业务范围的要求、技术水平和管理方式的变化等，直接决定了人力资源的需求。

（2）对人力资源供给的预测。在供给预测中，组织同样要依据发展战略和内外部环境，依托现有的人力资源对未来的人力资源状况进行预测。组织的人力资源供给有内部和外部两种渠道，所以有些供给是能够受到组织控制的，而有些供给则难以控制。此时，组织要通过多方面因素的考虑选择预测方法。在实际操作中，往往将已有的、成熟的预测技术适当地进行修改，以便更有效地完成预测。

（3）对人力资源供求平衡情况进行预测。在对人力资源需求与供给预测的基础上，对人力资源供求平衡情况进行预估。供求平衡分为三种情况，即供求平衡、供过于求、供小于求。当供求平衡时，组织只需保持已有的人力资源管理政策。企业实际经营通常会出现供求不平衡，此时就需要调整相应的政策，促使供求达到平衡。对人力资源供求平衡情况进行预测，是人力资源规划制定的前提。

（三）制定规划

人力资源规划有以下两个层面。

（1）人力资源总规划。人力资源总规划是从总体上进行统筹安排的全局规划。它需要对人力资源总量、结构、素质等方面的问题做出分析，对各项工作关系进行区分，理清工作间的程序，并对人力资源规划涉及的各项业务花费做出总预算。

（2）人力资源子规划（业务规划）。没有人力资源子规划的协助，人力资源总规划就会形同虚设。不同的人力资源子规划对应组织内部不同的人力资源模块，一般包括组织文化规划、代替晋升规划、素质提升规划、职业生涯规划、培训开发规划、薪酬激励规划、退休解聘规划等。每一项人力资源子规划都要详细地制定出计划的时间段、要达到的目标、具体的内容和举措、工作的负责人、预算安排等。

（四）实施、评估与反馈

在人力资源规划的最后一个环节，组织将执行制定的规划并对规划实施的过程进行监控，还要对人力资源规划实施的结果进行评估、反馈，修订人力资源规划。人力资源规划始终伴随着组织的发展，因此规划工作是一个连续的动态的过程，组织内外诸多不确定因素造成了组织战略目标不断变化，因而人力资源规划也要与之相应地不断变更，更切合组织实际运行的需求，进而更好地促进组织目标的实现。

评估人力资源规划要秉承客观、公正和准确的原则。同时，也要考虑财务支持、经济效益、人力成本降低、生产效率提高和服务质量改善等方面。

第二节　人力资源需求和供给预测

一、人力资源需求预测

人力资源需求预测，是指以组织的战略目标、发展规划和工作任务为出发点，对组织未来需求的人力资源的数量、质量、结构等进行预测的活动。人力资源需求的预测方法总的来说可分为定性分析法和定量分析法。定性分析法主要有经验预测法、专家预测法、集体预测法等；定量分析法主要有人员比率分析法、回归分析预测法、计算机模拟法等。

（一）定性分析法

（1）经验预测法。经验预测法是根据以往的经验对未来的人员需求进行预测的方法。这种方法适用于较稳定的小型组织。由于不同的个体对人员需求的预测会有偏差，因此可以采取多人综合预测与对历史记录查询等方法，增强预测的精准度。这里需要强调的是，经验预测法只适合判断某一时期内企业的发展状况没有发生方向性变化的情况。例如，组织的生产规模、生产技术不变时，人力资源状况稳定；相反，当出现组织结构改变、职务职位变化、员工离职率变化时，经验预测法则会失效。

（2）专家预测法。对于技术型组织的长期人力资源预测比较适合选择专家预测法。在技术型组织中，相关专家能够把握技术发展的趋势，可以对某一技术领域的产品研发的技术人员投入分配和各类产品或项目的工作量进行预测，同时也能对人员在各阶段的效率基线、质量基线状况做出预测。在使用专家预测法时，为了增加预测的准确度通常进行二次讨论。第一次拿出专家对技术发展的独立预测方案，形成企业的技术发展方案。第二次根据方案进行人力资源需求预测。专家预测法适合没有历史数据的企业的预测。

（3）集体预测法。集体预测法指的是德尔菲（Delphi）法。使用这种预测法，首先要在企业内外部广泛地选择掌握人力资源预测知识和某一业务领域发展趋势的专家，这些专家可以是学者、专业咨询顾问、本企业的管理人员或对此问题有深入了解的人员。人力资源部选定一人充当预测工作的主持人。针对某个具体的人力资源预测问题，向各位预测专家发出问卷或信函，请专家做出预测，并以匿名书信的方式将结果发给预测主持人，预测主持人将专家们的意见进行归纳、整理，相同的意见合并，不同的意见单列，然后再把整理后的结果反馈给专家，请专家做出新预测或对原预测进行修正，如此反复多次，直到专家们的意见趋于一致或分歧明朗为止。此方法吸取众多专家的意见，避免个人预测的片面性；采取匿名、“背靠背”的方式进行，能够避免专家之间相互干扰和迷信权威的思想；采取多轮预测的方式，准确性较高。

（二）定量分析法

定量分析方法是指获取相关的历史数据，运用统计学和使用计算机技术模拟，对一定条件下组织人力资源规模的大小通过数学模型进行预测。

（1）人员比率分析法。人员比率分析法是一种比较简单的定量预测方法，适合短期需求预测，其实质是根据组织某一商业要素与员工数量的比例，推测员工需求量。例如，高等院校的教师数量主要取决于学生数量，根据多年历史数据的分析发现，师生比保持在 1∶15 是比较恰当的状态，于是，当高校欲扩招 3 000 名学生时，应该同步新增教师编制 200 人。有时候还要用稍复杂一点的比率推算，一个组织的关键员工的数量往往受核心业务量的影响，两者的比率关系比较明显；而各类管理、辅助人员的数量，与业务量之间的关系则不甚明了，可以通过历史资料或行业惯例，找到关键员工数量与各类管理、辅助人员数量之间可能存在的比率关系，进一步推导出各类管理、辅助人员需求量。

例如，某销售公司的关键员工为推销员，其销售额与关键员工的比率关系比较明确，一般销售额每增加 100 万元，需增加 1 名推销员，即销售额与推销员之间的比率为 100 万∶1，今年公司打算使销售额目标增加 800 万，也就意味着要增加 8 名推销员；而是否需要增加辅助管理的秘书，这就需要查阅过去资料或行业惯例，观察关键员工数量与秘书数量之间是否存在某种比率关系，如果经验表明推销员与秘书之间保持 8∶1 的比率比较适合工作的开展，则不难推断出需要新增秘书 1 名。

（2）回归分析预测法。回归分析预测法的基本思想是确定与组织中劳动力的数量关系密切的一个或多个影响因素，如产量、业务量、客户数量等，然后研究过去组织中员工人数随这一（些）因素变化的规律，列出一元或多元回归方程，并根据历史数据，计算出方程的回归系数，就可以对未来的人力需求进行预测。

回归分析模型如下：

$$Y_t = a_0 + a_1 X_{1t} + a_2 X_{2t} + \cdots + a_q X_{qt}$$

其中，Y_t 为人力需求量；X_{1t}，X_{2t}，…，X_{qt} 为选取的与人力需求相关的变量；a_0，a_1，a_2，…，a_q 为回归方程系数。

以一元线性回归方法为例，说明如何预测人员需求。假定某公司过去 8 年来的人力资源数与销售额密切相关，数据如表 3-1。

表 3-1　某公司历年人数与销售额

年份	2009	2010	2011	2012	2013	2014	2015	2016	2017
人数/人	800	1 200	1 800	2 000	3 500	5 000	7 000	8 200	预测数
销售额/万元	1 500	2 500	4 000	5 000	9 000	16 000	24 000	30 000	计划数

解：①列出一元回归方程，$Y=a_0+a_1X$

其中，Y为人数；X为销售额。

②计算回归系数，系数a_0、a_1可通过最小二乘法求得，计算公式为

$$\begin{cases} a_1 = \dfrac{\sum x_i y_i - \bar{X}\sum y_i}{\sum x_i^2 - \bar{X}\sum x_i} \\ a_0 = \bar{Y} - a_1\bar{X} \end{cases}$$

其中，X为自变量，销售额；x_i为第i年的销售额；$\bar{X}$为X的平均数，为$\sum x_i/n$，n为年数；Y为因变量，所需人数；y_i为第i年的所需人数；$\bar{Y}$为Y的平均数，为$\sum y_i/n$，n为年数；a_0、a_1为回归系数。

解得，a_1=0.258 1，a_0=719.23

因此，回归方程为Y=719.23+0.258 1X

③根据自变量X的计划数，预测因变量Y的数量，如果2017年该公司的销售额计划为37 000万元，则2017年人员需求量为

$$Y=719.23+0.258\,1\times 37\,000=10\,268.93\approx 10\,269（人）$$

（3）计算机模拟法。运用计算机技术可以将人力资源需求预测做得更为准确，通过计算机对不同情况下复杂的数字模型进行计算，测试组织不同人员的数量和配置下运转的情况，从而寻求最优配置的人力资源需求方案。计算机模拟法需要由软件系统支持，这还有待进一步发展。

二、人力资源供给预测

人力资源供给预测，是指对企业内部人力资源的调配能力与企业外部人力资源供给状况的综合分析。一般来说，首先要进行内部人力资源的供给预测，以确定对外部人力资源的需求。对于内部人力资源，不仅要研究现有人员的情况，更需要预测在将来某一时刻，经过升迁、内部流动、离职、解雇后，组织内还存在多少人力资源可利用，实际情况经常比较复杂，需要考虑组织劳动效率的变化、员工会不会按以往规律轮换职位或离职等，对预测结果进行主观修正。

（一）内部人才供给分析

（1）现状核查与员工技能清单法。这是一种人力资源供给的定性预测方法。该方法首先对组织中的工作职类进行分类划级，明确各个职位各个级别的人数需求，统计获取组织所需的员工技能列表。同时，对企业或组织的人力资源进行全面调查，了解员工

工作技能的适应情况，结合各部门的具体情况分析计算员工调整的比例，从而获得企业内部人力资源供给的预测。该方法适用于小型、静态组织的短期人力资源供给预测。在大型企业的人力资源供需预测中存在较大的局限性。

（2）人员接替法。人员接替法是为确定特定职位的内部接班人的预测方法，具有涉及面较广、具体对应各职位关系的特点。在使用人员接替模型时，首先根据职务分析的信息明确不同岗位员工的要求，选取一位或几位合适的候选人；也可以选择富有潜力、对其进行培训后可以胜任工作的员工。将各职位的接班人预选与员工流动情况综合考虑，选择合适的人员接替与流动方式，动态管理企业人力资源。人员接替模型如表 3-2 所示。

表 3-2　人员接替模型

现任者晋升可能性（表明多少年后可能晋升）				
职位（某公司副总经理）				
现任者年龄	现任者姓名			任现职年限
继任者 1 年龄	1	继任者 1 的姓名	继任者 1 的现职	继任者 1 晋升该职的可能性
继任者 2 年龄	2	继任者 2 的姓名	继任者 2 的现职	继任者 2 晋升该职的可能性
继任者 3 年龄	3	继任者 3 的姓名	继任者 3 的现职	继任者 3 晋升该职的可能性
紧急继任者年龄	紧急继任者（应对特殊情况）		紧急继任者的姓名	紧急继任者的现职

借助人员接替模型，可以看出每一个职位从外部招聘的人数、提升上来的人数、退休和辞职的人数、具备提升实力的人数等信息，它记录了各个岗位人员的工作绩效、晋升的可能性、所需要的培训，便于把员工个人的职业发展与组织目标结合起来。

（3）马尔科夫转移矩阵。马尔科夫转移矩阵的基本思想是组织内部员工流动模式与流动比率会在未来大致重复。也就是说，在一定的时间段内某一类人员流向另一类的比率与以前相同，这个比率称为转移率。可以根据这些过去时间段内人员流动的资料构成马尔科夫转移矩阵，作为预测的依据。如果给定各个状态的人数、转移率及从外界补充进来的人员的数目，那么各类人员在未来时刻的供给数量就可以预测出来。为了提高这种方法的可操作性，可以列表简化运算，下面举例说明。

假设某企业集团各个层次管理人员的流动概率如表 3-3，请据此预测当期的内部人力供给情况，从而确定需补充或调整的人员。

表 3-3　各个层次管理人员流动的概率

职位	期初人员数量/人	人员流动的概率				
		高层经理	中层经理	科长	科员	离职
高层经理	5	0.80				0.20
中层经理	20		0.85	0.05		0.10
科长	40		0.10	0.75	0.10	0.05
科员	120			0.10	0.75	0.15

计算过程如表 3-4 所示。

表 3-4　当期内部人力供给情况的预测计算

职位	期初人员数量/人	人员流动的人数/人				
		高层经理	中层经理	科长	科员	离职
高层经理	5	4=（5×0.80）				1
中层经理	20		17=（20×0.85）	1=（20×0.05）		2
科长	40		4=（40×0.10）	30=（40×0.75）	4=（40×0.10）	2
科员	120			12=（120×0.10）	90=（120×0.75）	18
预计的人员供给合计		4	21=（17+4）	43=（1+30+12）	94=（4+90）	
需补充人数		1=（5–4）	–1=（20–21）	–3=（40–43）	26=（120–94）	23

通过计算可知，该企业集团需补充高层经理 1 人，减少中层经理 1 人，减少科长 3 人，补充科员 26 人。

（二）外部人才供给分析

（1）直接调查有关信息。企业可以就所关心的人力资源状况进行调查。例如，对高校提供的毕业生进行调查。有的企业与几个提供生源的院校保持长期的合作关系，密切跟踪目标生源的情况，及时了解可能为企业所用的目标人才的状况。

（2）查阅现有资料。现有资料主要包括报纸、杂志、广播电视、招聘现场服务资料，以及国家和地区的相关部门定期发布一些统计数据，也应该及时关注国家和地区的政策法律变化。互联网的普及应用使查阅相关的信息资料更加便捷，且使用成本低廉、传递信息迅速、信息容量巨大。

第三节　人力资源规划的编制

在人力资源预测的基础上，可以编制具体的人力资源规划，以实现企业人力资源数量、质量和结构上的平衡。人力资源规划的编制是一个连续的过程，一般来说，企业编制人力资源规划要经过以下几个步骤，如图 3-2 所示。其中前四步主要是编制基础性的人力资源规划（即总规划），后面的步骤是分解编制业务性的人力资源计划。

一、基础性人力资源规划编制

（1）编写职位职务计划。根据企业现有的组织结构和发展战略，预测企业未来一段时间内组织结构的调整情况、各部门的分布及各部门岗位的设置情况，对企业总体的职位设置情况进行了解。

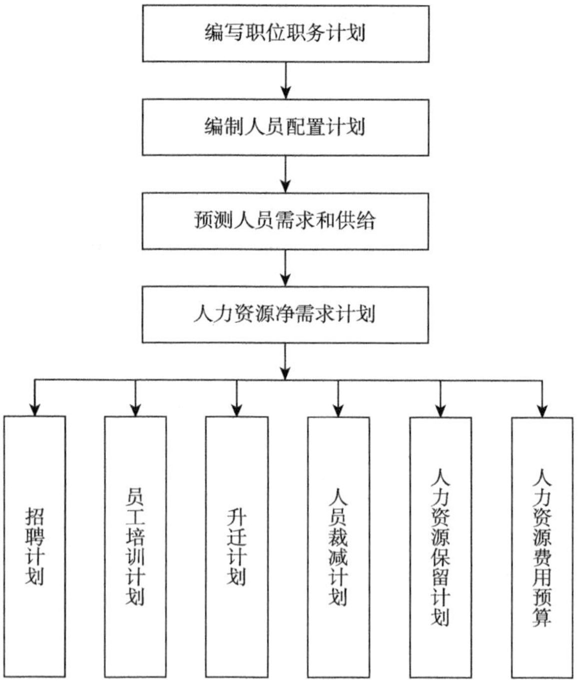

图 3-2　人力资源规划的编制流程

（2）编制人员配置计划。根据企业发展规划，结合企业人力资源盘点报告来制订人员配置计划。人员配置计划阐述了企业每个职位/职务的人员数量、人员的职位/职务变动、职位空缺数量的补充方法等。制订人员配置计划的目的是描述企业未来的人员数量和素质构成。

（3）预测人员需求和供给。根据职位职务计划和人员配置计划，使用恰当的预测方法，预测人员需求量和供给量。人员需求预测中应阐明需求的职位名称、人员数量、技能要求、希望到岗时间、招聘成本等；人员供给预测中应包括企业内部各职位人员的变动情况、外部招聘可获取情况等，最好能以人员需求供给预测表的形式反映出来。

（4）人力资源净需求计划。人力资源净需求可在人力资源需求与供给预测的基础上得到，同时还需要考虑各种形式的人员损耗。通常有两种人力资源净需求：一种是按部门编制的净需求，另一种是按人力资源职位类别编制的净需求；前者可表明组织未来人力资源规划的大致情况，后者可为后续的业务性人力资源计划使用，见表 3-5、表 3-6。

表 3-5　按部门编制的人力资源净需求表

项目		第 1 年	第 2 年	第 3 年
人员需求	年初人力资源需求量/人			
	预测年内需求的增加量/人			
	年末总需求量/人			

续表

项目		第 1 年	第 2 年	第 3 年
人员供给	年初拥有人数/人			
	招聘人数/人			
	人员损耗/人			
	年底拥有人数/人			
净需求	不足或有余/人			
	人员损耗总计/人			
	该年人力资源净需求量/人			

表 3-6　按职位类别编制的人力资源净需求

主要工作类别（按职位分类）	现有人员	计划人员	余缺	预计人员流动				本期人力资源净需求
				升迁	调职	退休	辞职	
高层主管								
部门经理								
部门管理人员								
高级技术人员								
合计								

二、业务性人力资源计划编制

（1）招聘计划，包括需要人员的类别、时间、数目、招聘来源、如何招聘、拟定的录用条件、成立招聘小组、制定招聘进度表等。

（2）员工培训计划，包括新员工的培训计划、现有员工的培训计划、培训的费用估算等。

（3）升迁计划，包括现有员工是否能升迁、现有员工经培训后是否适合升迁、现有员工升迁资格的考核、过去组织内的升迁渠道和模式等。

（4）人员裁减计划，包括裁减的对象、时间、地点，经培训后是否可以避免裁减、裁减的补偿、帮助裁减对象寻找新工作的具体措施等。

（5）人力资源保留计划，采取措施挽留人才、减少不必要的人才损耗，包括改进薪酬方案、提供发展机会、减少内部摩擦、加强沟通、改善工作条件、实行轮岗制、提供再培训机会、改进升迁办法等。

（6）人力资源费用预算，人力资源活动需要相应的费用，人力资源规划的一个重要的任务，就是控制人力资源成本，提高投入产出比例。为此，必须对人力资源费用进行预算管理。常见的费用有招聘费用、培训费用、奖励费用及其他人力资源开发相关的费用。

第四节　人力资源规划的执行、控制和评价

一、人力资源规划的执行

管理专家苏珊·杰克逊和兰道尔·舒勒认为，人力资源规划是将人力资源各个环节联系在一起，并且能够将各个环节与其相关的活动串联起来的线。这句话深刻地揭示出了人力资源规划不仅需要得到管理者的共识，同时也需要在实践中被严格地执行。执行是管理中的核心环节，其他环节为其支撑，因为执行直接决定结果。

首先要明确人力资源部与其他部门在人力资源战略规划执行过程中的职责，人力资源战略规划的执行，并非只是人力资源部的工作，需要充分调动整个企业各个部门的主动性，才能把人力资源战略规划真正落到实处。人力资源规划的执行主要是由企业领导参加的人力资源战略规划领导小组负责宏观的指导；由人力资源部负责人力资源总规划及各项子规划的具体落实，保障规划的顺利推进，并协调、调动各业务或直线部门人员，及时发现在执行过程中存在的问题，迅速做出妥善处理；各业务或直线部门负责人主要负责在人力资源规划执行中所涉及的具体事务，确保信息的上传下达，确保与员工沟通的顺畅，指导员工做好自身的有关工作，如员工个人职业生涯的规划、培训需求调查、年度面谈等。只有这三方面人员的工作都做到位，人力资源战略规划才不至于流于形式，才会为企业的经营战略真正起到支撑作用。

二、人力资源规划的控制

在人力资源规划制定过程中，风险是不可避免存在的，因此要合理控制并有效规避规划中的风险。一个有效的办法是控制人力资源规划实施的节奏，尽量使人力资源规划与业务预测计划同步。一般需要对人力资源计划的执行情况进行跟踪，不断比照，找出差距，及时补救。人力资源规划控制中比照的内容通常有以下两方面。

（1）实际执行的行动方案与规划的行动方案的比较。例如，行动方案的实际执行时间与规划的时间比较、行动方案的实际工作内容与规划的内容比较、行动方案的实际成本与预算额的比较等。

（2）实施行动方案的实际结果与预测结果的比较。例如，比较实际人员招聘数量与预测的人员需求量、比较劳动生产率的实际水平与预测达到水平、比较实际的人员流动率与预测的人员流动率、比较行动方案的成本与收益等。

三、人力资源规划的评价

人力资源规划的评价，是指对人力资源规划本身制定的目标是否合理、措施是否得当、成本控制水平高低等进行评述，并根据实际情况的变化，及时修正原计划中的一些不合理、不实际的项目。评价后汲取的经验可供今后做人力资源规划借鉴。

对人力资源规划评价，通常从两个层面展开。

（1）规划制定层面的评价。在规划制定层面，要分析形成人力资源规划在技术上是否准确和科学，战略上是否与总体发展战略目标具有较强的关联性，操作上是否具有可行性。

（2）效益层面的评价。在效益层面，可以通过一系列指标，如劳动生产率、岗位空缺率、员工流失率、冗余人员数量、员工结构比率、求职率、招聘成本、用人部门的满意度等，衡量人力资源规划给本组织带来的改观。

以苏澳玻璃公司为例说明人力资源规划的执行、控制和评价全过程如何进行。

近年来，苏澳公司常为人员空缺所困惑，特别是经理层次人员的空缺常使公司陷入被动的局面。苏澳公司最近进行了公司人力资源规划。公司首先由四名人事部的管理人员负责收集和分析公司对生产部、市场与销售部、财务部、人事部四个职能部门的管理人员和专业人员的需求情况，以及劳动力市场的供给情况，并估计在预测年度，各职能部门内部可能出现的关键职位空缺数量。

上述结果用来作为公司人力资源规划的基础，同时也作为直线管理人员制订行动方案的基础。但是在这四个职能部门制订和实施行动方案的过程（如决定技术培训方案、实行工作轮换等）是比较复杂的，因为这一过程会涉及不同的部门，需要各部门的通力合作。例如，生产部经理为制订将本部门某位员工的工作轮换到市场与销售部的方案，就需要市场与销售部提供合适的职位，人事部做好相应的人事服务（如财务结算、资金调拨等）。职能部门制订和实施行动方案过程的复杂性给人事部进行人力资源规划也增加了难度，因为有些因素（如职能部门间合作的可能性与程度）是不可预测的，它们将直接影响预测结果的准确性。

苏澳公司的四名人事管理人员克服种种困难，对经理层的管理人员的职位空缺做了较准确的预测，制定详细的人力资源规划，使该层次上人员空缺减少了 50%，跨地区的人员调动也大大减少，从内部选拔工作任职者人选的时间也减少了 50%，并且保证了人选的质量，合格人员的漏选率大大降低，人员配备过程得到了改进。人力资源规划还使公司的招聘、培训、员工职业生涯计划与发展等各项业务得到改进，节约了人力成本。

苏澳公司取得上述进步，不仅仅得益于人力资源规划的制定，还得益于公司对人力资源规划的实施与评价。在每个季度，高层管理人员会同人事咨询专家共同对上述四名人事管理人员的工作进行检查评价。这一过程按照标准方式进行，即这四名人事管理人员均要在如下 14 个方面做出书面报告：各职能部门现有人员、人员状况、主要职位空缺及候选人、其他职位空缺及候选人、多余人员的数量、自然减员、人员调入、人员调出、内部变动率、招聘人数、劳动力其他来源、工作中的问题与难点、组织问题及其他方面（如预算情况、职业生涯考察、方针政策的贯彻执行等）。同时，他们必须指出 14 个方面与预测（规划）的差距，并讨论可能的纠正措施。通过检查，一般能够对下季度在各职能部门应采取的措施上达成一致意见。

在检查结束后，四名人事管理人员则对他们分管的职能部门进行检查。在此过程中，直线经理重新检查重点工作，并根据需要与人事管理人员共同制订行动方案。当直线经理与人事管理人员发生意见分歧时，往往可通过协商解决，行动方案上报上级主管审批[①]。

【本章小结】

在企业的人力资源管理活动中，人力资源规划具有先导性和战略性，为企业的发展提供强有力的人力支持。因而，为能获取和保持竞争优势，越来越多的组织将人力资源规划与发展战略规划紧密结合起来。本章描述了人力资源规划的概念与类型、编制流程，以及如何执行、控制和评价人力资源规划。重点介绍了人力资源规划的技术难点——人力资源需求预测和供给预测，举例说明了各类定性与定量的操作方法。

【本章关键词】

人力资源规划	human resource planning	长期趋势	long term trend
需求预测	requirement forecast	供给预测	availability forecast
管理人力储备	management inventory	裁减	downsizing

【练习题】

1. 举例说明电子制造企业、快速消费品企业应采取何种人才需求与供给预测方法。
2. 探讨组织实施人力资源战略规划方案时可能遇到何种阻碍，如何保障方案顺利实施。
3. 计算题：

（1）假设某学院的教师数量与该院的学生数量相关，下表是 2007~2016 年的统计资料，若 2017 年的学生数量将增至 1 000 人，请据此预测 2017 年所需教师数量。

年份	2007	2008	2009	2010	2011	2012	2013	2014	2015	2016
学生数/人	360	390	450	520	550	590	620	680	740	800
教师数/人	30	36	42	50	51	56	62	69	73	80

（2）假设某公司各个层次员工的流动概率见下表，请据此预测当期的内部人力供给情况。

职位	期初人员数量/人	员工流动的概率				
		经理	高级工程师	助理工程师	技术员	离职
经理	20	0.80				0.20
高级工程师	30	0.10	0.80			0.10
助理工程师	40		0.10	0.70	0.05	0.15
技术员	60			0.20	0.60	0.20
预计的人员供给量						

① 刘子龙，王新盈. 连锁企业人力资源管理. 北京：科学出版社，2008.

案例讨论

H 房地产公司的伍总应该怎么办?

“我觉得公司肯定有问题，但不是很清楚问题出在哪儿。”H 房地产公司的伍总说。让他焦虑的是对于自己一手创建、已成一定规模的企业，现在感到越来越力不从心。伍总的秘书和其他的工作人员说，他们的老板很忙很累，可公司内部出现的问题却越来越多，员工也开始有了不少的抱怨。

H 公司如今已是东北地区一家规模较大的民营房地产企业，目前拥有员工 150 多人，资产规模 2 亿多元。提到创业刚刚起步的时光，伍总掩不住自豪。20 年前，原在机关任职的伍总凭着敏锐的商业意识东拼西凑筹集了 50 万元，带领几个亲戚朋友成立了 H 公司，经营房地产项目。5 个公司成员分别负责公司的财务、项目前期、工程管理、行政等事务。其中财务的负责人刘女士是伍总的小姨，仅有基础的会计常识。负责项目前期开拓的江先生是他多年的好友，曾经是一家餐馆的老板，仅接受过初中教育。

H 公司的飞跃发展在 1999 年，当时，伍总凭着对市场的敏锐感觉果断决定投资征地，而那时 H 公司所在地区的房地产才刚刚起步。准确的判断、广阔的市场、成功的运作给 H 公司带来较高的回报和巨大的动力，他开始加大力度进行商品房地产的开发。随后几年，伍总开发的几个楼盘项目都有较好的销售业绩。随着公司规模的迅速扩大，过去原有的 5 个部门也增加到 10 个部门，人员也由过去的十几个人发展到现在的 150 多人。

人员的增加，诸多的管理问题也频频出现。伍总觉察到，虽然公司提出了明确的战略规划，但是总得不到落实，“追究责任时候，好像大家都有责任，每次都是大伙一起自我批评一顿后，下次的规划依旧不能落实”。回忆公司初创的那两年，他感到大家特别团结，H 公司在发展初期的很多困难就是依靠员工的团结和凝聚力共同解决的。但是现在，员工内部已经出现小利益团体，各部门的管理人员经常各自为政、意见不一。此外，一方面他觉得员工的整体素质较低，另一方面员工对薪酬不满，抱怨没有公平的考核体系。

“公司在若干资源中，最为缺乏的是人力资源。我们市仅有两所普通高校，较高素质的人力资源相对匮乏，外部人力资源的提供是一个困难。”伍总自己也意识到，不解决人力资源问题，公司发展必然受阻。

近年来，万科、香港汇达等数十家实力雄厚的企业纷纷进入该地区。与这些公司相比，H 公司的竞争优势在于低成本的土地开发，但是在管理、销售及人力资源方面都存在明显的缺陷。此外，随着竞争对手的进入，该市的房地产开发迅速升温，众多的楼盘都在较短的时间内推进，销售价格也在逐渐降低，这直接影响了 H 公司固守的价格优势防线。目前 H 公司手中仍然有约 120 万平方米的待开发土地，伍总犯难的是，别的当家人愁的是无米下锅，而他愁的是要不要下锅，怎么下锅? 企业目前的状况已经让他忙得焦头烂额。

案例来源：人力资源管理师（二级）考题，2001

思考题：

1. H公司在快速发展的过程中出现了哪些管理问题？
2. 从人力资源战略规划的角度，对H公司目前面临的问题提出解决方案。

参 考 文 献

方振邦，徐东华. 2015. 战略性人力资源管理. 第二版. 北京：中国人民大学出版社.
高晓明. 2004. 浅析人力资源战略规划的重要性. 江西煤炭科技，(3)：60-61.
孙连才. 2010. 战略视角下的人力资源. 北京：清华大学出版社.
孙显嶽. 2013. 人力资源战略规划的制定与执行. 人力资源管理，(10)：87-90.
徐剑. 2006. 人力资源规划全过程. 人才资源开发，(5)：26-27.
严颖. 2011. 马尔科夫转移矩阵在人力资源供给预测中的应用. 市场论坛，(9)：46-47.
余凯成，程文文. 2006. 人力资源管理. 第三版. 大连：大连理工大学出版社.
岳晓阳. 2013. 关于人力资源战略规划要点分析. 经济视野，(22)：64-69.
张新兵. 2007. 基于系统动力学的大型企业人力资源战略规划. 江西理工大学学报，(12)：71-74.
赵曙明. 2012. 人力资源战略与规划. 第三版. 北京：中国人民大学出版社.
Lawrence S K. 1998. Human Resource Management：A Tool for Competitive Advantage. Boston：Cengage Learning.

本章阅读材料：人力资源规划的研究现状及发展趋势

第四章　人员招聘与流动

教学目的：了解人员招聘的原则和方法
熟悉求职应聘的常见技巧
掌握人员调配的策略与人员流动的形式

学习重点：人员招聘的方法
人员调配的策略
人员离职管理
人员流动的形式

学习难点：人员招聘方法的应用
企业如何保持适度的人员流动

引导案例

环球商贸公司的招聘问题

环球商贸公司成立于2005年，此后公司发展迅速，目前已拥有10多家连锁店。近年来，从公司外部招聘来的中高层管理人员，大约有50%人员的工作绩效明显低于公司内部提拔起来的人员的工作绩效。在过去的两年中，从公司外聘的中高层管理人员中有8人自动离职或被解雇。从外部招聘来的××分公司经理因年度考评不合格而被免职，这终于促使总裁黄天宇召开一个由行政副总裁、人力资源部经理出席的专题会议，分析这些外聘管理人员频繁离职的原因，并试图找出一个全面的解决方案。

首先，人力资源部经理就招聘和录用的过程做了一个回顾，公司是通过职业介绍所或在报纸上刊登招聘广告来获得职位候选人的。人员挑选的工具包括一份申请表、三份测试试卷（一份智力测试和两份性格测试）、简历检查及必要的面试。行政副总裁认为，公司在录用某些职员时，犯了判断上的错误，他们的履历表面看起来不错，说起话来也头头是道，但是工作几个星期之后，不足就明显地暴露出来了。

黄天宇则认为，根本的问题在于没有根据工作岗位的要求来选择适用的人才。“从离职人员的情况来看，几乎所有我们录用的人都能够完成领导交办的工作，但他们很少在工作上有所作为、有所创新。”人力资源部经理提出了自己的观点，他认为公司在招聘时过分强调人员的性格和能力，而并不重视应聘者过去在零售业方面的记录，如在7名被录用的部门经理中，有4人来自与其任职无关的行业。行政副总裁指出，大部分被录用的职员都有某些共同的特征。例如，他们大都在30岁左右，而且经常跳槽，曾多次变换自己的工作；他们都雄心勃勃，并不安于现状；在加入本公司后，他们中的大部分人与同事关系不是很融洽，与直属下级的关系尤为不佳。

会议结束时，黄天宇要求人力资源部经理彻底解决公司目前在人员招聘上存在的问题，采取有效措施，从根本上提高公司人才招聘的质量。

思考题：

1. 环球商贸公司管理人员的招聘有什么问题？造成这些问题的原因有哪些？
2. 你对该公司管理人员的招聘有哪些更好的建议？

第一节　人员招聘的原则和方法

招聘是在人力资源规划的指导下，制订相应的职位空缺计划，并决定如何寻找合适的人员来填补这些职位空缺的过程。对于组织而言，招聘具有补充人力资源、注入新的活力和思维、创造竞争优势、传播组织形象的重要作用。

一、人员招聘的原则

人力资源招聘工作要有计划、有目标、有步骤地展开，严格掌握对应聘人员的基本要求，把任人唯贤、择优录用的基本原则贯穿于整个招聘工作的全过程中，甄选出德才兼备的优良人选，不断满足企业生产经营发展的需求。

1. 竞争性原则

人才是21世纪最重要的生产力，而企业的竞争在某种程度上就是人才的竞争，人员招聘工作是企业获取人才的重要手段，同时也是企业积累人力资源优势的必经环节。所以，在人员招聘中，要坚持任人唯贤、择优录用的竞争原则，使人才脱颖而出。这样既能吸引真正的人才，又能起到激励作用。

2. 计划性原则

人员招聘工作是一项复杂的系统工程，必须事先有计划地完成大量的辅助工作，包括人力资源规划、工作分析与岗位管理、准备公司宣传资料、培训招聘人员等。同时，人员招聘既要保证招聘的人员能够弥补单位各项岗位的空缺，具备胜任岗位的综合素质，同时也必须考虑企业未来发展计划对人员提出的前瞻性的要求。此外，人员招聘工作亦不可能一蹴而就，对于人员数量与质量的招聘必须同样分阶段、有计划地进行。

3. 合适性原则

招聘工作还要考虑人力资源的能力差异性、素质成长性等特征，不可能也没有必要追求“完美”的全才。人力资源从招聘到任用、培养等都需要付出一定的成本，人才不足固然会影响企业的发展，盲目的人员扩张同样也是危险的。由此可见，招聘过程中对于人力资源质量和数量的把握必须遵循合适性原则，在兼顾一定前瞻性的基础上符合企业的合适性要求即可。

4. 科学性原则

招聘员工的程序要坚持科学化，制定一套科学而实用的操作程序，使招聘工作有条不紊地进行。人员招聘中无论是对招聘程序的安排、招聘方法的选择、招聘工具的选择，以及招聘过程中对被招聘者的素质评估与能力测试等，都应该遵循内在的科学规律。人员招聘是一个既有艺术性又有技巧性的工作，只有具备科学有效的理论支撑和实践方案，才可能保证人员招聘的全过程是科学有效的。

5. 公正性原则

古代人员聘用中“外举不避仇、内举不避亲”的佳话充分体现了人员招聘过程中的公平、公正原则。在现代人员招聘过程中，应该采取公开报名、统一考试、严格考核、择优聘用等公正性的程序。公正的人员内部招聘与外部招聘可为企业塑造良好的人才环境，形成健康持续的聘用制度，为企业的人力资源战略奠定良好的工作开端。

二、人员招聘的程序

人员招聘是一个循序渐进的过程，需要先制订一套招聘计划，然后选择合适的招聘渠道发布信息，吸引应聘者，接下来，对应聘者进行考核，并决定其录用情况。具体的招聘程序如图 4-1 所示。

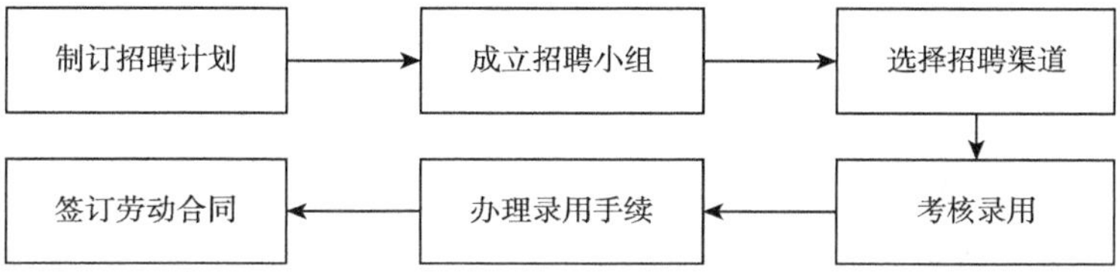

图 4-1　人员招聘流程图

1. 制订招聘计划和成立招聘小组

招聘计划是招聘工作的第一环节，是组织根据发展目标和岗位要求对某一阶段招聘工作所做的安排，招聘计划的主要内容包括：明确招聘职员的技术要求及需要的时间、招聘信息的发布、招聘方法的选择、确定招聘区域、编制招聘预算等。与此同时，要成立正式的招聘小组，招聘小组成员包括人力资源工作者、用人部门领导或资深职员，人力资源工作者负责招聘活动的安排、组织和招聘计划的执行；而用人部门领导或资深职员负责招聘时，对应征者的专业技能测评和参与录用决策。

2. 选择招聘渠道

在整个招聘过程中，招聘渠道的选取很大程度上影响应聘者的数量和质量。组织要根据招聘人员的资格条件、工作要求和招聘数量，结合人才市场的情况，确定招聘渠道。大规模招聘可通过招聘广告和大型的人才交流会进行；招聘人员不多且岗位要求不高时，可通过内部发布招聘信息，或参加一般的人才交流会；招聘高级人才时，可通过网上招聘或猎头公司推荐等。

3. 考核录用

考核录用是整个招聘过程的关键环节，其实质是筛选、甄别和决策的活动。在考核阶段，需要对应聘者的申请表和简历进行初步评价和筛选，必要时，要对应聘者进行笔试、心理测验和面试，以便比较准确地判断应聘者的个人特质、工作能力与岗位的匹配情况。在录用阶段，组织要对应聘者的个人证明材料进行核实，根据筛选和测试的结果，做出录用与否的决策，然后尽快通知应聘者本人。

4. 办理录用手续和签订劳动合同

对已录用的员工，按照规定的程序办理录用入职手续，如填写入职表格、登记员工档案、协商薪酬待遇、签订劳动合同、发放工牌工号、安排岗前培训等。

三、人员招聘的方法

人员招聘可以划分为内部招聘与外部招聘，其中内部招聘包括职业生涯开发系统、上级推荐、工作张榜竞聘等，外部招聘包括招聘广告、校园招聘、员工推荐、机构代理（包括猎头公司）等。在目前的人员招聘中，存在较为严重的供需不对称与某种程度上的逆向选择现象，即企业所招聘的人员在进入公司后的表现可能并不如应聘时的表现或者达不到人力资源部门所预期的水平，究其原因，往往是招聘测试的方法不得当。所以，有效招聘方法的选择在帮助企业获取合适的人才方面至关重要。

（一）内部招聘方法

1. 职业生涯开发系统

职业生涯开发系统是从内部填补工作空缺的可选方法，企业不是鼓励所有合格的雇员竞标一项工作，而是将“快车道”或高潜能的雇员置于职业生涯路径上接受培养或训练，以适应特定目标的工作。其实现形式主要表现为职位晋升、岗位轮换或调整。职业生涯开发系统并不以直接实现组织内部的人员调配为目的，而是针对组织对于人才未来的预期目标并结合组织内部员工的性格偏好和能力倾向，做出前期的人才储备，与继任者计划有类似之处。职业生涯开发系统作为内部招聘方法的优点表现如下：①组织的最高绩效者（即被方案选中的人）更可能留在组织中，且因为其职业能力倾向明显，职业生涯路径明确，往往能够引领员工快速发展；②职业生涯开发系统作为“未雨而绸缪”

的人才储备方法，能够确保在某个职位出现空缺时总有准备填补它的人，特别是遭遇紧缺人才的瓶颈时，企业总能够通过自给自足的方式满足特殊人才的需求。职业生涯规划系统的缺点在于：①未被选中进行培养的雇员可能会对组织不满而离开组织；②目标职位从未出现空缺，被选中的雇员不能实现期望的晋升而感到灰心。

2. 上级推荐

上级推荐通常针对单位某些特定的岗位空缺，如对于人员的专业技术和工作经验要求很高，特别是期望候选者很了解本单位并能够快速接手工作的情形。上级推荐的优点在于：上级领导对员工的品性和能力比较熟悉，减少了人员招聘中信息不对称的情况；由上级推荐的方式所聘用的员工的工作能力基础和员工关系基础相对较好，有助于今后工作的顺利开展；上级在推荐那些已为他们工作并正在寻求晋升的人时，拥有全部斟酌决定的自由，有助于形成更为匹配的合作关系。上级推荐不可避免地存在缺点。例如，上级对于下属的举荐带有一定的感情色彩，以人情和关系作为判断依据的现象较为普遍，即部分下属易受偏见和歧视的影响而被忽视。基于此，上级推荐的人员招聘方式有必要辅助其他方法加以完成，如增加考核主体、被举荐人员仍需试用等。

3. 工作张榜竞聘

工作张榜竞聘是人力资源部门通过文件或广告的形式在组织内部发布职位空缺相关信息，号召现有员工将自己的技能、工作兴趣、资格、经验和职业目标与工作机会相比照来决定是否争取这一岗位空缺。一般情况下，工作张榜竞聘有助于：为组织内部员工的发展和晋升提供机会；所有组织内部员工可以平等地了解工作张榜相关信息，在组织中创造出更开放的工作氛围；提高士气，为组织内部员工提供转换工作的机会，使组织内部员工的技术和需求更好地配合起来；以比较低的成本填补职位空缺。工作张榜竞聘也存在如下不足：①那些申请被拒绝的雇员可能会疏远组织；②如果有两三个候选人旗鼓相当，主管人员则难以做出决策；③招募告示中有关薪水和职位等级方面的信息可能会引起一些组织内部员工的不满，特别是在他们看来存在不公平的情况时。

（二）外部招聘方法

1. 招聘广告

招聘的广告媒体主要是人才招聘报纸，各个地区主流媒体上均会设有招聘专版或者副刊等。作为阅读量最高、目标受众接受程度最广泛的报纸，人才招聘报纸对于企业仍然是十分重要的招聘平台，不仅可以对人员招聘信息进行发布，还能够提升企业的知名度。通常，公司采用投放报纸招聘广告的方式招聘的是有实际工作经验的社会人员。然而，又由于报纸的服务群体广泛，人员素质良莠不齐，可能也会吸引很多不合格的应聘者，增加人力资源部门筛选的工作量。而且，较好的招聘版面还需要高额的费用作支撑。

网络招聘作为新时代的产物，正逐渐成为重要的新媒体招聘形式，其具有定时定向投放、随时更新管理、维护成本低、不受地域限制等诸多优点，十分适合招聘白领阶层，能做到“一键搞定”。现今较为知名的人才招聘网站有智联招聘、中华英才网、51job及各地区人才市场等网站。在知名的人才网上发布招聘的信息能够快速、便捷、大量地接受求职信息，格式化的招聘简历能够降低人力资源部门的工作量和工作难度。网络招聘同样存在不能控制应聘者的质量和数量及海量信息的问题，可能收到大量的垃圾邮件，甚至病毒邮件，在信息化不充分的地区效果差。

2. 校园招聘

校园招聘通常具有较强的计划性，用人单位会结合自身的年度人力资源规划或者阶段性的人才发展战略，选拔不需要工作经验、但具备较高素质的大学生，愿意对这类人才进行塑造和培养。校园招聘的优点在于：①在招聘过程中可有效宣传公司的发展历程、主要业绩、人才队伍建设等情况，提高公司在学校的知名度，为公司建立人才储备库奠定良好的基础；②校园招聘的费用比较低，通常只需要支付场地租赁费用，而对于部分优秀知名的大企业甚至是免费的，大型的校园招聘有助于企业在短时间内获得大范围的人才信息；③与企业业务相关性较强的校园专场招聘，有助于企业以更便捷的方式获得专业化人才。校园招聘也存在一些弊端，如应聘者的职业化水平不高，需要投入更多的培训成本来提高大学毕业生的胜任能力。

3. 员工推荐

员工推荐是借助本组织内部员工的社会关系，在其同事、朋友、同学、熟人甚至包括竞争对手在内的社会网络关系中，对组织及招聘情况进行宣传，并在适当的时机为组织推荐优秀的求职人选的招聘方法，适用于必须具备相同或类似行业从业经历的岗位。员工推荐的前提条件在于，员工个人的人际网络能够有效降低组织对合适人才的搜索成本和招聘成本。有资料显示，一个人一生中的第二份工作90%来自亲戚、朋友或熟人的介绍，因此员工推荐不失为实现用人单位与应聘者双赢的外部招聘方法。通常情况下，由于公司需要组织内部员工为其宣传，所以一旦组织内部员工主动为公司推荐了一名优秀的求职人选，公司就会对其进行嘉奖。尽管有时申请者来自组织外部，但这一方法仍被证明是经济的，因为公司的内部员工不仅了解本公司的概况和文化背景，也对推荐的求职者有一个比较细致的了解，使两者更容易匹配。

4. 机构代理

机构代理可分为面向单位服务的委托招聘和面向个人服务的委托求职两类。一般来说，人才中介机构将这两项业务分开进行，但在进行的过程中相互又有着资源共享的联系。通常，人才中介首先利用报纸平面媒体、网络媒体及现场招聘会张榜设摊等途径进行信息发布，待收到相应的求职（招聘）资料后经过筛选，择优向单位（个人）推荐，如果双方达成意向，则向委托方收取费用。随着人才交流平台的多元化，提交委托的途径也由传统的现场登记的方式向网络平台发展，许多大中型人才中介网站都设有网上委托招聘的服务项目，个人或单位会员直接输入资料，待中介机构确认后即开展服务。猎头公司属于委托招聘的一种，由咨询公司利用自身的人才储备库、关系网络为企业寻找人才，寻求的人才一般是管理和技术精英，在搜索难度和支付金额上也与一般的招聘代理有着较大差别。猎头的服务流程一般是针对客户需求量身打造，每一次都不尽相同，其过程更加细致和专业化。而由于工作性质的特点，猎头在开展人才寻访的过程中又具有一定的隐蔽性。

第二节　求职应聘的技巧

一、求职材料的准备

求职材料通常包括简历、求职信、应聘表格、成绩单、推荐信、各类奖励和资格证书、论文或其他科研成果等。简历是申请人留给公司的第一印象，应该体现出专业、简练和出众的特征，一般包括以下内容：①申请人的姓名、地址、联系方式等；②申请人职业抱负、目标；③教育背景（学历、课程、证书、培训）；④工作经历或社会实践（与所申请工作相关的部分）；⑤个人兴趣、爱好、参加过的活动及担任过的职务；⑥发表过的论文或其他的成就（文娱、体育、文学、绘画或专业成就）；⑦推荐人。

在简历的写作上，要求根据求职目标的不同，有针对性地设计几个简历版本，以便增强投递简历与申请职位的关联性；简历的内容以拟申请的工作为核心进行取舍，在顺序上采取倒序，把最重要的内容、经历和能力放在最前面；简历尽量采用以动词为开头的语句，多使用数字与成果，消灭错别字和排版失误。最重要的一点是，简历的内容要真实，可以回避自身的不足或劣势，但不能杜撰、伪造事实。

求职信是简历的补充。求职信的撰写不能过于通用化和抽样化，切忌一份求职信同时投给许多企业。求职信的写作格式如下：一般在开头称谓对方为“尊敬的招聘主管”或特定人物姓名，说明要申请的职位、信息来源，表明自己对某一职位感兴趣；求职信的重点放在自我介绍上，表明自己具有哪些满足工作的技能、能力、资质，用已取得的成就、成果和教育背景证明自身的能力，提及有影响力的推荐人。应聘者应针对所应聘公司的职位需要，在求职信中有意识地突出自己与之相对应的技能与能力。例如，应聘的是程序员职位，可以注明自己掌握了“在 UNIX 系统下，用 C++语言编写程序”的技术。求职信还可以阐述个人对做好某类工作的看法。文末要提出希望对方给予面试的机会，结尾部分表示感谢，并署名、注明日期和联系方式。

除求职信外，成绩单与论文、推荐信也很重要。部分应聘者特别偏好复制大量的获奖证书甚至包括带图片的资料以充实自己的求职材料，从而显示自己的分量，其实大可不必如此。必备的附加材料中包括英语、计算机和其他技能等级证书、成绩单及其他含金量较高的奖励证书。

二、面试之前的准备

应聘者对于试图应聘公司是否了解尤为重要。例如，某应聘者应聘 AT&T（朗讯的前身）公司，当主考官向应聘者提问对 AT&T 公司有什么了解时，应聘者竟能将 AT&T 在全球的概况、主营业务及产业系列情况娓娓道来。原来，应聘者事先已花费大量时间在图书馆查阅 AT&T 公司的所有信息。招聘人员最终因为应聘者的诚意而决定录取他。具体而言，应聘者需要了解的招聘单位的相关信息如下。

（1）单位及其领导人的发展历程、媒体的相关报道。

（2）公司的经营理念及发展模式。

（3）公司的主营业务及产品系列情况。

（4）该公司与所学专业相关的业务领域的发展情况。

（5）该公司与所学专业相关的技术实力及现实需求情况。

（6）该公司主要竞争对手及其产品的相关情况。

三、掌握应聘过程中的基本礼仪

应聘者应充分把握好面试时间，不要与其他日程安排冲突；要守时，可提前一刻钟到达，安定一下自己的情绪，整理仪表妆容；还必须掌握适当的礼仪，包括谈话中的听与说、肢体语言的使用、站坐行走姿势、衣着打扮、回答问题等相关技巧。具体而言，应聘过程中必须掌握的基本礼仪包括以下几点。

1. 面试前

面试前应向接待人员表明来意，说明是来应聘的，以便对方做出安排。对于面试中的任何工作人员都应该保持尊重，不仅因为其对于应聘者的面试结果会产生影响，还因为其有可能会成为今后的同事；进入面试场地时，进门要先敲门，面试前应主动与主考官打招呼。

2. 面试时

待主考官邀请时才礼貌坐下，坐的时候要保持笔直；留意自己的身体语言，要大方得体，跷腿、左摇右摆、双臂交叠胸前、单手或双手托腮都不适宜；切忌一些缺乏自信的小动作，如摆弄手指、衣角、领带或笔；男士应避免将手插进裤袋内；女士不宜经常拨弄头发，过分造作。

在面试谈话过程中，与考官应当有必要的眼神接触，表明应聘者确实在认真聆听考官的讲话；点头不可太急，否则会给人留下不耐烦及想插嘴的印象；谈话时切忌东张西望，此举有欠缺诚意之嫌；发言时间不宜过长，最多不超过 10 分钟，在对方提问结束 3 秒后为最佳开始发言时间。

以平常心对待面试及考官，始终保持自信和自然的笑容，既可以放松心情，使面试气氛相对融洽和愉快，同时也可以给主考官留下好印象，因为应聘者充满自信，能够面对压力。认真回答考官提出的每一个问题，对于不会回答的问题不妨坦白告诉对方，切记胡编瞎扯反而会弄巧成拙。对于考官的压力式提问，努力保持心境平和，从容应对。回答问题的语调要肯定、正面，表现信心，尽量避免中英文夹杂，不使用家乡话、口语或感叹词。重要的观点要发重音并停顿，每句话的最后一词发音要清晰。发言中讲错话要补救，不要轻易放弃，必须重新振作，即使不能补救亦要继续回答其他问题。

四、准备应聘过程中常见的问题

面试中经常会遇到一些常见的问题，对此，应聘者可以提前预习和演练。应聘过程中常见的问题通常有以下几个。

（1）您为什么要进我们公司？

（2）您在业余时间主要做些什么？

（3）您为什么要（不再）读书？

（4）您的主要缺点是什么？准备如何克服？

（5）您有哪些职业发展计划？

（6）您认为您最适合做什么？

（7）您为什么至今没有找到满意的工作？

（8）您为什么要离开原单位？

（9）这是您辞职的唯一原因吗？

（10）您最引以为自豪的成就是什么？

（11）您有多少时间可以用来出差？

（12）对枯燥单调的工作您也愿意做吗？

（13）您期望的薪酬是多少？

（14）您觉得您与其他求职者有何不同？

（15）为什么我们应该首先选择您？

（16）有没有别的公司愿意聘用您？

（17）如果本公司与另一家公司同时要聘用您，您如何选择？

五、面试之后的注意事项

1. 在面试结束时做一个概括

当考官发出结束面试的信号后，应聘者可以用简短的话总结概括一下本人的情况及对此次面试的认识，概括要尽可能地简练、客观，并将面试的成果归功于考官。例如，“作为某大学的管理学硕士，我具备担任这个职务的基本能力，同时我对这个职位有着浓厚的兴趣，希望我能得到这个机会。各位考官对我做出了中肯的评价，并帮助我对自己有了更清楚的认识”。这样的概括，一方面表现出应聘者清晰的思路和综合能力，另一方面能使考官对应聘者的印象更加深刻。

一个得体的结尾，尽管不能完全掩盖可能的缺陷，但对面试形象的最后形成大有益处。应聘者走出考场，考官们可能要相互交流一下并做出初步总结，力求达成共识。而应聘者告别时的表现有可能影响这一共识的形成。巧妙的收尾能巩固应聘者和考官们在短时间内通过沟通建立起的情感联系，并以画龙点睛之笔，让其在面试结束后自然地延续。

2. 礼貌告别

面试结束时，应聘者应保持微笑，自然站起，为占用考官的宝贵时间而向对方致谢，并与考官道别，例如，“非常感谢各位领导给了我这次宝贵的面试机会，我为有幸参加贵单位的面试而感到自豪，再见”！然后整理好物品，从容地向场外走去，开门退出，并轻轻地关上门。

离去前，记得对引导进入考场的工作人员及面试考场外（如休息室）的其他管理人员、接待人员表示感谢。感谢除了表示对他们工作的尊重外，也显示出了良好的个人素养。

3. 面试收尾时不应有的言行

有的应聘者一边向考官致谢、道别，一边整理自己的个人材料、衣着等，这是极不礼貌的，尽管可能是无意识的。道别本身就是一件应该认真完成的事情，当把它和其他事合并进行时，就会给他人留下不好的印象。有的应聘者怕耽搁考官的时间，于是匆忙收拾东西，一些文件材料抓在手里，夹着公文包和外衣就慌张地出去，甚至再返回寻找丢下的东西，这也会影响考官的评价。因此，应聘者应整理好随身物品，尤其是各种文件材料要归整齐放入公文包里。为了节省考官的时间，可以不在面试场里穿外套、戴围巾，但一定要整齐地搭在手臂上，从容退出。有的应聘者向考官道别后，就认为面试结束了，悠然地向外踱去；有的应聘者一边向考官道别，一边偷瞄考官的面试记录；有的应聘者在面试结束时，马上追问面试的结果，容易造成考官情绪上的抵触与反感。

以上列举的只是一部分不适宜的行为，希望应聘者小心留意，不要在最后的环节上出错。

4. 无论面试情况如何都要始终如一

有的应聘者准备得不充分，面试时临场发挥欠佳，或者感觉考官对自己没有兴趣、与考官话不投机，这时尽管考官没有明确表态，但应聘者就开始认为没希望了，也就放弃了进一步努力。例如，有的应聘者在结束面试时，认为反正也没戏了，怎么样都行，冷淡地向考官道别，甚至不道别，扭头就走。其实应聘者很难估计面试的结果。应聘者不了解面试的测评指标，也不能对自己的能力与素质及在面试中的表现做出客观的评价，更不了解其他竞争对手的情况，因此没有理由主动放弃，只要有一点可能性都要争取。有时，即使考官已经委婉地拒绝，应聘者也应该表现得冷静、大方，不卑不亢地离开，同时也给他人留下一个明理的印象。也许此时的冷静和最后的努力会让对方改变主意。

第三节 人员调配与流动

人员调配与流动是在综合考虑组织当前需求与未来发展、人员配置的静态需求与动态需求、专业型人才的培养与全面型人才的挖掘等问题的基础上，对人员在岗位、职务、工种上做出适当调整与变化，从而实现人员在组织内部和外部之间的合理流动。人员调配与流动具有主观和客观双重属性，其中主观属性表现为人力资源部有意识地通过轮岗、借调、升迁等方式改变人员在组织架构中所处的具体位置，或者人员根据其自身的工作现状与心理预期做出申请调整工作岗位、竞聘新的工作岗位等决策，实现人员与岗位的适应性调整；客观属性表现为当组织的动态需求与人员的能力成长不相匹配时，人员与岗位发生冲突，出现离职、待岗等情况，从而导致人员在组织内部和外部的变化调整。本书对人员调配的边界界定为组织内部的不同部门之间及部门内部不同职位（岗位）或职务之间的变更。

一、人员调配的条件与原则

（一）人员调配的条件

人员调配的前提条件从不同的视角来看，表现形式有所不同。

从人力资源战略的角度出发，人员配置与流动的前提条件在于充分了解组织内人力资源面临的优势、劣势、机会与威胁，明确人力资源战略作为职能战略与组织战略和竞争战略的匹配性，掌握人力资源与其他业务层面的职能战略的对接性。人力资源战略最终要服务于组织其他战略，基于人力资源战略的人员调配的最终目的是使人力资源能够始终支持其他战略有条不紊地开展。

从人力资源预测的角度出发，人员调配的前提条件在于人力资源部门能够根据组织发展的远景规划和当前人力资源配置的现状，分析各部门和职位的差距与缺口，前瞻性地将人员配置到合适的部门与岗位中去，有效地弥补差距和缺口。

从人力资源诊断的角度出发，人员调配的前提条件是组织内部的人力资源供求处于动态不均衡状态，表现为个别部门或某一类型工种人员相对不足或过剩，人员的能力和素质足以支撑其完成更具挑战性的工作而现有职位的平台和空间相对较小，人才潜质需要开发或岗位与人员配置尚需优化等。通常情况下，组织与人员均处于动态发展过程中，如组织的职能有所调整、原工作的任职资格条件发生变化、组织内部开展新技术或新工艺等创新活动、组织各部门之间工作效率差异显著等，均可能导致人员调配的需求。

（二）人员调配的原则

（1）内部优先原则。根据组织对人员的需求进行人员调配，应该优先从组织内部入手，通过人力资源的自我培养与自给自足，实现对人岗匹配。因为，内部优先进行人员调配，有助于员工相信在各自岗位上认真工作和好好表现就会有机会获得个人在业绩上和职务上的突破，使具备发展前途的员工更加愿意为组织效力，更有利于培养员工的忠诚度。

（2）公开竞争原则。若组织从外部调配人员，可以带进新思想，注入新鲜血液，也会对内部自以为有继任权的人员形成竞争压力。若企业主张从内部完成对人员的调配，则必须遵循公开竞争原则，即尽管组织内部人员的调配远不如外部招聘的程序和环节复杂，但同样要保持内部招聘的公平、公正与公开。组织内部的人员调配可以看做内部相马与赛马的过程，对于合适的岗位让德才兼备者居之非常重要。

（3）反彼得效应原则。彼得原理指出，人们常常被提拔到他们能力不能胜任的级别上，尤其在某一职位上取得成就后，往往被提升到力不能及的更高职位上。因此在企业人事调配中，对有功之人应按职位与能力匹配原则进行，激励不足之处靠其他措施弥补，而不是一味提升。反彼得效应原则对于人员调配的指导作用在于，人员调配的幅度不宜过大，必须加强对人才的培养，切忌对人力资源的过高期望，而导致调配之后的人员能力与岗位不匹配。

二、人员调配的策略

1. 后备干部梯队建设

继任者计划对组织来讲具有重要的战略意义，成功的继任者计划能保证组织在数十年内的领导力，从而推进企业各部门业务持续、稳定地增长，不会轻易因一些人事变化而业绩下降。所以，组织人力调配可根据各职位工作人员的实际年龄和现职位年数（及其他因素）进行筛选，将每个职位的后备人员划分为可立即提升、可 1 年后提升、将来可能提升、令人满意但不能提升 4 种，从而实现对组织内部后备干部的梯队建设。

2. 年龄老中青结合

以年龄搭配为导向是人员调配的重要策略之一，其原因在于不同年龄层的性格特征、价值取向、能力倾向、阅历深浅等的差异性，将导致对于不同工作具有不同的适应性特征，中青年人需要借助老年人的智慧和稳重，而老年人需要中青年人的拼搏和胆识。以老年人带动中青年人才队伍的建设与发展，以各部门和岗位的年龄层次避免人员调配的集中性和冲突性，特别是结合继任者计划，更有利于优化人才队伍的配置。

3. 在适当范围内轮岗

对于综合素质高、有发展潜力的年轻人员，在其工作的早期阶段，可以适当倾斜，让其相对于其他人员有更多的机会在同一管理层下的各部门内工作，以拓宽其工作经验和管理视野；或者对于预备提拔的人员，在其完全胜任某一工作岗位后，有意识地将其轮换到并不熟悉或更具有挑战性的岗位中去，为组织培养全面型的人才。在适当范围内的轮岗，既可以帮助组织内部人员量身设置合适的岗位，又有助于培养“一专多能”的复合人才。

4. 打破人才本位主义

在当前诸多单位都开始实行二级目标责任制考核的情况下，部门主管往往会为了自身的局部利益，或者已在习惯于某些下属配合的情况下，隐藏可提升的人选，不愿让其供整个组织统一调用，此即为组织内部的人才本位主义。打破人才本位主义，建立优秀人才在岗位和部门之间的交流机制与互访制度，为优秀的人才提供发展空间和合适岗位。特别是在出现“小集团”“小圈子”的情况下，更有必要通过人员调配的方式对其进行破解。

5. 部门配置帕累托改进

在组织内部人员配置过程中常常会存在人才稀缺与人才富余并存的状况，导致人力资源机会成本与沉没成本的大量浪费,因此很有必要将可能积压的人员疏导到其他部门。人员调配的帕累托改进策略实质是，在并未减少原部门的工作内容、降低原部门的工作效率、弱化人员的工作积极性和薪酬待遇的条件下，通过人员调配提高组织中岗位与人员的整体绩效，实现组织与人员配置的最优化。

三、人员流动的形式

人员流动包括人力资源流入（主要是招聘）、企业内部流动（主要是人员调配）与流出（主要是人力资源流失）。人力资源流入部分见本章第一节，此处不予赘述。

（一）人员内部流动的形式

（1）调动。调动即员工在相同层级工作岗位上的变动，其薪酬、职务、职称、工作性质等基本保持不变。人员调动是在兼顾组织目标和个人意愿的基础上，从全局角度出发，保证人尽其才所采取的人员调配形式。

（2）晋升。晋升即员工在组织内部的工作岗位、职务、职称、薪酬、任职资格、工作描述的相关内容等由低层次向高层次的变动，包括常规晋升和破格晋升两大类。常规晋升，即工作的年限、业绩、职级等在均符合晋升相关标准和条件下正常的逐级提升；破格晋升通常是针对具有特殊才能、做出突出贡献或取得突破性成果的人员采取的晋升，可能不受学历、职称、年限等条件限制。

（3）降职。降职是指员工从原来的职位降到另一较低的职位，一般是员工出现了违反组织纪律、造成重大事故、业绩持续停滞不前甚至后退的情况，或是组织需要精简机构和编制时，采取这种流动形式。

（二）人员流失的形式

人员流失是指从组织中获取物质收益的个体终止其组织成员关系的过程。组织中的人力资源流失主要分为三种类型（图 4-2）。从内涵来看，人力资源流失对组织既有有利的一面，也存在不利的一面。

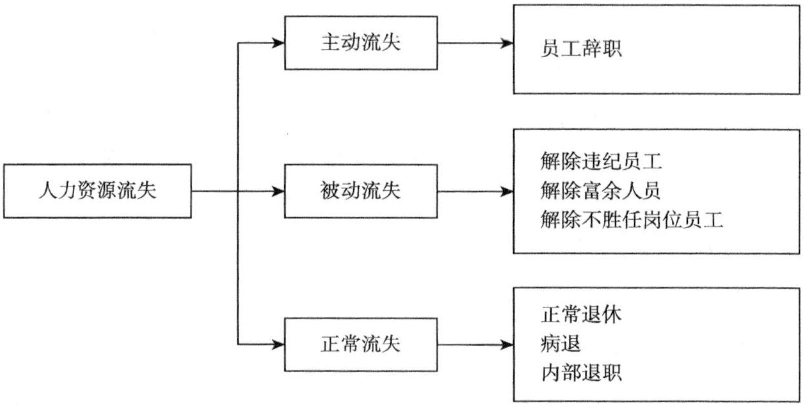

图 4-2　人力资源流失的类型

（1）主动流失。主动流失，是指流失的决策主要由人力资源中的个体做出，表现为员工单方面提出解除劳动合同。主动流失一般难以预测和控制，对于公司来说往往是不利的，特别是关键性员工的辞职，负面影响更为显著。关键性员工是有利于企业运营和成长、企业不愿意失去、有突出贡献、能圆满完成任务的员工，属于企业留才养才范围中的重点。例如，高水平的管理人员、优秀的技术人才和精通市场的销售人员，是组织的脊梁，能协调各方面的工作、确保企业的技术优势、保障企业的市场份额，其辞职不仅削弱了组织的管理能力，使组织的内部情况、商业秘密及关键技术有可能外泄，还会影响企业商誉和利润，并且企业为了填补这些员工流失后的岗位空缺，不得不重新发布招募广告、筛选候选人、录用安置新员工、进行岗前培训等，这些费用都构成了人员流失的重置成本。人员流失重置成本往往还包括员工辞职前三心二意工作所造成的生产率损失，辞职发生在新员工上岗前岗位空缺的效率损失，为培训新员工和其他员工工作磨合损失的生产率，员工辞职在员工中造成的士气下滑和人心动荡的效率损失等。

（2）被动流失。被动流失，是指流失的决策主要由组织做出，表现为组织提出解除劳动合同。对公司管理者来说，被动流失往往能控制而防止损失，而且有利于优化企业人力资源的结构，保持企业的活力和创造力，更好地发挥激励机制的作用。组织主动辞退的员工主要包括违纪的员工、富余的员工和不胜任岗位的员工。

（3）正常流失。正常流失是指根据国家有关法律达到正常退休年龄、符合特殊工种退休及达到病退条件的个体的正常流失。正常退休、特殊工种退休、病退、内部退职是对符合相应条件的员工的一种福利待遇，在正常环境下其数量和比例具有可预期性，因此，正常流失基本上不会给企业带来风险，虽然会在短期内构成一部分人员流失重置成本，但从长期看能够促进企业优化人员年龄结构、知识结构和学历结构，推动企业长期营业利润的增长。

【本章小结】

本章介绍了人员招聘的原则，包括竞争性原则、计划性原则、合适性原则、科学性原则与公正性原则，从组织角度阐述了内部人员招聘方法（职业生涯开发系统、上级推荐、工作张榜竞聘）和外部人员招聘方法（招聘广告、校园招聘、员工推荐、机构代理等）。从应聘者角度介绍了求职材料的准备、面试之前的准备、面试之后的注意事项等求职的技巧。本章还界定了人员调配的概念，详细分析了人员调配与流动的前提条件、人员调配应遵循的原则和调配策略。人力资源流动包括人力资源流入（主要是招聘）、企业内部流动（主要是人员调配）与流出（主要是人力资源流失），人力资源内部流动的形式包括调动、晋升与降职。人力资源流失包括主动流失、被动流失与正常流失。

【本章关键词】

招聘	recruitment	员工申请表	employee requisition
工作公告	job posting	内部提升	promotion from within
职业介绍所	employment agency	面试	interview
人事调配图	personnel replacement charts	解雇、开除	dismissal
精简	downsizing	退休	retirement

【练习题】

1. 简答题

（1）广告招聘中常见的媒体有哪些？
（2）人员招聘通常的程序是什么？
（3）影响人员调配的原因有哪些？
（4）人员流动与人员流失的区别和联系是什么？

2. 论述题

高科技企业应该如何防范核心员工的流失？

案例讨论

耐顿公司的招聘

NLC 化学有限公司是一家跨国企业，主要以研制、生产、销售医药、农药为主，耐顿公司是 NLC 化学有限公司在中国的子公司，主要生产、销售医疗药品。随着生产业务的扩大，为了对生产部门的人力资源进行更为有效的管理开发，2016 年初，耐顿公司总经理、生产部经理于欣和人力资源部经理建华商量在生产部门设立一个处理人事事务的职位，工作主要是生产部与人力资源部的协调工作。最后，总经理希望通过外部招聘的方式寻找人才。

人力资源部经理建华开始一系列的工作。在招聘渠道的选择上，建华设计了两个方案：在本行业专业媒体中做专业人员招聘，费用为 3 500 元，优点是对口的人才比例会高些，招聘成本低；缺点是企业宣传力度小。另一个方案为在大众媒体上做招聘广告，费用为 8 500 元；优点是企业宣传力度大；缺点是非专业人才的比例很高，前期筛选工作量大，招聘成本高。总经理看过招聘计划后，认为公司在大陆地区处于初期发展阶段，不应放过任何一个宣传企业的机会，于是选择了第二种方案。

招聘广告刊登的内容如下：

您的就业机会在 NLC 化学有限公司下属的耐顿公司！

招聘职位：生产部人力资源主管

职责：主管生产部和人力资源部两部门的协调性工作

请把简历寄到：耐顿公司人力资源部　通信地址 ……

在一周内的时间内，人力资源部收到了 800 多封简历。建华和人力资源部的人员在 800 多份简历中筛出 70 份有效简历，经讨论分析后留下了 5 人。于是，将此 5 人的简历交给于欣，并由于欣直接约见面试。面试后，于欣认为可以从两人中做出选择——李楚和王智勇。两人资料对比如下：

李楚，男，企业管理学士学位，30 岁，有 8 年的一般人事管理及生产经验，在此之前的两份工作均有良好的表现。

王智勇，男，企业管理学士学位，32 岁，有 7 年的人事管理和生产经验，以前曾在两个单位工作过，第一位主管评价很好，但没有第二位主管的评价资料。

公司通知两人一周后等待通知。在此期间，李楚在静待佳音；而王智勇则打过两次电话给人力资源部经理建华，第一次表示感谢，第二次表示非常想得到这份工作。

生产部门经理于欣在反复考虑后，与建华商谈何人可录用。建华说："两位候选人看来似乎都不错，你认为哪一位更合适呢？"于欣说："两位候选人的资格审查都合格了，唯一存在的问题是王智勇的第二家公司主管没有给评价，虽然如此，我也看不出他有何不好的背景，你的看法呢？"建华说："很好，于经理，显然你我对王智勇的面谈表现都有很好的印象。人嘛，有点圆滑，但我想我会很容易与他共事，相信在以后的工作中不会出现大的问题。"于欣说："既然他将与你共事，当然由你做出最后的决定。"于是，建华最后决定录用王智勇。

王智勇来到公司工作了六个月。在工作期间，经观察，建华发现王智勇的工作不如期望得好，指定的工作经常不能按时完成，有时甚至表现出不胜任工作的行为，所以引起了管理层的抱怨。看来他对此职位不适合，必须采取措施。然而，王智勇也很委屈。他来公司工作了一段时间，觉得招聘所描述的公司环境和各方面情况与实际情况并不一样，原来谈好的薪酬待遇在进入公司后又有所减少，工作的性质和面试时所描述的也有所不同，也没有正规的工作说明书作为岗位工作的基础依据。

思考题：

1. 本案例反映出耐顿公司存在哪些管理问题？原因有哪些？
2. 假如你是人力资源部经理，应该如何解决目前面临的人事问题？

参 考 文 献

蔡蔓蔓. 2013. 事业单位人员流动困难之思考. 东方企业文化，(18)：122.
方言. 2007. 留住人“财”——正确看待企业人员流动现象. 中国印刷物资商情，(7)：72-74.
古银华. 2008. 企业人员招聘中的常见问题及对策研究. 内江科技，(1)：19，69.
韩秋婷. 2006. 上海市企业管理人员流动问题研究. 华东理工大学硕士学位论文.
李璐寰. 2007. 企业提高人员招聘有效性的对策——以苏州某制药企业为例.华东经济管理，(12)：21-24.
龙海涛，段光斐，郭玉红. 2008. 小议人员招聘. 一重技术，(2)：121-122.
宋云波. 2012. IT 企业人员流动管理及对策研究. 东方企业文化，(19)：53.
谭武. 2007. 提高人员招聘有效性对策. 南方论刊，(7)：28-29.
杨龙，林云鉴. 2008. IC 设计研发人员流动风险应对研究. 商场现代化，(5)：323.
余平，蒲勇健. 2007. 人员招聘的一个双边逆向选择模型. 统计与决策，(10)：162-163.
张庆瑜，井润田. 2006. 组织变革期企业的人员流动影响因素的实证研究. 管理学报，(4)：482-487.
张荣楠. 2011. 离职管理从留人开始. 现代商业，(20)：132.
张亚莉，杨乃定. 2000. 人员流动风险分析与控制. 科学学与科学技术管理，(9)：42-44.

本章阅读材料：人员招聘与流动研究现状综述

第五章　人员素质测评

教学目的：了解人员素质测评的含义、特点和原则
掌握人员素质测评的主要方法
学会对人员素质测评的结果进行质量分析
用信度和效度分析验证测评结果的真实性和可信度

学习重点：人员素质测评的特点与原则
人员素质测评的主要方法

学习难点：人员素质测评主要方法的实施
人员素质测评的信度和效度分析

引导案例

软件企业的魔方招聘测评

我的一个大学同学，五年前从硅谷回来在深圳开创了一家软件公司，开发了一系列软件，现在生意越做越大。前几天，他来到我市招大学毕业生，并打电话说聚一聚。

我来到他下榻的宾馆，看见一个大学生模样的人站在他面前接受面试。他说："这样吧，我这里有个魔方，你能不能把它还原成六面六种颜色呢？你看清楚，我给你做个示范。"说着，他扳起了魔方。不一会儿，那个魔方就扳好了。"看到了吗？"他说，"你也来做一遍吧。"那个大学生拿着魔方，面有难色。我的同学看了看我，于是对大学生说："如果你没考虑好，可以把魔方拿回去继续考虑。我星期五才走。"等那个大学生走后，我问同学："怎么，这就是你独创的招聘考试？""咳！给他出个题考考他，以便到时候给他安排合适的职务和岗位。"我说："要是我，我可没你那么聪明，我会把魔方拆开，然后一个个安上去。""如果他这样做就说明他敢作敢为，可以从事开拓市场方面的工作。""那其他的做法呢？""现在的孩子都不玩魔方了，所以我不相信他能马上扳好。如果他用漆把六面刷出来，就说明他很有创意，可以从事软件开发部的工作；如果他今天下午就把魔方拿回来，就说明他非常聪明，领悟能力强，做我的助理最合适；如果他星期三之前把魔方拿回来，说明他请教了人，也就是说他很有人缘，可以让他去客户服务部工作；如果他在我走之前拿回来，说明他勤劳肯干，从事低级程序员的工作没问题；如果

他最终拿回来说他还是不会，那说明他人很老实，可以从事保管和财务的工作；可是如果他不拿回来，那我就爱莫能助了。”

原来如此！

第二天晚上，同学又请我吃饭。在饭桌上，我又问起了魔方的事。这一回，我的同学有些得意扬扬。“那个大学生我要定了。他今天早上把魔方还给了我。你猜怎么的？他新买了一个还原的魔方给我！他说：‘你那个魔方我扳来扳去都无法还原。所以我新买了一个，它比你的那个更大，更灵活！’”“这说明什么？”我问。同学说：“他绝对是做仿真的好材料！”

资料来源：根据 http://www.xici.net/b396327/d40857638.htm 改编

思考题：

1. 该企业运用魔方进行招聘，你觉得合理吗？
2. 如果应用魔方进行招聘测评，存在哪些问题？

第一节　人员素质测评的基本概述

一、人员素质测评的基本概念

（一）人员素质测评的内涵

素质是指个体完成一定活动与任务必须具备的基本条件和基本特点，是行为的基础与根本因素。人员素质测评是指测评主体（who）在较短时间内（when），通过采用科学的方法（how），收集被试在主要活动领域中的一系列表征信息（what），并针对某一素质测评目标体系（which）做出量值或价值的判断过程（what），或者直接从所收集的表征信息引发与推断出某些素质特性的过程。

第一，人员素质测评主要包括两个部分：①测评主体用科学的方法，收集被试在主要活动领域中的（行为事实）表征信息；②采用科学的方法针对某一素质测评目标体系做出量值与价值判断。第二，“科学方法”意味着场合不同、岗位不同，渠道方法不同。第三，“主要活动领域”表明与实际活动相关，如销售与生产。第四，“素质测评目标体系”说明测评有针对性，不能泛泛。第五，“引发”与“推断”指测评者的“概括”、“归纳”或“抽象”能力，是一种能动的思维活动。第六，“测评主体”包含范围比较广，既指个体又指组织，既可以是他人也可以是自我，既可以是上级也可以是同级或下级。

（二）人员素质测评的类型

人员素质测评按照不同标准可以划分为不同类型。

（1）按测评范围，可分为单项测评与综合测评。

（2）按照测评技术与手段，可分为定性测评、定量测评及包括模糊综合测评在内的中性测评。

（3）按测评主体，可分为自我测评、他人测评、个体测评、群体测评、上级测评、同级测评及下级测评。

（4）按测评时间，可分为日常测评、期中测评与期末测评、定期测评与不定期测评。

（5）按测评结果，可分为分数测评、评语测评、等级测评及符号测评。

（6）按测评目标与用途，可分为诊断性测评、考核性测评、配置性测评、选拔性测评与开发性测评。

（三）人员素质测评的功用

（1）评定。首先，人员素质测评可以将人力资源管理者的开发期望与被试的自我修养进行有机结合，进一步提高个体素质。用来比较的标准有两种：一种是存在于测评对象之外的客观要求，即任职要求；另一种是存在于测评对象之中的“常模”标准，即选拔标准。其次，评定功能的正向发挥，还表现出一定的导向作用和强化作用。一般而言，素质的权重或分值越大，就越会受到人们的重视，加大人们提升此方面素质的动力，促使个体素质的培养向社会所要求的方向发展。

（2）诊断反馈。为了做好素质测评，人力资源工作者必须广泛、系统地搜集各种素质的特征信息，在充分了解材料的基础上做出分析，采用适当的方法对被试给予较为准确的评价。这个过程中既会了解被试素质和能力的强项，找到其工作效果好的决定因素，也会了解被试素质和能力的弱项，找到其工作效果不佳的主要问题所在。如果测评者能够把整体的信息都予以记录，转达给测评主体或第三方，这就是反馈。

（3）预测。人员素质测评是一个建立在对素质现在及过去大量表现行为的全面了解与概括的基础上，判断素质表征行为的特征和倾向的过程。依据素质表征行为变化的历史轨迹及其趋势，对被试的素质发展进行某种预测，进而便于人才的选拔。

（4）提高人力资源管理的水平。人员素质测评有助于组织人力资源配置的科学化。通过过去经验和主观判断，结合科学方法与手段，能够减少事不合人、人不适事、扯皮内耗的现象。人员素质测评还有助于人力资源开发。借助素质测评，不但能发现优秀之才与奇缺之才，而且还能明确各人所长、各人所短，通过培养，扬长修短，开发潜能。

二、人员素质测评的理论依据

（一）人员素质测评的基本原理

人员素质测评是一项复杂而系统的活动，它的原理是素质测评的可能性和素质测评的现实性。

素质测评可能性原理，是指个人的每一个行为（先天性的条件反射行为除外）表现，都是其相应心理素质在特定环境中的特定表征。

用数学公式表示，即

$$B=f(Q,\ E)$$

其中，B 为行为；f 为表征方式与机制；Q 为素质；E 为环境。

素质测评现实性原理是指素质作为一种相对稳定的组织系统，每个个体都不尽相同，它能够综合不同环境下的刺激，使个体对这些不同环境下的刺激做出一致的反应行为。

用数学公式可以表示为

$$Q=\int B\times \mathrm{d}E$$

其中，Q 为素质；$\int$ 为积分号，即总和运算；B 为代表性行为；$\mathrm{d}E$ 为不同环境下的环境刺激变量。

（二）素质测评的基本模式

素质测评的基本模式是一种黑箱模式，通常以一定形式给测评者输入不同的信息（刺激），然后观察其所做出的各种行为反应，分析输出的各种信息，并依据测评标准来做出判断，如图 5-1 所示。

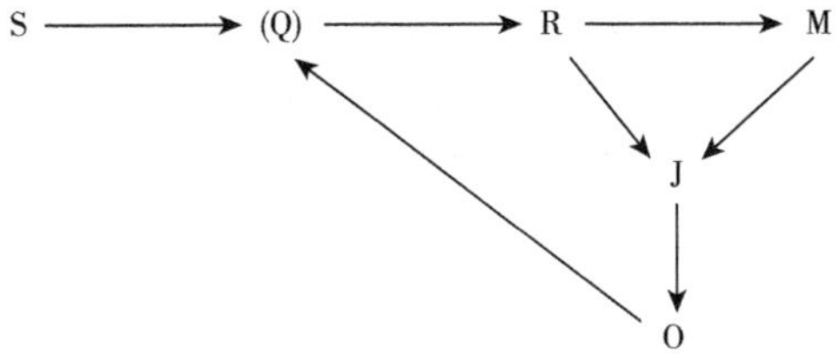

图 5-1　素质测评模式图

S 表示输入信息或刺激；Q 表示素质；R 表示输出信息或反映；
M 表示测评标准或常模；J 表示分析、比较、评判；O 表示测评结果

对各种情况刺激下所做出的不同反应行为，包括类型与程度的差异。依据测评标准对“服从”不同等级的规定，按照测评法则给每个被试做出评判并报告测评结果：①当刺激情境以文字或图形设计呈现时，测评即是笔试形式；②当刺激情境是经过精心设计，且以面对面的问答或谈话形式出现时，测评则是面试形式；③当各种刺激情境是以自然的实际情形出现时，测评则是试用观察评定形式。

第二节　人员素质测评特点和原则

一、人员素质测评的主要特点

（1）抽象性——效度。人员素质测评表面上是测量个体的外显行为，实质上却要将这些表征抽象为内在的特性和能力等来认识，所以具有抽象性。这一特点要求素质测

评的结果达到一定的效度，即实际测评的结果在很大程度上反映所要测评的素质。

（2）稳定性——信度。素质表现出个人所特有的相对稳定的行为方式，是一组内部相关的行为，具有稳定性，所以，人员素质测评的结果也必须达到一定的稳定性。测评中的信度便是用来反映这种稳定性的一种指标。

（3）层次有差异——区分度。质量好的人员素质测评，能够直接反映不同个体素质之间的层次差异。区分度就是测评中用以反映层次差异的指标。

（4）结果难绝对——比较性。由于素质本身的复杂性和内在性，以及人员素质测评主要通过表现出来的特征行为来推断内在素质，是一种间接性的推测，而非直接的衡量，所以测评结果很难做到绝对精确，相反，要意识到素质测评是一种人对人、人比人的测评，有一定的局限性，得到的评价是一种相对比较的产物。

二、人员素质测评的主要原则

人员素质测评的原则既是对素质测评实践经验与技能技巧的科学总结，又是指导素质测评实践的思想方法。因此，在素质测评过程中，必须遵循这些原则。

（1）客观与主观相结合。所谓客观与主观相结合，是指在素质测评过程中，一方面，要尽量采取客观科学的测评手段与方法，另一方面，又不能忽视主观性综合评定的作用。要最大限度地发挥测评工具客观性和测评主体主观能动性的双重作用，让它们优势互补，而不是彼此对立。

素质测评方法的研究与发展过程，实际上是不断追求客观化的过程。标准行为化、方法定量化、手段自动化都是客观化的具体体现。但是，复杂的行为素质，只有人类本身才能准确理解与把握，任何工具目前尚未具备这种功能。

（2）定性与定量相结合。所谓定性，即采取经验判断与观察的方法，侧重从行为的性质特点对素质进行测评。而定量则侧重采取量化的方法从行为的数量特点出发对素质进行测评。

在进行素质测评时，坚持定性与定量相结合的原则，是因为仅仅进行定性测评，只能反映素质的性质特点；而仅仅进行定量测评，可能会忽视素质的质量特征。此外，只从定性的内容上测评素质，往往只是一种模糊的印象判断；而仅仅从定量形式上测评素质，得到的是一种表面的、形式上的测评结果。

（3）静态与动态相结合。静态测评针对的是被试已经形成的素质水平，一般需要事先选定某一特定时空，然后运用相对统一的方式进行测评，而不需要考虑被试素质水平的前后变化情况。这种方法的优点在于：便于判断被试之间的差异，以进行横向比较，同时还可以判断被试是否达到测评标准。静态测评的缺点是容易忽视被试原有的素质水平及今后的素质发展趋势。动态测评正好可以有效地解决这种问题。动态测评指标是从素质水平的前后变化情况来进行判断，注重的是素质水平的形成及发展过程，有利于激发被试的积极进取精神。

在测评方法的应用中，一般遵循静态和动态相结合的原则，静态的测评方法包括心理测验等，而动态的测评方法包括面试、评价中心与观察评定法等。使用多种方法对被试进行测试可以充分了解被试的素质水平，让其在与主测者的交流中全面展示自己的才华。

（4）要素与行为相结合。要素一般是对个体素质的分解或理论演绎，是对素质结构的构成部分进行的测评，具有概括性、抽象性和综合性的特点。与此相对应的行为，则是素质最表层、最具体的表现形式。

要素测评与行为测评相辅相成，二者缺一不可。缺乏行为的要素测评，是抽象空虚的；而缺乏要素的行为测评，则是具体琐碎、不具有实际意义的。

（5）分项与综合相结合。分项测评是指将素质的构成分为各个模块，分别对其进行独立测评，重点考察各个构成项目的实际情况，而综合测评则是将素质的各个方面综合起来进行整体和统一的测评。

素质的分项测评有助于提高测评的准确性；对素质进行综合测评则有助于反映被试的综合素质原貌。

（6）测评与开发、考评相结合。测评是了解被试素质水平的一种手段，而不是根本目的。如果仅仅通过测评了解被试目前的素质水平而不采取一系列改进措施，对于被试今后的素质发展仍然没有任何帮助，如同医生给病人看病而不抓药治疗一样。因此，素质的测评应该与指导开发配套起来，在了解被试素质水平的基础上，采取一系列指导培训措施，提高人员的素质水平。

测评还应该与绩效考评结合起来。一般来说，优秀素质是取得高绩效的基础条件，能够通过素质水平高低有效地预测绩效高低，而绩效高低又是素质水平高低的事实概况，绩效高低能够验证个人素质水平的高低。

第三节　人员素质测评的主要方法

一、心理测验

（一）心理测验的起源、内涵与形式

心理测验是对行为样本标准化及客观的测量，测量的对象一般是概括之后的模拟行为。心理测验源自实验心理学中对个体差异的研究，经历了萌芽期、成长期、昌盛期和完善期，广泛应用于教育、企事业人员的挑选与评价。鉴于测验的具体指向的不同，一般可将心理测验分为两种，即认知测验和人格测验。认知测验针对的是个体的认知行为，包括成就测验、能力倾向测验和智力测验等；而人格测验针对的则是个体的社会行为，通常可分为态度测验、品德测验（包括性格测验）及兴趣测验等。根据测验的目的不同，也可将心理测验分为计划性测验、描述性测验、诊断咨询性测验、预测性测验、配置性测验、挑选性测验、研究性测验等。

（二）心理测验的方法

（1）问卷量表法。问卷量表法的优点在于简单、方便、实用及高效。一般常被采用的问卷量表包括艾森克个性问卷、卡特尔16因素个性问卷、明尼苏达个性问卷等。以卡特尔16因素个性问卷为例，该问卷将个性分为16个方面，如稳定性、敏感性、乐群性、实验性、幻想性、敢为性、独立性、世故性、恃强性、聪慧性、自律性、有恒性、怀疑性、忧虑性、紧张性及兴奋性等，共187个问题，每一种品德素质10~13个问题，每个问题后有a、b、c三个选项。

（2）投射技术。投射技术作为发现被试心理思想感情的手段，源于精神病治疗学和临床心理学，可分为广义和狭义两种，广义的投射技术是指掩藏测评真正目的的所有间接的测评技术；而狭义的投射技术是指，不提供任何说明、提升或要求，而将一些模糊、不确定、无实意的图形、录音、故事、语句、动画、哑剧等展现于被试面前，了解他们所看到、听到或联想到的内容。

（3）生理学测验。生理学测验是指运用相应仪器（如测谎器等）检测特定条件下或特定刺激下被试的脉搏、血压和波电反应，以此来测评个体的心理水平。

（三）常用心理测验的简介

1. 气质测评

气质是个体心理和外显活动中有关心理特征的综合，包括所表现出来的心理活动的灵活性、强度、敏捷性及稳定性等特征，是一种与个体神经活动过程有关性质相联系的行为特征。

人的神经活动有两种过程（方向），即兴奋和抑制。这两种活动过程表现出三种特性，即活动强度、均衡性和灵活性。活动强度，是指人的大脑细胞所具有的工作忍耐力；均衡性，是指兴奋和抑制两种过程之间的活动强度能否保持均衡；灵活性，则特指兴奋和抑制两种过程之间转换速度的快慢。气质的类型与特征如表5-1所示。

表5-1　气质的类型与特征

气质类型	特征
胆汁质（兴奋型）	直率、热情、精力旺盛、情绪易于冲动、心境变化剧烈，心理活动具有外倾性
多血质（活泼型）	活泼、好动、敏感、反应迅速、喜欢与人交往、注意力容易转移、兴趣容易变换、心理活动具有外倾性
黏液质（安静型）	安静、稳重、反应缓慢、沉默寡言、情绪不易外露、注意力稳定难以转移、善于忍耐、心理活动具有内倾性
抑郁质（抑制型）	孤僻、行动迟缓、善于观察细小事物、情感发生较慢但持续很久、体验深刻、心理活动具有内倾性

气质测评常用的工具有基于荣格的心理类型理论开发的MBTI（Myers-Briggs type indicator）测试问卷。

2. 态度测评

态度是个体对于人、事、组织及观念所具有的较为恒定的反应行为及趋势。态度的表现形式一般可分为三种不同层次：第一，认知层面，停留在个体对外界事物的认识、了解方面，其中的关键是一种评价性的看法；第二，情感层面，个体产生的对外界事物的喜欢或厌恶等情感；第三，行动倾向层面，是个体在情感支配下，进一步产生的对外界事物的可观察、可分析的行动倾向。

在管理领域，最受关注的态度是工作态度，包括工作满意度、工作投入、组织承诺等。工作满意度是个人对工作中各种因素的一般态度，包含工作者心理与生理两方面对环境因素的满足感受。工作满意度测评常用的工具有工作描述指数量表、明尼苏达工作满意度调查表、Porter 需求满意度调查表、P. E. Spector 工作满意度量表、F. E. Schuster 人力资源指数量表。工作投入是对工作本身价值的认同、热爱和积极投入程度，其常用的测评工具有 Lodahl-Kejner 量表、Saleh-Hosek 量表、Kanungo 工作投入量表等。组织承诺是指个人对组织的奉献心及对组织忠诚的意愿，其常用的测评工具有 Porter 的组织承诺量表，Meyer、Allen 的三维组织承诺量表，凌文辁等开发的中国职工组织承诺问卷。

3. 智力测评

智力是指个体认识、理解客观事物并运用知识、经验等解决问题的能力，包括观察力、记忆力、想象力、分析判断能力、思维能力、应变能力等，一般表现在个体做事的快慢、好坏上。例如，聪明的人通常学习能力更强，做事效率更高。智力的水平用智商（intelligence quotient，IQ）来表示，正常人的 IQ 在 90~109，110~119 属中上水平，120~139 达到优秀水平，140 以上是非常优秀水平。常用的智力测评工具有韦氏智力测验量表、瑞文智力测验量表、斯坦福–比奈测验量表、比奈–西蒙智力测验量表等。

在企业招聘中有时会运用智力测试量表来测试应聘人的智力水平，以了解一个人的大致智力状况，但是这种方法对于员工录用的作用很有限，因为并不是所有的工作，智商高的人都适合。一般可以使 IQ 高的人担任比较重要、难度较高的技术性的工种，而 IQ 较低的员工可以担任一般的操作性的工作。与此同时还要考虑其他的个性特点。

4. 能力测评

能力是人在活动中所表现出来的、直接影响活动效率并使活动顺利完成的个性心理特征，是个体从事工作的前提条件，因此，对能力的测评在管理领域中颇受重视。由于能力包含复杂的结构，涉及工作中的通用能力和专门技能，所以能力测评的种类很多。

1）能力倾向测评

所谓能力倾向，是一些在不同程度上能够对某些职业的成功有所影响的心理因素，一般是一种特殊的潜在能力。它与普通智力之间无必然联系。现在比较流行的能力倾向测评包括职业能力倾向测评、辨别能力测评、艺术能力测评、管理监督能力测评、升学能力测评等。人力资源工作者最关心的职业能力倾向测评，通过使用霍兰德的职业倾向（职业偏好）量表对被试进行测评，能够判断个体的能力优势及其发展的潜能，对于人员配置、职业选择、职业设计与开发具有重要作用。

2）胜任力测评

胜任力是指驱动个体产生优秀工作绩效的各种个性特征的集合，包括个体在某一领域的行为技能、知识、自我概念、特质和内驱力等。关于岗位胜任力最具影响力的理论模型是 Lyle M. Speneer 和 Sige M. Speneer 提出的冰山模型。该模型指出，人的能力结构就像浮在大海上的一座冰山，露出海面的部分是一个人的行为、技能、知识等外在、可观察的特征，这部分显性特征相对易于通过培训、调配、晋升等管理手段加以改进和发展。另一部分处于海面以下的是能力的潜在或隐性特征，包括自我认知、性格特质、动机等，这部分隐性特征不易被感知、难以评估和改进，但是能够反映出一个人相对持久且与众不同的行为风格与一贯反应，可用于预测个人在广泛的环境和工作任务中、在无人监督情况下的工作状态。目前各领域的学者对不同行业和工种的人员开发了针对性的胜任力模型和测量问卷，如管理人员（经理人员）胜任力通用模型、团队核心胜任力模型、外交新闻官胜任力模型、飞行员胜任力模型、空中交通管制员胜任力模型等。

二、面试方法

（一）面试的内涵和特点

面试可以被看做一种在特定情境下，通过精心设计，运用面对面地交流与观察，了解被试从内而外相关素质的一种测评方式。此处的相关素质有很多内容，如被试的仪表风度、求职动机、工作态度、事业进取心、兴趣爱好，碰到问题的反应能力及应变能力，处理问题的分析能力，回答问题时的口头表达能力，遇到特殊事件的情绪控制能力等。

面试的特点如下：①内容的灵活性。内容可以自由调节、问题可深可浅、时间可长可短，面试官可专门设定对面试者某方面素质或者某种能力的考察。②信息的复合性。通过问、察、听、析、觉等获得语言与非语言信息，从而提高可信性。③交流的直接互动性。面试可以测试出笔试难以测验的东西，如通过直接交流考察人的气质、口头表达能力、事务处理能力等，而且具有人情味。④判断的直觉性。在面试过程中，存在晕轮、首因、光环等效应，从而影响判断。

（二）面试的基本类型

面试的种类多种多样，根据面试者的多少，分为个别面试与集体面试；根据面试结构和程序的不同，分为结构化面试和非结构化面试；根据面试目的和氛围的不同，分为压力面试和非压力面试；根据操作模式的不同，分为基本问答式和操作综合式面试。

（三）面试的理论依据

在个体身上，内在素质和外显行为之间实际上是一个整体的动态系统，内在素质只能通过外显行为凸显出来。外显行为被内在素质束缚，具有一定的稳定性、特定性和差异性。面试就是在某一空间、时间、情境下，以问试答、以行探行，察言观色，析因觉征，了解面试者的才干、素质、德行等方面。

面试的心理学依据是可以用精神分析学说来解释的。弗洛伊德曾经说过：“人的行为是由意识与无意识支配的”，其中的“意识”是指人能认识自己和环境的心理部分，如语言措辞。而“无意识”的部分往往是个体认识不到的真情流露的心理反应。例如，面试中展示出来的体态语，包括手势、眼神、面部表情、身体动作等一系列揭示内在意义的动作。它往往是下意识直接流露的，对内在素质的揭示很直观。体态语是习惯或天生而成的，具有一定的确定性及无意控制性。

（四）面试的方法技巧

1. 问的方法技巧

问的方法可分为几个层次。导入时，为消除面试者的紧张感，亲切、自然、渐进的聊天式较为适合。提问时，首先要注意问题顺序的安排，为方便面试者展开思路、尽快进入角色，可采用先易后难循序渐进的策略，先具体后抽象、先微观后宏观、先常见后生疏。其次恰当地选择提问的方式，可以采用标准式与非标准式相结合、结构式与非结构式相结合的问法。所谓标准式提问，是指面试按照预先规定的统一程序与问题逐步开展。所谓非标准式提问，是指问题具有很大的随机性，会因事、人、景的不同而不同，具有较大的灵活性。在现场氛围的控制上，需要恰当运用转换、收缩、结束与扩展等技巧。“转换”是指处理问题与问题内容方式上需随机应变、灵活、巧妙，不可过分死板地照搬事先规定的规则提问，而应针对不同的面试场合，根据面试者的回答去追踪有价值的信息，进行即兴提问。“收缩”与“结束”是防止离题时的应对对策。所谓的扩展，察觉面试者问题只回答了一半，还有想法出于某种原因未充分表达出来时，通过适当启发或给予适当的思考时间，让其知无不言、言无不尽。总之，面试官要有专业的素养、敏锐的观察能力，掌握灵活的提问技巧及消除紧张与弥补缺憾的技能。

2. 听的方法技巧

倾听面试者回答时，应该聚精会神，适时给予反馈。例如，正视对方，适时与面试者目光接触，眼神切忌四处游离或紧盯对方，要适度点头或用言语回应，表现出兴趣，给面试者积极的心理暗示；同时，对面试者的回答，不要在倾听时先入为主，不做预先的假设，不下草率的结论，切忌不断、频繁地打断对方。倾听时，除了必要的记录外，主考官不要从事与面试无关的活动，如接打电话、摆弄某些小物件、整理前面面试者的资料文件等。

3. 观的方法技巧

面试时，首先，面试官要察言观色，谨防以貌取人，应事先明确面试的目的、面试的内容及观察的主要标志与评价的标准，即面试的整个过程要带有目的性。其次，面试官在面试中要坚持从实际事实出发对面试者进行观察、测评，不带任何主观色彩。最后，面试官还要有全局观，既能抓准和观察面试者那些具有典型意义的行为反应，又能从多方面把握面试者的内在素质，不以某一个行为反应片面地断言。

4. 评的方法技巧

面试经过“问”“听”“看”，最后都必须归结到“评”。评的难点在于两方面，一是如何设计、选择适当的评价标准。评价标准通常包括项目、指标与标度，是一个体系，它们能系统地分析所测素质包含的内容。评价项目明确了所测素质的内容、范围与性质；评价指标表明所测素质的标志、形式与特征；评价标度则指明了所测素质的级别、水平与差异。二是如何参照评价标准准确判断面试者的素质水平。要对面试官进行专业培训，告知他们统一的评判方法和尺度，使各个考官的评判结果趋于一致；要将分项测评与综合印象测评相结合；通过横观纵察做出比较评判。横观是指不同面试者在同一项目上的行为反应的比较，纵察则是比较同一面试者在前后不同问题上的行为反应。

三、评价中心

（一）评价中心的内涵和特点

评价中心测试就是通过情景模拟的方法对被试进行评价。评价中心很早就存在，公元前 21 世纪，尧对舜进行了六次情景模拟以测试其德才：一是把自己两个女儿嫁给舜，观察其对妻子的态度；二是让 9 位男子与其相处，观察其对待他人的态度；三是舜“慎和五典”，管理阴阳术数天文历法；四是察举和管理有才德者为官；五是铲除四大劣迹昭著者；六是如山林川泽，经受暴风暴雨，从而最终选择了其作为继承人。

评价中心的主要特点是评价过程中结合了多种测评活动，如小组讨论、角色扮演及公文处理等，测评内容较丰富，涉及监督、管理与决策诸方面的技能，有多个测评人员共同进行测评，增加了测评双方相互了解的机会，提升了测评的可信度。

（二）评价中心的活动形式

活动形式主要包括公文处理、小组讨论、管理游戏、角色扮演等。

1. 公文处理

公文处理（in-basket）又称公文筐，活动中让被试扮演某管理人员的角色工作，在其办公桌上堆积着一大堆事先要求被试处理的文件，包括信函、电话记录、报告、上级批复文件、下级的请示文件、备忘录等。主考官观察被试对文件的处理是有轻重缓急之分，有条不紊地处理并适当地向上级请示或授权给下属，还是拘泥于细节和任务完成数量，杂乱无章地处理，从而测评其组织、计划、协调、控制、分析、判断、决策、领导的能力，以及对工作环境的适应与敏感程度。

2. 小组讨论

小组讨论（group discussion）是由多个被试组成一个临时小组，依据给定的某个问题，在规定时间内充分进行讨论，并最终得出统一结论的活动。在小组讨论的过程中，主考官一般会坐在会议室隔壁的暗室中通过玻璃洞或电视屏等来观察整个讨论的情形，通过扩音器来倾听组员们的讨论内容，看谁善于驾驭会议，善于集中正确意见，并说服他人达成一致协议。

小组讨论具体操作中有两种形式，一种是指定角色形式，也称有领导小组讨论；另一种是不指定角色的自由讨论，故称无领导小组讨论。

小组讨论的评分依据一般如下：①发言次数的多少；②是否善于提出新的见解和方案，是否具有创新性；③是否敢于积极主动发表意见，支持或肯定别人的意见；④是否有主见即坚持自己的正确意见；⑤是否善于消除紧张气氛，调解争议问题，说服他人统一意见，创造良好的合作氛围；⑥能否倾听他人意见，是否尊重他人及其观点，是否不停地打断他人；⑦其他能力如何，如语言表达能力、分析问题的能力、反应与应变能力、领导力等。

3. 管理游戏

管理游戏（management games）是一种以完成某项“实际任务”为目标、以小组或团队形式开展的模拟活动。在活动中，先给小组分配任务，再将任务分解到小组的每个成员，所有成员必须合作才能较好地完成整体任务目标。例如，将被试分成几个小组，同时销售某一品牌的手机，互相竞争，最终比较其销售业绩。在游戏的过程中，测评者通过观察被试在游戏中的行为表现，对预先设计好的某些能力与素质指标进行评价。

管理游戏主要有以下优点：①管理游戏可以不限定实际工作情景的时间与空间；趣味性较强，能使参与者马上获得客观的反馈信息。②管理游戏可以用于开发领导能力、培养合作及团队精神。③管理游戏具有认知社会关系的功能，能帮助参与者对错综复杂的组织内部与各单位的相互关系有更加深刻的了解。

当然，管理游戏测评也有自身的缺点：①游戏的设计和实施费用一般较为昂贵，花费的时间太多。②观察测评的难度比较高，要求测评人员接受过这方面的专门培训。③抑制了被试的开创性，很容易将被试的能力限定在一个很小的范围内。

4. 角色扮演

角色扮演（individual presentations）是一种情景模拟活动，是以一种较为轻松的方式来测评被试的人际关系处理能力。首先是模拟情景的设置，主试人需要设计各种紧张尖锐的人际矛盾与人际冲突情景。通过抽签或者其他方式对角色进行分配，将被试置身于某一情景中，应对各种问题和矛盾处理，通过观察被试的反应及其处理矛盾的方式，对被试的能力做出判断。

角色扮演评价的内容主要包括三个方面：第一，被试的行为表现，包括其行为风格、价值观、思维的敏捷性、人际方面基本需求、口头表达能力、突发事件的处理能力；第二，被试的外在表现，包括其气质、衣着打扮、言谈举止是否符合角色的特点等；第三，其他评价方面，包括最终的矛盾化解程度、目的实现程度、策略准确程度、情绪控制能力、人际沟通技能等。

5. 其他形式

评价中心还有许多其他的形式，如演讲、书面案例分析、面谈模拟等。演讲是对被试给定的一个题目或若干条件要求，规定其在一定的时间之内梳理出相关的问题和自己的观点，然后向测评考官陈述其主张，并接受质询做出答复。书面案例分析是让被试在有限的时间内模拟、分析真实的商务问题，最终出具书面分析报告，用于考察其商务知识和工作经验，以及发现问题、分析推理、沟通交流和决策等方面的能力。面谈模拟是模拟被试任职某一职位，就某方面的论题与特定人员进行交流。

四、其他测评

1. 推荐信

推荐信的作者一般是较为了解被试又熟识雇主的第三者，主要是通过书信向雇主介绍被试的素质特点和适应岗位的相关能力。一般适用于高层职位人员录用，适用于世界各地。

研究显示，推荐信的平均效度并不高，原因是推荐人可能对被推荐者拟应聘或晋升的职位的工作要求不太了解或受人情关系的影响，所以人力资源工作者要对收到的推荐信谨慎的甄别和判断。评判的内容主要有以下几点。

（1）写推荐信的人对本单位的熟悉程度和历来的诚信度。

（2）推荐信的效度分析，如对推荐信提及的有些内容从其他渠道进行查证。

（3）要求推荐人按照本单位设计的格式或程序来写，这些格式或程序中包含降低失真程度的特别设计。

2. 申请表和履历表

申请表与履历表有相似的功能，都是对被试基本信息、相关经历和技能的记录，如一般都会包括被试的姓名、性别、地址、婚姻状况、受教育程度、工作经历、实践经验、专业特长等项目；但两者在内容和时效上又略有差别：从项目与内容上来说，履历表一般比申请表要求填写的更详细、全面；从时效上来说，履历表更注重反映被试过去的情况，而申请表则侧重了解被试当前和最近的情况。

由于申请表与履历表不会显示明显的测评标志，而且表格中的许多信息可以通过调查档案来核实，因此往往不会引起被试的过度防御和掩饰，作假的概率会降低。使用申请表与履历表进行人才测评，通常要注意以下方面。

（1）将表格设计得科学、合理，尽量减少主观性项目，增加客观性项目，并且有必要包括应聘者承诺内容真实一项。

（2）带着问题解读申请表与履历表。

- 他目前的成就说明什么？在哪些方面有兴趣或长项——智力、实际操作、体能、社交？
- 有哪些线索说明他能胜任应聘或接替的工作？
- 以往的工作经历有哪些地方需要关注？工作经历的记录有无进步趋势？
- 记录中有无明显或未说明的信息点，如工作转换过程中的时间断档？
- 背景材料中有哪些可供评估或进一步测评——专业、学历、经验？

（3）做好申请表与履历表筛选记录，对存疑或有必要深入考察的内容确定适当的测评方法。

（4）积极通过各种渠道（如前任雇主、求职者的毕业院校、猎头公司、学历和技能证书网上查询、政府提供的诚信系统等）进一步核实被试材料的真实性。

3. 工作取样法

工作取样要求被试所进行的活动行为及面临的情景应该与未来实际的工作情景相一致。其基本原理主要是抽样统计学思想，工作取样的基本程序包括：①明确测评目的；②确定分类项目，即观测内容、观测时刻、次数和期间等；③征求观测对象的配合；④做好全程记录；⑤系统地整理观察结果；⑥确认其作业能力。

第四节　人员素质测评的信度和效度

人员素质测评是人力资源配置的基础，是人力资源开发过程的起点，是人力资源管理其他活动的参考和依据，因此，人员素质测评结果的质量好坏非常关键。需要对其进行质量分析。人员素质测评结果的质量分析一般包括两个方面，即信度分析、效度分析。

一、测评的信度

信度，是指测评结果的准确程度，可分为再测信度、复本信度、一致性信度和评分者信度。

（一）再测信度

所谓再测信度，是指测评结果与再次采取同样的测评工具和测评方法对相同测评对象进行测评所得出的结果之间的差异程度。例如，在日常生活中去市场上买菜，菜贩的秤上显示是2斤（1斤=500克），但感觉没有那么重，就用自己随身携带的秤再称一下，如果显示也是2斤，两次测得的结果完全一致，变异度为0，这就是再测信度。

尽管个体素质测评不像买菜复称那么简便、易操作，道理却是一样的。如果某一对象的测评结果是以同样的测评工具和测评方法获得的，并且两次测评结果的顺序位置关系的差异很小，则表明测评结果较为准确可信。对顺序位置关系的一致性比较可采用积差相关系数，即

$$r=\frac{N\sum xy-\sum x\cdot\sum y}{\sqrt{\left[N\sum x^2-\left(\sum x\right)^2\right]\left[N\sum y^2-\left(\sum y\right)^2\right]}}$$

其中，r为再测信度；N为两次测评结果中数据的配对总数；x为被分析的测评结果（分数）；y为重复测评所得到的结果（分数）。

通过计算r的值即可知道x是否可信，r越接近1，x越准确可信，反之，则x不可信。

（二）复本信度

复本信度是指两个平行的测验（两种内容相当的测验）测量同一个被试所得结果的一致性程度，两种测试结果相关程度越高，该测试方法的信度越高。此处的平行一般以数学的等值解释，是指在测评的内容、效度、要求、形式上都一样，其中一个测评可以看做另一个测评的近似复写或重复。

如果两个复本测验是同时连续施测的，则称这种复本信度为等值性系数。等值系数就是两组测评结果的相关系数。

$$r = 1 - \frac{6\sum D^2}{N(N^2 - 1)}$$

其中，r 为复本信度；N 为测评结果的总被试人数；D 为对应同一个被试两次评定等级（名次）的差，一般以被检验的测评结果为被减数。

（三）一致性信度

一致性信度是指测同一素质的不同测评项目分数间的一致性程度，也称为内部一致性程度。其前提条件是测评内容各项目必须是同质的，换言之，各项目测评的本质都是测评同一种素质的项目。这种信度的分析方法有两种：一是项目折半分析；二是 α 系数分析。

项目折半分析是把每个被试的测评得分分成两半，一半是偶数号项目的得分总和，另一半是奇数号项目的得分总和，再计算两个总和之间的相关系数。

$$r_t = \frac{2r}{1+r}$$

其中，r_t 为一致性信度，也称一致性系数；r 为两半项目分数相关系数。r_t 越大，说明测评结果越可靠。

克朗巴赫 1951 年提出了 α 系数分析，一致性系数公式计算如下：

$$r_t = \left(\frac{n}{n-1}\right)\left(\frac{S_t^2 - \sum V_i^2}{S_t^2}\right)$$

其中，r_t 为一致性信度；n 为测评项目数；S_t^2 为测评结果的方差；V_i^2 为第 i 个项目得分的方差。

（四）评分者信度

通常测评结果的差异程度来自两方面。一是被试本身，二是测评者及其测评。信度的质量是以后者为依据的，测评者及其测评的无关差异越小，说明测评结果越可信。评分者信度，是指多个评分者给同一个被试的答卷进行评分的一致性程度。不同于前三种信度，评分者信度针对的是主观误差。

评分者信度分析一般采用肯德尔和谐系数公式：

$$W = \left[\sum R_i^2 - \frac{\left(\sum R_i^2\right)}{m} \middle/ \frac{1}{12} n^2 \left(m^3 - m\right)\right]$$

其中，W 为评分者信度；n 为评分者人数；m 为测评项目个数；R_i 为第 i 个项目上所有被试等级之和或分数之和（分数只限正整数）。W 越大说明评分者信度越高，测评结果越可靠。

二、测评的效度

效度是指一个测验或量表实际能测出其所要测的心理特质的程度。对效度评估的方法如下：从内容性质方面分析其内容效度——方向正确；从效标相关性方面分析其实证效度——职位要求；从实证方面分析其结构效度——结构功能。

（一）内容效度

内容效度是实际测评到的内容与我们想测评的内容的一致性程度。例如，对一个车工进行胜任能力的测评，测评的目标（想要测评的内容）是车工的工作表现，而测评的实际内容选择的是其车削加工技能，两者之间具有较高的相关程度，如果实际测评内容选择的是其智力水平或语言表达，则不具有内容有效性。一般内容效度主要分析是否包括欲测素质的各种成分，包括在测评范围内的行为样本的比例结构是否与工作分析的结果相一致。

内容效度的分析方法主要有以下几种：①统计方法，借用评分者信度、复本信度、重测信度来估计内容效度；②经验推测法，将一个测验施测于不同的年级或年龄，若测验总分和项目得分随年龄或年纪增加而提高，可推测测验具有内容效度；③逻辑分析法，多位专家根据自己的知识经验分析评判测评量表是否有内容效度，再根据下面的公式计算：

$$C=\frac{n_e-\frac{N}{2}}{\frac{N}{2}}$$

其中，C 为内容效度；n_e 为持肯定评判的人数；N 为评判总人数。

（二）关联效度

关联效度，全称是效标关联效度，是指一个测验对处于特定情境中的个体的行为进行估计的有效性。例如，在测评中表现突出、成绩最好（测评结果）的人，日后走上实际工作职位，也将是组织工作中表现优秀（目标准则）的员工，就说明这项测评具有关联效度。

通常，需要预测的内容往往是工作表现，被称为“效标”，常用的效标有成就（数量、质量、成绩、销额、奖励、评级）、特殊训练成绩（各种能力、知识、技能的测验）、团体特征（销售团体、研发团体、生产团体、管理团体）、等级评定结果、有效的测评结果等。

（三）结构效度

结构效度是指实验与理论之间的一致性，主要解决如下问题：所测评的结果究竟能否说明我们所想测评的素质呢？所观察到的行为是否表明被试的真实水平呢？对素质结构的理解不同，效度检验也不同，因此具有一定的主观判断。结构效度的分析的一般步骤如下：先定义需要测评的素质结构模式，再收集事实资料，评判结构效度。

结构效度通常会采用实证方法进行分析。事实资料收集的具体方法主要如下：①排除法，即如果测评结果能够明确排除它所构建的素质结构模型的其他解释，表明结构效度好；②咨询法，即通过权威专家推断或判断；③相关法，即找一个较高结构效度的测评结果或工具，与所测结果进行相关性分析；④逻辑分析法，即大家是否对结构模型有一致认识；⑤多元分析，借助主成分和聚类分析等方法分析数据统计结果，判断结果是否与所想测评素质一致。

【本章小结】

人员素质测评是指测评主体（who）在较短时间内（when），通过采用科学的方法（how），收集被试在主要活动领域中的一系列表征信息（what），并针对某一素质测评目标体系（which）做出量值或价值的判断过程（what），或者直接从所收集的表征信息引发与推断某些素质特性的过程。

人员素质测评应遵循定性与定量相结合、动态与静态相结合等原则，在测评的过程中，主要应用的方法有心理测验法、面试法、评价中心法等。人员素质测评结果的质量好坏非常关键，需要对其进行质量分析，人员素质测评结果的质量分析一般有信度分析、效度分析两个方面。

【本章关键词】

素质测评	quality assessment	心理测验	psychologyical test
面试	interview	评价中心	assessment centre
信度	reliability	效度	validity

【练习题】

1. 名词解释

（1）人员素质测评
（2）信度与效度
（3）评价中心

2. 简答题

（1）简述素质测评的基本原理。
（2）根据你对素质测评的认识，你认为素质测评的主要原则有哪些？如何理解？

【实验】人员甄选与测评工具选择与设计

1. 实验目的

（1）熟悉人员测评软件的安装、应用及更新。
（2）理解常用测评工具的形式、内容及应用。
（3）根据需要组织、选择和设计相应测验项目。

2. 实验准备

（1）要求学生复习招聘基本理论，认真阅读实验指导教案。

（2）要求学生在复习相关原理过程中思考以下问题：①卡特尔 16PF 及其对职业选择的影响；②职业倾向对职业选择的影响；③个人职业价值观对职业选择的影响。

3. 实验内容

了解人才素质测评系统软件的基本性能及使用方法，见表 5-2。

表 5-2　人才素质测评系统软件简介

测评系统组成	测试目的	测量维度	功能范围
职业规划	适合做什么	以卡特尔 16PF 测试为依据，着重测试被试的乐群性、聪慧性、稳定性、恃强性、兴奋性、有恒性、敢为性、敏感性、怀疑性、幻想性、世故性、忧虑性、实验性、独立性、自律性、紧张性等 16 个测试维度；同时帮助被试了解自己独特的思维、学习风格，提高学习效率和质量	1. 学习风格和人格特征描述 2. 工作中应发挥的优势 3. 工作中应回避的不足 4. 个人风格特点 5. 团队中的人际特征 6. 职业素质分析 7. 职业类型分析 8. 岗位趋向 9. 适合的职业 10. 个人发展建议
职业倾向	喜欢做什么	职业兴趣倾向、人格特征倾向、个体经历倾向	考察个人兴趣、人格倾向和能力倾向对各种职业的适合度和匹配性
职业价值观	最看重什么	1. 技术/职能型 2. 管理型 3. 自主/独立型 4. 安全/稳定型 5. 创业型 6. 服务型 7. 挑战型 8. 生活型 9. 经济/利益型 10. 自尊/虚荣型	职业价值观是指当一个人面临职业选择时，无论如何都不会放弃的职业中至关重要的东西，表明一个人通过工作所追求的理想是什么。本测验帮助被试更准确客观地了解自己的职业价值观，从而为择业提供参考

4. 仪器设备

（1）计算机设备。
（2）华瑞人才测评教学系统。

5. 实验安排

综合实验，6 学时，每组 30 人。

6. 实验步骤

（1）根据测评目的设计测评方案，选择测评量表。

（2）在服务器上运行测评服务器程序。

（3）运行试卷管理程序，根据预先设计的测评内容选择量表，分配试卷，完成后退出。

（4）运行测试客户端程序，进入心理测试试卷，了解测评量表内容、项目分组、项目数、表现形式，完成自我测试，完成后退出。

（5）运行档案管理程序，查看被试的基本信息和测评结果，完成后退出档。

（6）在服务器计算机上退出测评服务器程序。

7. 实验报告

（1）实验名称、目的与原理。

（2）实验内容、器材与步骤。

（3）实验数据、结果与结论。

（4）实验心得、体会与建议。

参 考 文 献

鲍静. 2011. 人员素质测评软件综述. 经济视角，（6）：183-184.

陈慧频. 2012. 基于胜任力模型的销售人员素质测评方法应用研究. 商场现代化，（9）：137-139.

邸树彦，沈平. 2003. 我国人才测评的发展现状. 经济师，（4）：57-58.

冯建梅. 2012. 人员素质测评在企业人力资源优化中的运用. 中国商贸，（6）：107-116.

郭庆松. 2003. 新世纪我国领导人才素质研究. 上海行政学院学报，4（3）：103-113.

黄传武. 2006. 现代人才测评的理论和技术体系研究综述. 新东方，（4）：33-35.

监文慧，方守林. 2014. 我国事业单位人员素质测评优化研究. 合作经济与科技，（4）：61-62.

李红利. 2014. 人才测评技术在企业人力资源管理中的应用. 人力资源管理，（2）：54.

梁镇，刘岩. 2002. 我国人才测评技术发展现状分析. 商业研究，（1）：35-37.

刘建利. 2007. 人才测评误区辨析. 中国集体经济，（2）：120-121.

刘耀中. 2003. 人员测评. 上海：东华大学出版社.

乔凤珠. 2011. 人员素质测评问题及对策研究. 理论界，（7）：187-188.

申林，刘建洲. 2003. 人机对话测评的理论、方法及其问题——谈信息时代的人才测评. 学术论坛，（2）：137-141.

苏永华. 2004. 个性测验研制报告. 心理科学，27（6）：1500-1501.

苏永华. 2011. 人才测评操作实务. 北京：中国人民大学出版社.
汤晔. 2003. 西方现代人事测评技术评介. 武汉大学学报（社会科学版），（2）：189-194.
唐宁玉. 2011. 人事测评理论与方法. 第三版. 大连：东北财经大学出版社.
童严，陈慧君. 2004. 情境模拟案例分析法应用研究. 科学管理研究，22（6）：116-120.
王继承. 2001. 人事测评技术. 广州：广东经济出版社.
王月佳. 2011. 企业招聘中对于心理测试的运用. 商业文化（学术版），（6）：92-92.
萧鸣政. 2003. 人员素质测评. 北京：高等教育出版社.
徐辉，高拴平. 2007. 企业人才测评与选拔的质量研究：信度与效度分析. 内蒙古农业大学学报（社会科学版），（5）：124-125.
许欣. 2007. 人才素质测评及其在人力资源管理中的应用. 职业圈，（21）：33-34.
张佺. 2013. 人才素质测评及其在现代人力资源管理中的应用. 企业导报，（14）：151.
郑盛日. 2007. 人才测评理论发展概述. 交通企业管理，（11）：8-9.

本章阅读材料：人员素质测评研究现状综述

第六章　人力资源开发与培训

教学目的： 掌握人力资源开发与培训的基本概念
了解人力资源开发与培训的主客体、原则和意义
掌握人力资源开发的途径
掌握人力资源培训体系
掌握人员培训的方法、形式和效果评价方法

学习重点： 人力资源开发与培训相关的基本概念
人力资源开发的途径
人力资源培训体系

学习难点： 理解人员培训的方法、形式和效果评价方法

引导案例

迪士尼的员工培训

从美国迪士尼乐园——世界上第一个生产欢乐的主题公园到佛罗里达州的迪士尼世界，再到东京迪士尼和巴黎迪士尼，迪士尼已是世界主题公园的第一品牌。以上四家迪士尼在1999年的游客量就已达到8 000多万人次。为什么迪士尼能够在激烈的旅游市场竞争中占据重要的位置？优质、高效、细致的服务是其中一个重要原因。而这种高质量服务的产生则有赖于迪士尼一直以来坚持的严格系统的员工培训。

对于迪士尼而言，员工培训的目的除了提升员工素质外，更重要的是将迪士尼的企业文化植入员工心中。这也是员工培训成为迪士尼长期坚持的核心价值工程的原因。对于迪士尼的新员工而言，无论所处职位高低、用工长短，迪士尼大学教授团的企业文化训练课是必备项目。这是新员工接受迪士尼的管理理念、价值观等的重要途径。

培训的重点是迪士尼语言，将上班称为“上台表演”，下班称为“下台休息”，每一名员工都是“演员”，表演着职位所代表的“角色”……这些别出心裁的设计让新员工从文化到精神对迪士尼有了一个了解，也为新员工更好地融入未来的工作奠定了坚实的基础。

那培训具体是怎么进行的呢？培训导师以对话练习的方式，将脚本与迪士尼语言

融入其中，在专用的训练室（贴满迪士尼创始人及其著名角色的肖像）将迪士尼的个性、历史等传递到新员工的认识中。在对话练习中，迪士尼生产快乐与麦当劳生产汉堡包一样是毫无疑问的，每一个新员工的任务不是工作，而是表演角色，给观众们带来欢乐。

除了相同的训练室培训外，迪士尼还针对不同的岗位对新员工进行个别专业训练。培训之后会进行严格的考试，检查培训的效果。合格后，新员工与老员工会结成一对一的小组，以尽快融入新工作中。

除新员工外，迪士尼还提供更多的形式多样内容丰富的员工培训，以帮助员工提高自身素质，满足职业生涯设计的要求。例如，告诉员工迪士尼的新机会的“未来生涯课”，针对员工求职中遇到的简历与面试问题的“应聘课”。多样的课程让员工们充满活力、心态轻松，也为迪士尼为游客奉上愉快的服务提供了条件。

迪士尼作为国际大型企业，自身有一套完善科学的培训体系，通过这套培训体系，员工的知识和技能不断提高，以适应企业的发展。员工的知识和技能的提高，反过来又促进了企业的发展，使迪士尼长盛不衰。现在企业应该把培训深入每个员工的脑海里，使员工从被动接受培训到主动要求培训，这样企业才能得到更好的发展。

思考题：

1. 对于企业发展而言，员工培训起了何种作用？
2. 你认为迪士尼的培训模式中有哪些值得学习？

第一节 人力资源开发概述

一、人力资源开发的概念

学者对人力资源开发（human resource development，HRD）有着不同的理解。我国学者吴文代认为，人力资源开发是指为充分、科学、合理地发挥人力资源对社会经济发展的积极作用而进行的资源配置、素质提高、能力利用、开发规划及效益优化等一系列活动的整体；鄂万友认为，人力资源开发包括两个方面，不仅要从降低成本的角度提高人才的投资效益，也要注意挖掘人的潜在能力；萧鸣政认为，人力资源开发是指对群体或个体品德、知识、技能、智力、体力与性向的利用、塑造和发展的过程。归纳起来，以下对人力资源开发的理解具有一定的代表性。

（1）人力资源开发是一种有组织有目的的人力资本投资活动。

（2）人力资源开发是提高素质、挖掘潜能的过程。

（3）人力资源开发是对全社会人员合理使用与充分发挥其潜力的过程。

（4）人力资源开发是对特定人员的培训与教育活动。

（5）人力资源开发是改进工作能力、提高工作绩效的活动。

（6）人力资源开发是组织与个人双重发展的过程。

通过以上的分析，本书把人力资源开发定义如下：开发者通过学习、教育、培训、管理等有效方式，为实现一定的经济目标与发展战略，对既定的人力资源进行利用、塑造、改造与发展，以期达到组织目标和个人发展的共同目的的过程。

二、人力资源开发的意义

1. 有助于市场竞争条件下组织竞争的取胜和持续发展

企业间的竞争归根结底是人力资源的竞争，持续有效的人员开发无疑是提高企业竞争力的根本措施。在实现企业战略的过程中，总要有相应的人力资源管理进行支撑，人力资源的开发与培训也在这一过程中起了重要作用。通过合理的人力开发与培训工作，可以提高工作效率，减少由于人为因素造成的损失与浪费，从而提高企业的经济效益。同时通过开发员工的潜能，激发员工的创新欲望，促进企业创新能力的提高，增强企业适应不断变化的环境的能力，使企业获得持续发展。

2. 满足员工自身发展的需要

每一位员工都有追求自身发展的欲望，尤其是有进取精神的员工。通过人力资源开发，无论是员工技能、知识结构，还是工作能力、价值观念都将得到极大提升。相反，如果这种欲望得不到满足，就会影响员工的积极性，甚至导致员工流失。

三、人力资源开发的主客体

人力资源开发的主体是谁，企业还是员工？与传统的“企业是人力资源开发的主体”观点不同，现代人力资源开发将员工作为除企业之外的另一重要主体。现代观点与传统观点的不同之处在于更重视员工在人力资源开发过程中的积极性与主动性，强调员工应关注自身相关的开发活动，达到员工与企业共同进步的目的。

作为人力资源开发的传统主体，组织的各个部门和管理层次都在人力资源开发活动中承担一定的责任，而不只是人力资源部的职责。换言之，人力资源开发是一项全员工作，组织高层要提供开发的政策、方向和支持；人力资源部门负责制定相关的培训制度、建立多种开发方法和手段、建设与管理各种培训资源，并进行开发活动的营运和流程管理；业务部门或直线部门的各级管理者要配合对员工发展潜力的持续讨论，实施在岗培训，反馈培训效果，并积极推动培训成果在实际工作中的应用；担任培训讲师的业务骨干则要传授各类业务技能，对受训者的技能水平做出准确评估。

作为人力资源开发的另一重要主体，员工个人在人力资源开发活动中也有明确的责任和义务，包括提供个人培训需求；按要求参加各种培训和开发活动；在工作中不断应用新学到的技能和方法。此外，还要争当培训讲师，把自己的工作经验和技巧、窍门总结提炼出来，在岗位培训和潜力开发活动中积极分享、传授技能、配合宣传等。

同时，员工也是人力资源开发的客体。人力资源开发客体是由企业全体员工组成的一个整体，一般按层次和职能可将开发客体分为四类，即领导层人员、管理人员、专业技术人员与操作工人。

四、人力资源开发的原则

1. 重要性原则

尽管人力资源的开发是全员性的，但并不等于应进行均等的投资，而应结合企业的具体情况，对人力资源开发工作分出轻重缓急，突出重点。

2. 持续性原则

员工的积极性、自觉性、创造性调动起来后，并不能保证这种状态会一直持续，在漫长的职业生涯中，有时会因为各种原因（如晋升失败、个人生活挫折、重大疾病等），员工的积极性受挫。因此，持续关注员工动向、持续开发成为必然。在知识爆炸、科学技术飞速发展的今天，必须使员工认识到终身学习的重要性，纠正某些人认为人力资源开发可以一蹴而就的错误观点。

3. 可操作性原则

进行人力资源开发工作要做到切实可行，人力资源的开发与培训都需要一定的经费支出，要充分考虑目前财务状况并做好经费预算。还应考虑开发对现有工作的负面影响，如过分牵涉员工精力、工作效率下降等。

4. 强化非智力开发原则

心理学家认为，一个人的成功不仅依赖于智力因素（智商），即其所掌握的知识、技能，还依赖于非智力因素（情商），即其对自身的认知力、良好的自我控制力、感知他人的能力等。在以物质资本扩张为主的经济发展阶段，劳动力作为被利用的生产要素，企业人力资源管理只注重员工的智力开发，旨在提高员工的知识和技能，并期待他们能更好地为企业服务。然而，实践证明，一个知识面宽、高技能的人，如果缺乏积极向上的价值观和尊重人、理解人的良好品质，其知识和技能很难发挥或充分发挥，最后可能导致其工作和生活的失败。因此，人力资源的开发工作应兼顾智力开发和非智力开发，有针对性地对员工心理及行为、人与人之间的关系进行科学的管理，提高人力资源开发工作的有效性。

第二节 人力资源开发的途径

人力资源开发通常采用正规教育、人员测评、在职体验、人际互动、在线学习等多种形式进行，有的企业在人员开发工作中综合应用了这些形式。例如，某城市交通企业有一个为基层管理职位而设的人员开发系统——“未来管理者项目”，该项目的目标是培养了解交通业务和运作流程的基层管理者。该项目通过测评、授课、在职体验和人际互动等手段培养基层管理人员。通过综合应用以上各种方式，待时机成熟，人力资源开发客体就可以进入新的层次。

一、正规教育项目

正规教育项目（formal education programs）包括专门为员工设计的脱产和在职培训计划。脱产培训计划常见的有学历进修、新技术培训等；在职培训计划广泛存在于各种岗位技能的提升培训中。正规教育项目针对不同的对象，会开发不同的内容，如对管理者的培训，一般要为基层管理者、中层管理者和高层管理者分别制订开发计划：在高层管理者培养项目中，领导才能、经营战略实施、组织变革是最重要的专题；中层管理者的培养项目以人际交往能力、组织能力为重点；基层管理者的培养项目则注重基本工作技能、流程知识的掌握。

二、人员测评

人员测评（assessment）是指在收集信息的基础上为员工提供有关其行为、交流类型、技能等方面的反馈。人员测评不仅是员工招聘、选拔的重要手段，也是人力资源开发的有效途径之一。人员测评通常用以衡量员工的管理潜能、晋升潜力及测评现任人员的能力强项和弱项，在组建团队时也可以通过测评来衡量每位团队成员的优势和不足，分析其搭配是否恰当、互补性如何。常见的人员测评工具有评价中心、基准化、绩效评估和全方位反馈系统等。评价中心在本书第五章已作论述，此处介绍基准化、绩效评估和全方位反馈系统。

（一）基准化

基准化是指经专门设计用来衡量成功管理者所具备要素的工具。例如，列出成功管理者所需要的16种能力及描述，然后让管理人员本人、其主管和同事分别填写此表，经人力资源工作者整理后，该管理人员可获得一份关于自我评估和他人评估的简要报告，并附有如何把这些评估与其他被试的评估分数进行比较的说明，从而使被试对自己的综合能力有一个全面客观的认识。此外，还提供给被试一份人员能力开发指导书，帮助他进一步完善和运用各项技能。

（二）绩效评估和全方位反馈系统

绩效评估是评价雇员工作表现的过程。绩效评估的内容包括评价雇员的工作行为，测评其是否具备获取成功所需的品质特征（领导才能），或直接衡量其工作绩效（生产率）。绩效评估作为一种发展趋势，有向上反馈和全方位反馈。向上反馈是指收集下级对管理人员的行为或能力评价信息的评估过程；在全方位反馈中，员工的行为或能力不仅通过下级来评估，还要由同事、顾客、上司和自己一起来评估。全方位反馈的益处在于能获得关于工作绩效的多方面评价，使员工可以对自我评估和他人评估进行比较，加强员工与内外顾客之间的沟通联络。

三、在职体验

大多数的人员开发通过在职体验（job experience）来完成。在职体验是指员工体验在工作中面临的各种关系、难题、需求、任务及其他事项，并通过解决实践中的各种问题，提高自身的综合能力。图 6-1 列举了在职体验的各种方式，包括扩展现有工作、工作转换、调动、晋升、降级及与其他组织的临时合作。

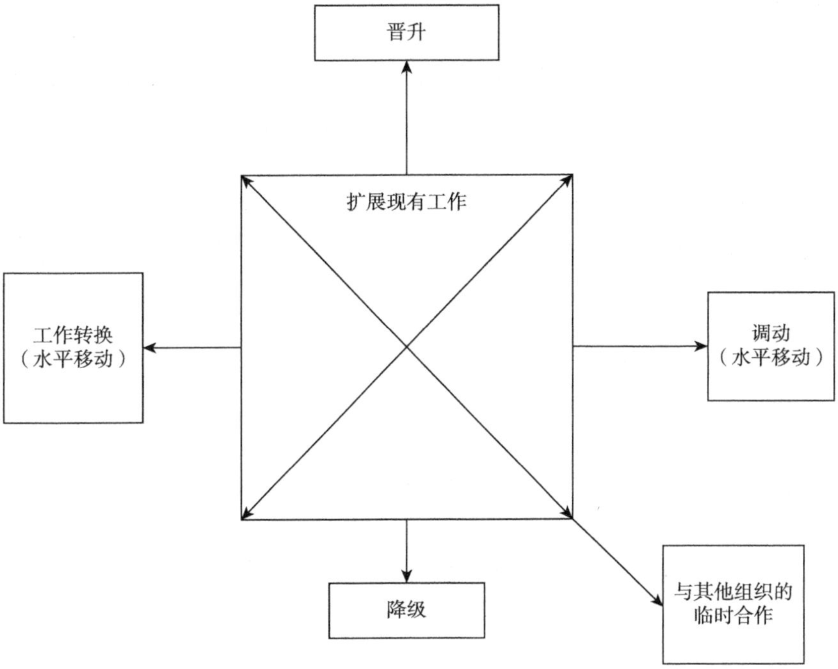

图 6-1　在职体验的各种方式

扩展现有工作是指对员工的现有工作提出挑战并赋予其新的责任，包括执行某些特殊任务，在团队内角色转换或寻找为顾客服务的新方法。例如，海尔集团的优质产品和客户服务是众所周知的，但他们并没有因此满足，在维持和提高服务质量的同时，不断推出新的服务项目，选择使用新型零配件。这个过程就会迫使员工学习新知识、掌握新技能。

工作转换是指让员工在公司的不同部门工作或某部门内进行轮换。例如，跨国公司为了让各地区的销售主管了解公司的总体战略，广泛了解市场差异，进行一项称为“骨干建设”的工作轮换项目，此项目专门为具有较大潜力的高级销售主管设计。在轮换过程中，虽职位有所变化，但其头衔和报酬不变，每项工作时间安排也视具体需要而定。工作转换有利于员工综合理解公司的目标，了解不同的职能部门，形成一个联系网络，并提高雇员解决问题和决策问题的能力。

大多数公司的开发目标中都包括向上、水平和向下的职位移动，具体形式为晋升、调动和降级。晋升是指提升到新的更高级别的职位，从而面临更多挑战，也被赋予了更多的责任和权力，通常意味着报酬的增加。调动是指让员工在公司的不同部门工作，一般不涉及工作责任和报酬的增减，但会带来员工技能的丰富化。降级多因员工工作表现不佳而向低于原来级别的职位移动。通常雇员难以把降级与人力资源开发联系起来，但事实上它确实会让员工接触新的工作职责和技能。

与其他组织的临时合作虽然在组织工作中所占比重很小，但是可以用来训练员工接触非常规业务或处理突发事件的能力。

四、人际互动

人际互动（human correlation）往往是组织有意识地为新员工或没有经验的员工（受助者）安排一位资深员工充当其导师，通过在工作和生活中的频繁互动，帮助新员工熟悉组织环境、积累工作经验、提高业务能力，实现受助者自身潜能的开发。导师可以为受助者提供职业支持和心理支持。所谓职业支持包括业务指导、训练保护、担保、布置挑战任务、提示和预见可能出现的问题、拓展受助者的人际交往范围、增强其在组织中的影响力和晋升能力等。心理支持包括扮演朋友和其他各种模拟角色，给予受助者积极的关心和认可，并提供倾诉机会，缓解职业紧张和压力等。

五、在线学习

在线学习（learning on line）是计算机网络技术的运用在人力资源开发上的体现。在线学习极大地符合了员工的人性化需求，突破了传统培训开放方式在时间、地域上的限制性，给予了员工个人在学习计划、成绩评估、课程制定及知识共享方面较大的自由度和自主性，并降低了培训成本。

第三节　人力资源培训体系

一、人力资源培训体系概述

1. 人力资源培训的内涵

人力资源培训是根据实际工作需要，为提高劳动者素质和能力而对其实施的培养与训练。培训是人力资源开发的一种方式，两者的侧重点有所不同。人力资源培训以提高员工当前工作技能为主要目标，而人力资源开发需要学习与雇员当前所从事的工作不直接相关的内容。两者的区别如表 6-1 所示。

表 6-1　人力资源培训与开发的比较

活动	内容	目的	效用时间	财务理念	风险程度
人力资源培训	知识与技能的掌握	满足当前需要	当前	短期投资	较低
人力资源开发	潜能挖掘和现有能力的充分发挥	满足将来组织的需要	将来	长期投资	较高

2. 人力资源培训体系的框架

人力资源培训是企业人力资源管理中必不可少的一个环节，但是对于企业来说，为了保证培训的效果最大化，降低培训的风险，就必须设计科学合理的人力资源培训体系。人力资源培训体系的框架如图 6-2 所示。

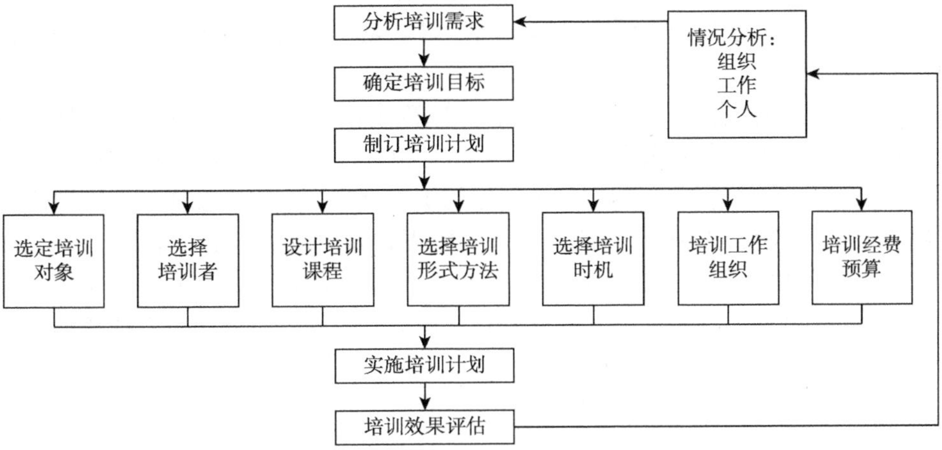

图 6-2　人力资源培训体系的框架

二、人员培训需求分析

人员培训需求分析（training requirement analysis）是培训活动的首要环节，是培训人员通过分析被培训者的现状与未来目标来确定培训的内容与方式的过程。只有确定是否需要培训及培训内容，才能明确培训目的。

在培训需求分析的过程中，要把握其指导思想：战略是主线，培训必须牢牢围绕战略系统来进行；成本为条件，以有限的培训资源达到最好的培训成果；分析是关键，进行培训需求分析能使培训工作有的放矢。培训需求分析的内容包括以下几点。

1. 差距确认

确认员工现在的绩效与理想绩效的差距是培训需求分析的首要目的。首先要对岗位的任职资格进行分析，确定员工的理想状态是什么；然后确定员工有所欠缺的部分，包括知识、技能、态度等诸多方面。最后针对两者的差距分析形成这种差距的原因，确认是否可以通过培训缩小或解决差距。

2. 培训价值分析

在组织变革时期，培训需求更加特殊直接。衡量“不进行培训的损失与进行培训的成本之差是多少”，这就是培训价值分析。培训价值分析的作用在于帮助企业管理人员进行决策。培训成本大于不进行培训的损失，则培训无须进行，反之则展开培训。

3. 培训需求分析的三个层次

通常组织可以从三个层面进行培训需求分析，即组织层面、工作层面和个人层面。

（1）组织层面分析。着重确定培训在整个企业范围内的需求。把企业现状与企业未来发展目标进行比较，找出薄弱环节，同时对企业发展的外部环境（政府改革、法律颁布、市场化的进程等）与企业内部气氛（劳动生产率、投入产出率、产品质量和利润、出勤率、辞职率等）进行分析研究，确定通过培训是否能引起员工行为向有利于实现企业目标的方向转变。

（2）工作层面分析。工作层面分析，着重确定需要培训的内容，也就是明确员工应掌握哪些技能来达到令人满意的工作业绩。分析的程序如下：①系统收集反映工作特征的数据（产量、质量等）；②制定每个岗位的工作标准；③明确怎样才能达到这些标准（途径、工具、手段、方法）；④确定有效工作所需的知识、技能、才干。

（3）个人层面分析。这一层面主要分析每个员工完成所承担工作任务的好坏，以确定重点培训的对象。通常是将员工目前的实际工作绩效与企业的员工绩效标准进行比较，或将员工现有的技能水平与预期未来对员工技能的要求进行比照，发现两者之间是否存在差距，确认理想工作业绩与实际工作业绩的差距是否可以由培训来缩小或弥补。

三、确定培训目标

人员培训关注的不仅仅是员工在培训过程中学到了什么，更重要的是员工在今后的实际工作中能够有什么改变。因此，要给培训设置一个准确的目标，对员工在工作中的行为改变进行定位。

在设立培训目标时要客观，不要期望过高。培训目标可能是一维的，如仅考察培训效果，确定预期的状态；也可能是多维的，如既考虑培训效率，又考虑成本、时间与收益的关系。多维的培训目标在实践中更为常见，人力资源工作者要考虑成本与效益、时间与效果之间此消彼长的关系，在两极之间做出平衡选择。

四、制订培训计划

人员培训的工作是一项长期、复杂的系统工程，不是一时的权宜之计。因此，必须从企业的实际出发，统筹安排、全面规划，在规划期内根据培训需求调查和培训目标，做好以下工作的计划。

1. 培训对象的选择

根据企业的培训需要分析和培训目标，可以在大体上确定哪些员工需要进行培训，但这并不是确定了培训对象，还要看员工是否愿意接受培训，接受培训后是否能有一个大的提高。人力资源部门就应该重点考虑到底哪些员工才是真正需要培训，培训对象的选定可以由人力资源部门与其他需要培训的部门共同商议，以确定最终的培训名单。

一般来说，企业的重点培训对象包括新进员工、可以改进目前工作的人、组织要求其掌握新技能的人、有发展潜力的人。

2. 培训师的选择和培养

培训对象在培训中是否会有收获，在很大程度上取决于培训师。培训师素质的高低和对培训的准备直接影响培训效果。一般来说，培训师的来源主要是外部聘请和内部员工担当。外部聘请培训师和内部开发培训师各有其优势，见表 6-2。

表 6-2　外部聘请培训师和内部开发培训师的优缺点比较

来源渠道	优点	缺点
外部聘请	培训比较专业，具有丰富的培训经验；不受约束，可以带来新观点和新理念；员工比较容易接受	费用比较高、风险大；对企业不了解，培训内容可能不实用，针对性不强；责任心可能不强
内部开发	对企业比较了解，培训更有针对性；培训专业技能和知识比较有优势；费用比较低；可以与受训人员进行更好的沟通	可能缺乏培训技巧和经验；受企业状况的影响比较大，思路没有创新；可能由于培训耽误自身的本职工作

现在，越来越多的企业倾向于让内部员工担当培训师，把它作为一种有效的激励手段。企业为内部选拔出来的兼职培训师提供专业的培训技能训练，把兼职培训师的经历作为员工职业生涯发展中的重要组成部分，许多领导者都是经过培训师的历练后脱颖而出的。

3. 培训内容（课程）的设计

人力资源培训开发计划的内容应该根据人力资源培训开发的需求分析决定。

（1）人员培训内容的完整性。人员培训的初级层面内容主要包括知识培训、技能培训、心态培训三大内容。而人员培训的深层面内容则主要包括思维变革和潜能开发培训。培训者应该为培训对象提供如表 6-3 所示的五个方面内容的培训，因对象不同其具体内容应有所区别。

表 6-3　人员培训的内容

内容所属层面	具体内容
初级层面	知识更新
	技能补充
	心态转变
深度层面	思维变革
	潜能开发

（2）培训内容与工作岗位的对应关系。组织中每个部门的人员都应该具有其工作岗位所具备的素质和能力，这决定了各个部门所需培训的内容是有区别的；而同一个部门工作的员工，又因其职位高低和技能水平的要求不同在需求上有差异，这就需要培训者为员工量身定做个性化的培训内容，以满足不同培训对象的实际需求。

例如，表 6-4 是某企业对即将入职不同部门不同岗位的新员工设计的培训内容，分为共性培训和个性化培训，以更好地满足岗位需求。

表 6-4　某企业新员工培训的内容

培训层次	培训模块	具体内容
企业层次的新员工培训（共性培训）	企业概况	公司发展历程、经营战略与目标、公司文化、产品、主要顾客、公司活动范围、组织结构、主要负责人等
	企业文化	核心价值观、文化愿景、企业宗旨等
	人力资源政策	劳动合同、考勤、薪酬发放、加班、假期、违纪处理、培训申请等
	企业规章制度	采购、财务、出差津贴、商业秘密保护等
	其他	企业设施参观、用餐地点、出入口、停车场、禁区、休息室、工作室、主管办公室等
部门层次的新员工培训（个性化培训）	部门概况	部门结构与职能、关键绩效指标、与其他部门的工作关系、部门内部岗位的分工
	工作职责	工作职责范围、工作环境、岗位的基本工作技能、岗位的绩效要求等

（3）培训内容与企业发展不同时期的关系。处于不同发展阶段的企业，人员培训的侧重点也有所不同。成长阶段的新兴企业，通常需要培养员工的创新意识，鼓励员工积极进取。而企业发展到成熟阶段时，则需要培养员工的稳健工作作风，增强员工成本意识，注重生产经验的积累。

4. 培训方法和形式的选择

培训的方法有很多。选择合适的方法是培训成功的关键之一。根据培训的内容、时间和期限选择最恰当的方法尤为重要。在进行培训时，为了提高培训质量，达到培训目标，往往会采取多种方法相结合。具体的培训方法将在本章第四节介绍。

5. 培训的时间和期限的把握

培训时间和培训的期限是培训计划的重要组成部分。什么时候需要就什么时候进行培训，但是不少企业都做不到这一点。当企业面临以下四种情形时选择培训比较正确，即新员工进入企业、员工即将晋升或轮岗、由于环境改变而对老员工进行培训和为了满足补救的需要。

6. 培训的组织和分工

培训的组织和分工主要是明确与培训活动相关的部门和人员应该承担的责任，便于培训工作的具体实施。一般而言，培训活动的分工安排如表 6-5 所示。

表 6-5　培训活动的分工安排

人员或部门	具体分工
人力资源部经理	培训的总体筹划、总体安排
培训专员	培训工作的具体操作、执行
培训讲师或机构	培训讲义、培训要求的传达，培训内容的传授，培训反馈的整理
培训支持部门	培训器材、食宿和车辆等后勤工作
业务部门主管及受训者	提供培训建议、受训期间的工作任务调整、接受培训和考核

7. 培训经费预算

培训经费是培训活动的基础，主要包括参与培训的所有人员（受训者、培训教师、咨询人员、项目的设计人员等）的工资、福利，培训使用的材料、设施、设备、场地的花费及交通差旅费用等。培训经费预算时不仅要估算培训费总额，还要明确培训经费的提取方法，如按工资总额或利润总额或营业额的一定比例从营业利润中提取，抑或按培训项目从发展专项资金中提取等。需要开展多个培训项目的，还应明确各种培训项目的经费分配比例，组织层面的培训与部门层面的培训的经费分配比例。

五、实施培训计划

人员培训计划有赖于有效实施才能达到预期目的。人员培训计划的实施需要做好两个方面的工作：一是要做好实施计划的准备工作，如相应组织机构的建立，培训制度的完善，必要的资源保障，培训资料的准备，培训地点的选择和布置等；二是在实施培训计划的过程中要做好执行和配合工作。执行性的工作包括培训报名、考勤记录、调用课程资源库和培训师资源库、考核安排、成绩发布、制作培训事件的宣传报道、分发和统计培训效果评估文件、归档记录培训资料和培训结果等。配合性的工作包括培训管理者要时常与有关方面进行沟通，做好与员工的紧密配合、各职能部门之间的配合、与外部人员培训机构的配合，及时发现问题并采取纠偏措施。

六、培训效果评估

培训效果评估（training effect assessment）是重大培训项目投入前后为培训管理者提供重要决策信息的重要环节。进行培训效果评估的目的是帮助培训主体准确衡量培训各环节，为今后的培训需求分析、培训目标选定、培训计划拟订、培训资源控制、培训模式改进等，提供有价值的判断。培训效果评估的具体内容见本章第五节。

第四节　人员培训的方法

培训方法对培训的效果产生直接的影响，因此选择哪种培训方法至关重要。不同的培训方法都有各自的适用范围，组织应根据其所在内外部环境、培训需求、员工的特点和培训的内容来选择合适的培训方法。

一、常见的培训方法

1. 课堂讲授

课堂讲授是最常见、最便于使用的一种培训方法。培训师用语言将要传授给培训对象的内容表达出来，受训者通过记忆、理解、模仿、运用来掌握相关的知识和技能。这种方法的不足之处就是单向沟通，互动性不强，不大容易激发受训者的兴趣。

2. 师带徒

师带徒是一种传统的在职培训方法，由一名经验丰富的员工作为师傅，带一名或几名新员工，通常在手工艺领域中使用。随着培训方法的不断进步，师带徒演绎出了导师制。

3. 工作轮换

工作轮换亦称轮岗，是根据工作要求安排新员工在不同工作部门工作一段时间，以丰富新员工的工作经验。工作轮换能丰富受训者的工作经历，通过轮换到各个岗位，了解各个部分的工作流程，有利于部门间的相互合作，同时也可以让受训者发现其自身的特长，了解其不足。

4. 行动学习

行动学习是指给团队或工作群体在实际工作中面临的问题，让他们合作解决并制订一个行动计划，然后由他们负责实施这一计划。行动学习能很好地切合实际，提高实际工作能力。

5. 行为示范

行为示范是指让培训对象观摩行为标准样例或录像，并进行实际操练的一种培训方法。行为示范是根据受训者在实际工作环境中会遇到的情形而设计的，可以让受训者在短时间内学会某种技能，并立即运用到实际工作中去，比较适合操作性的工作。如果将这种方法用在人际技能和管理技能的培训中，则需要考虑人际关系和管理情境的多变，增强受训者对示范行为"举一反三"迁移能力的培养。

6. 教练

教练是一种针对管理人员培训的方法，由体育界延伸到企业管理中来。这种方法为受训的管理人员指定一位专业教练，进行一对一的培训。所谓教练由一群有承诺、对人热忱、有丰富经验且事业成功的人士充当。他们所做的不仅是传授知识和经验，也更注重激发受训者的潜能。

7. 初级董事会

初级董事会也是一种针对管理人员培训的方法。培训对象一般是公司现任的中级管理人员，也是公司未来高层管理人员的候选人。通常会将培训对象组成一个初级董事会，让他们对公司的经营策略、政策及措施进行讨论并提出建议，为培训对象提供分析公司现状和发展问题的培训方法，还会由公司真正的高管和董事会成员对其进行指导。

8. 情景模拟

情景模拟既是一种人员素质测评的手段，也是一种常用的培训方法。情景模拟是把培训对象置于模拟的现实工作环境中，让他们依据模拟现实中的情景做出及时的反应，分析实际工作中可能出现的各种问题并解决问题，为进入实际工作岗位奠定基础的一种培训方法。情景模拟法的主要形式有小组讨论、公文处理、管理游戏、角色扮演、演讲、案例研究等。

二、多样化培训方法尝试的案例

许多企业在实践中不仅灵活地运用了各种常规培训方法，还尝试了更多的培训形式，极大地提高了培训的效果。以 IBM（International Business Machines Corporation，国际商业机器公司）和 GE（General Electric Company，通用电气公司）为例。

IBM 公司为员工准备了种类繁多的必读刊物。这些刊物直接寄送到员工家中，希望员工在家中利用业余时间抓紧学习。IBM 自己出版的读物有 10 多种，其中最有名的是 *THINK* 杂志，该杂志由公司总部出版，面向全公司并送给与公司有关系的企业和部门。该杂志为月刊，从沃森一世时代创办起一直坚持出版。其登载内容广泛，主要是关于 IBM 公司的新闻、发展评价、对过去的总结、公司前景展望及公司优秀员工介绍等。通过大量的情报资料，IBM 不仅沟通了公司和员工的关系，也对员工进行了教育和训练，而这种教育训练方式的成本极低。反省教育也是 IBM 一种具有特色的育人方法。公司的骨干如果不负责任或一味蛮干会给公司带来重大损失，IBM 为了使其接受教训、反省错误，会将其送到设在纽约的称之为反省处的国际推销中心学习一段时间。进入 IBM 反省处并不是惩罚，而是进行教育和学习的手段，也不会因此而影响员工的前程，如后来担任 IBM 世界贸易中心董事长和 IBM 公司副董事长的吉尔怀特 · E. 乔治就曾经进入反省处学习。

成立于 1892 年的 GE 以完善且卓越的人力资源管理，赢得全球范围的尊敬。为了保证企业基业长青，GE 建立了极其庞大的人才培养体系，其中，培养企业领导人正是 GE 最为擅长的事情。在全球 500 强企业中，有 173 位 CEO 都是从 GE 走出来的，因此 GE 公司也被称为“企业界的哈佛”。在 GE，所有的培训分为三个阶段：第一阶段是员工入职的第一个 5 年，从大学生到职业者转变的初级培训项目，如“财务管理培训”“技术领导培训”等，这些培训项目在增强新员工专业技能的同时，也提供了领导能力的培训。这个阶段的培训方法以课堂讲授和导师指导为主。第二阶段是员工入职后的 5~15 年。此时他们通常已成为一个团队的负责人，公司的任务是将他们培养成为真正的经理人。这一阶段的培训围绕管理技术、策略及技巧展开，涉及课程包括“新经理发展课程”“中级培训项目”“中级经理课程”。GE 会给学员范围广泛的有关公司整个业务的作业和任务，培养他们跨越职能部门看待问题的能力。所以，这个阶段的培育方法主要是干中学。第三阶段是使他们成为该机构的决策者。此时他们对工作负有全权责任，这意味着如果有什么事没有完成，他们不能指责别人，因为那是他们自己的责任。在这个阶段，GE 设置了“高级经理发展课程”、“商务管理课程”、“高层管理人员发展课程”，这三门课程是 GE 最高管理人员的发展课程。此时，他们以行动学习为主，以同行交流、高端论坛、资深顾问辅助增强技能。

第五节　人员培训的效果评估

培训效果是在培训过程中受训者所获得的知识、技能、才干和其他特性应用于工作的程度。培训效果可能是积极的，使工作绩效得以提高，也可能是消极或中性（对工作绩效无明显影响）的，后者是企业培训极力要避免的局面。

一、培训有效性评估模型

在培训有效性评估模型中，柯克帕特里克（Donald L. Kirkpatrick）所设计的评估模型被使用得最广泛，他确定了四个评估层次，即反应、学习效果、行为变化和结果，如表 6-6 所示。

表 6-6　柯克帕特里克的培训评估模型

层次	标准	重点
1	反应（情感反应成果）	受训者满意度
2	学习效果（认知成果和技能成果）	知识、技能、态度、行为方式的收获
3	行为变化（个人的绩效成果）	工作中行为的改进行为
4	结果（组织的绩效成果）	对组织产生的影响

上述四个层次的评估标准实际上反映的是培训带来的四个方面的成果，即情感反应成果、认知成果、技能成果、绩效成果。情感反应成果包括受训者的态度、动机及对培训项目的反应。例如，受训者感到培训项目是否有好处，对培训科目、培训教员是否满意，自己的收获大不大。认知成果用以衡量受训者对培训项目中强调的原理、事实、技

术程序或过程的掌握程度，常用笔试来评价。技能成果用来评价技能的获得、技术或运动技能水平的提高，可以用实操考试或情景模拟来考核。绩效成果体现为个人的绩效成果和组织的绩效成果。个人的绩效成果反映的是员工由于参加这一培训所引起的与工作有关的行为变化，一般可以通过培训前后员工绩效考核结果的比较来衡量；组织的绩效成果主要是指培训是否给组织带来了积极的影响，如生产率的提高、质量的改进、离职率的下降和事故的减少等。

二、培训有效性的经济价值分析

培训有效性的经济价值分析主要是对培训的投入和收益的对比分析，常用投资回报率（ROI）的指标表示。

投资回报率是培训的收益和培训的成本的比率关系，用公式表示为

$$\mathrm{ROI}=\frac{\text{培训的收益(回报)}}{\text{培训的成本(投资)}}$$

其中，培训的收益一般指培训而使企业节约的开支、增加的收入、提高的质量和效率等给企业带来的收益；培训的成本包括直接成本和间接成本。直接成本是指某次培训活动中参与培训的所有成员（受训者、培训教师、咨询人员、项目的设计人员等）的工资、福利，培训使用的材料、设施、设备、场地的花费及交通差旅费用。间接成本主要包括不与某次培训活动直接相关，但是与整个企业的培训管理相关联的摊销成本，如培训办公场所的建造和租赁、大型培训设施和设备的购买等产生的逐年或逐项的费用分摊。

举例说明投资回报率的计算。例如，H 企业 2015 年为技术工人花费的直接培训成本 380 元，间接成本 1 200 元。根据追踪评估，培训导致收益表现如下：2016 年废品率下降 3.5%。当年产值 252 800 元，试计算 ROI。

$$\begin{aligned}\mathrm{ROI}&=\frac{\text{培训的收益(回报)}}{\text{培训的成本(投资)}}\\&=(252\,800\times3.5\%)/(380+1\,200)=5.6(\text{元})\end{aligned}$$

根据以上计算结果，每投入 1 元的培训费用，可以产生 5.6 元的回报。

【本章小结】

人力资源开发是指开发者通过学习、教育、培训、管理等有效方式，为实现一定的经济目标与发展战略，对既定的人力资源进行利用、塑造、改造与发展，以期达到组织目标和个人发展的共同目的的过程。人力资源开发通常采用正规教育、人员测评、在职体验、人际互动、在线学习等多种形式进行。完整的培训评估体系包括培训需求分析、培训目标的确定、培训计划的制订、培训计划的组织和实施及培训效果评估。

【本章关键词】

人力资源开发	human resource development
人员培训	employee training
培训体系	training system
人员培训需求分析	training requirement analysis
培训有效性	training effectiveness
培训效果评估	training effect assessment

【练习题】

1. 名词解释题

（1）人力资源开发
（2）培训需求分析
（3）柯克帕特里克模型

2. 简答题

（1）简述人力资源开发与培训的区别和联系。
（2）人力资源开发的常用途径有哪些？
（3）如何制订培训计划？

3. 计算题

某企业 2016 年对技术工人进行技能培训，花费直接培训成本 650 元，间接成本 1 500 元。根据追踪评估，当年因培训使废品率下降，节约产能合计 17 845 元。试计算 ROI。

案例讨论

员工的培训积极性从哪里来？

碧桂园集团成立于 1992 年，2007 年在香港联合交易所主板上市，是一家以房地产为主营业务，涵盖建筑、装修、物业发展、物业管理、酒店开发及管理等行业的国内著名的综合性房地产开发企业。

碧桂园集团培训工作主要由总部人力资源部门组织实施，各部门负责协调配合，集团人力资源部经理负责制定培训工作的战略规划，集团人力资源部培训主管负责组织、协调各子公司实施培训计划并提供培训工作的技术支持，各子公司人力资源经理和培训专员是组织实施培训的主体。

由于所处的管理层级和管理目标不同，对于员工培训的重要性，集团总部与分（子）公司的认识并不一致。集团总部对人员培训不遗余力，每年下发培训计划到各分（子）公司，奖励表现优秀的员工参加每 3 个月一次的集团总部培训。分（子）公司的高层管理人员中则普遍存在忽视员工培训的看法，他们认为，员工培训固然可以提升员工工作能力，从而提高公司业绩，但这个过程存在很多不确定性——时间上的不确定、效果上的不确定、投入和产出不一定成正比，因此更愿意把时间花在完成更多的项目和业务上。于是有分（子）公司出现了长期缺乏培训和有培训不参加的现象。

碧桂园集团人力资源部在每年1月和7月分两次向各（子）公司的业务和职能部门分发培训需求调查表。培训需求调查表的内容在不同管理层级上有所区别。例如，对基层员工使用的调查表内容涉及个人基本情况、培训课程、培训方式、培训频率、培训重点、培训效果影响因素调查等；对中层管理人员的调查表内容则涉及部门半年期的工作目标描述、针对部门目标的实现个人需要哪些培训课程等。但是，在执行上存在很大问题。例如，广州碧桂园凤凰城培训与发展部在做一项基层员工关于学习英语的需求分析时，采取了问卷调查的方法来分析基层员工对学习英语的需求程度，意外的是，有的急着下班没有发表意见，有的敷衍了事，有的1个人填10份问卷，最终得到的调查结果没有多少参考价值。由于培训需求调查不到位，实际设计的培训内容往往缺乏针对性，造成社会上流行什么，大多企业就培训什么，碧桂园就培训什么。很多时候，从培训中得到的知识技能在工作中都用不上，这也导致了员工不愿意参加培训。楼层管理员李阿姨索性说："与其参加这些没用的培训，还不如早点回家做饭。"

碧桂园集团的培训类型分为4大模块，分别是新员工入职培训、在职员工培训、领导力发展项目培训及特殊培训，其中管理人员专属的领导力发展项目培训还包括涅槃计划、领翔计划、展翼计划、新羽计划。碧桂园集团的课程体系种类繁多，课程总量多达80多门，主要是通过外部购买和公司自行开发获得。课程从总体来说分为管理发展类、生产运营类、营销类、技术研发类等。其中，营销类课程最多，多达40门。但是这些课程主要是根据部门工作情况、部门领导的反映及同行的培训信息设置的，碧桂园集团并没有先期进行岗位分析和员工的素质测评，员工则根据部门的安排参加培训，自己没有选择的权利，结果员工参与培训的积极性不高，培训内容、课程与企业总目标联系不紧密，培训流于形式。

碧桂园集团的培训方法偏重于"课堂教学"，往往以讲师教学为中心，培训双方的交流与沟通较少。欧美发达国家流行的"案例教学""小组讨论""模块培训模式"等方法在该企业基本没有尝试过。培训内容很少更新变化，一成不变的培训方法也使员工缺乏培训热情。

目前，碧桂园集团还没有建立对人力资源培训方面的激励机制，如没有对培训成绩优秀者的奖励制度，没有将培训结果与员工报酬、职位晋升、职业生涯紧密结合起来。这也使不少员工因看不到培训给自身带来的好处而对培训工作产生抗拒。

每次培训的结束阶段，接受培训的学员都需要填写培训结果评估表，对培训讲师的授课效果与培训组织工作的满意度进行反馈。同时，集团人力资源部会通过考试、心得体会、实际技能操作等方式对学员就培训内容的掌握程度进行考核。但是，实际执行时人力资源部往往只重视形式，无论参加什么类型的培训，都填写一样的培训结果评估表，没有根据培训内容变化设置题目，有员工表示，"每年都填一样的问卷，填了等于没填，还不如不填。再说，评估表上交后就没了消息，完全是浪费我们的时间"。

思考题：

1. 碧桂园集团培训工作有哪些可取之处？

2. 碧桂园集团的员工为什么缺乏培训的积极性？
3. 如何优化碧桂园集团的培训体系建设？

参考文献

曹振杰. 2006. 人力资源培训与开发教程. 北京：人民邮电出版社.
谌新民. 2005. 人力资源管理概论. 第三版. 北京：清华大学出版社.
兰青红. 2006. TCL集团人力资源战略培训体系的研究与再设计. 清华大学硕士学位论文.
李德伟. 2006. 人力资源培训与开发技术. 北京：科学技术文献出版社.
刘宝发，杨庆芳. 2004. 企业培训模式综述. 科技进步与对策，21（4）：141-143.
陆惠文. 2004. 员工培训方法. 科学管理，（3）：29-30.
吕峰. 2002. 培训评估的一般流程. 中国人力资源开发，（3）：49-50.
苗青. 2002. 培训效果评价方案设计. 中国人才，（12）：32-33.
欧明臣，凌文辁. 2004. 培训效果的评价. 中国人力资源开发，（1）：67-69.
乔志林，万迪防. 2004. 管理培训模拟方法的辨析及应用. 中国人力资源开发，（11）：49-52.
茹江林. 2013. 浅议国有企业人力资源的开发与培训. 经济师，（6）：228-229.
苏华，肖坤梅. 2008. 需求分析：企业培训成败的关键. 继续教育，（7）：22-24.
苏文平. 2004. 有效培训体系探讨. 中国人力资源开发，（8）：24-26.
田恩舜，杨雅清. 2004. 企业培训的风险及其防范策略. 中国人力资源开发，（8）：31-34.
王博，蒋宇芝. 2013. 由培训到开发：论人力资源培训向人力资源开发转变的重要性. 中外企业家，（3）：146-148.
王弘珏. 2003. 日韩人力资源开发与管理机制的比较研究. 东北亚论坛，（5）：51-53.
王玫. 2011. 培训师与人力资源开发师的对比研究. 企业活力，（10）：54-57.
王学栋，张义忠. 2001. 现代培训需求分析的内涵及作用. 中国培训，（4）：20-21.
魏红. 2012. 实践与反思：人力资源开发与管理研究中的混合方法应用. 上海行政学院学报，13（6）：90-99.
吴松，黄海宁. 2008. 企业人力资源开发与培训创新探讨. 市场论坛，（10）：36-37.
吴宇虹. 2004. 结构化培训体系的构建. 中国人力资源开发，（3）：50-51.
谢晋宇. 2005. 人力资源开发概论. 北京：清华大学出版社.
余昌国. 2009. 迪斯尼的员工培训. 企业文化，（8）：45-46.

本章阅读材料：人力资源培训研究现状综述

第七章　工作绩效评估

教学目的： 掌握工作绩效评估的内涵和类型
掌握工作绩效评估的流程
掌握工作绩效评估的方法
掌握工作绩效的控制手段

学习重点： 工作绩效评估的流程
工作绩效评估的方法
工作绩效评估的控制

学习难点： 掌握工作绩效评估的流程
掌握工作绩效评估的方法

引导案例

BY 机械有限公司的绩效评估

BY 机械有限公司成立于 2009 年，主要从事非标设备与机械零部件的设计研发、生产制造和销售。由于产品定位准确，公司经过多年励精图治，产品销售额以每年翻一番的速度递增，2016 年公司销售额达到 1.7 亿元。

公司共设有六个部门，人力资源部门并没有独立出来，而是作为一项职能放在了综合部，由综合部统筹全公司的人力资源事务。这一天，负责人力资源管理的小陈一脸无奈地走进综合部，说："方部长，其他几个部门我都去过了，他们都不愿意对本部门的员工进行考核与评价，说这是综合部的事，他们只管完成本部门的任务。"方部长一边忙着看文件，一边应付小陈说："我这忙着呢，你就灵活地处理吧，不要让大家有意见就行啦！"小陈走出办公室，心想：还有生产车间两三百个工人的工时等着我统计呢。

第二天，考核结果出来了，全部为合格，大家表面上都没意见，于是小陈直接将考核结果送给财务部计算工资了；大家也都开始了新一轮的工作，只是过去努力工作的小张、小王等不再像以前那么积极了。

到了年底，总经理寻思着该给大家发年终奖了，依据什么呢？总经理也没有与综合部或小陈商量，在头脑中将大家一年中的表现粗略想了一遍，便将小陈叫进办公室，将装好奖金的信封交由她，让小陈发下去了。

思考题：

1. 该公司的绩效评估存在什么问题？
2. 企业应该如何解决这些问题？

第一节　工作绩效评估概述

一、绩效评估的内涵和意义

（一）绩效评估的内涵

工作中的绩和效，分别是指工作业绩（结果）和工作表现（行为过程）。因此，绩效评估是指组织以既定标准为依据，对其人员在岗位上的工作行为表现和工作结果方面的情况进行收集、分析、评价和反馈的过程。绩效评估以岗位要求为基础，考核员工在企业组织中的实际贡献，显示出每个员工和岗位的独特性。

绩效评估的内涵有狭义和广义的理解。狭义的绩效评估仅指对照标准，评价员工在一个既定时期内对组织做出贡献的环节。广义的绩效评估实质上涵盖了绩效管理的全过程，包括绩效界定、绩效衡量、绩效反馈三个阶段。绩效界定又称计划绩效，是管理者和员工在对于组织来说绩效的哪些方面是重要的达成共识，并对员工的工作职责、工作绩效的衡量、双方协同障碍的排除等问题做出明确的要求和规定。在实务中主要体现为各种绩效相关制度、绩效评估指标体系、绩效评估操作办法的制定。绩效衡量是狭义的绩效评估过程，即根据所确定的工作标准进行绩效的评价。绩效反馈是向员工提供绩效评价的结果以便员工根据组织的目标来改进自己的绩效的环节。

（二）绩效评估的意义

日本著名的企业家松下幸之助曾经说过："不管有无制度，经营上总是要经常对人进行考核；如果缺少对业绩、能力的制度性考核，我们只能依赖一线监督者的意见做出人事安排，稍有疏忽，稍有不注意就会出现不平、不公，导致不满，损害士气和效率等。"可见绩效评估在人力资源管理中的重要作用。对于组织而言，绩效评估的意义主要体现在以下几方面。

（1）绩效评估是人员任用和调配的前提。绩效评估是"知人"的主要手段，而"知人"是"善任"的前提。经过绩效评估，可以推断出人员的政治思想素质、心理素质、知识素质、业务素质、技能水平等，进而分析其适合何种职位，是否达到了晋升的要求，并对不能胜任或用非所长的人员进行适当的岗位调整，这样才能真正做到因岗配人、人尽其才。

（2）绩效评估是进行人员培训的依据。人员培训应有针对性，针对人员的短处进行补充学习和训练。因此，培训的前提是准确了解各类人员素质和能力的不足之处。通过绩效评估，可以确定员工工作中存在的问题与能力的差距，这就为培训需求分析提供了重要的依据。

（3）绩效评估是员工奖惩激励的依据。根据绩效评估结果决定奖罚的对象及等级，激励先进，鞭策后进，做到奖惩分明，有利于提高员工工作的积极性，出色完成组织目标。按绩付酬并将绩效视为调职、晋升、降职或解雇的依据，彻底打破了“大锅饭”，使员工在公平的环境中良性竞争，可以有效提高员工的组织公平感和工作满意度。绩效评估为员工事先设立了考核目标，并辅以具体的考核细则。目标设置科学合理能使员工产生满足感和成就感。绩效评估还有助于在企业内部营造“比、学、赶、帮、超”的气氛，使员工能够提高各自的绩效，从而提高企业的竞争力。

（4）绩效评估是促进员工职业成长的工具。把工作绩效评估的结果反馈给员工，可以帮助员工发现自身的缺陷和不足，找出改进绩效的措施，并加强针对性培训，从而逐步提高能力，有利于员工长远的职业发展。

二、绩效评估的原则

1. 客观公正原则

这是一个最基本的评估原则，要求在评估时坚持用同一标准衡量每一类员工的实际工作业绩；要客观公正，实事求是，最大限度地排除评估者主观因素的影响，尽可能减少主观色彩，避免社会知觉的偏见。本章引导案例中的情况即是违反了此原则。

2. 多维评估原则

所谓“多维”，是针对人员绩效的多面性及评估者的主观性等特点，由多个评估者从多个侧面和角度予以考核，然后进行综合得出评估结果。

3. 严格评估原则

评估要有明确而规范的标准，要有严格统一的评估规章制度、科学的评估方法，以及严肃认真的态度，避免因人际关系因素出现考核偏松的倾向。

4. 分职分类原则

评估要根据不同层级和职位的特点，确定评估的具体内容和方法，加强评估的针对性和合理性。

5. 及时反馈原则

评估结果一定要反馈给评估对象本人，帮助其理解评估评语，表扬并鼓励其取得工作成果的同时也要指正存在的问题，提出修改意见和建议，促使其今后继续努力进步。

三、绩效评估的类型

西方学者将绩效评估分成三种类型，即基于员工特征的绩效评估、基于员工行为的绩效评估和基于员工工作结果的绩效评估。员工特征是产生员工行为的原因和基础，员工行为可反映员工努力工作的程度，员工工作的结果则可反映员工行为对实现组织目标的作用。表 7-1 列出了这三类绩效评估的侧重点比较。

表 7-1　三类绩效评估的侧重点比较

基于特征的评估	基于行为的评估	基于结果的评估
工作知识 力气 证书 成就欲 可靠性 忠诚 诚实 创造性 领导能力	完成任务 服从指令 报告难题 维护设备 维护记录 遵守规则 按时出勤 提交建议 不吸烟	销售额 产量 生产质量 事故率 服务的客户数量 客户的满意程度

资料来源：Milkovich G T，Boudreau J W. Human Resource Management. Homewood：Richard D.Irwin，1994：170

基于员工特征的绩效评估衡量的是员工个人特性，如决策能力、对组织的忠诚、人际沟通技巧和工作主动性等方面。其优点主要是关注员工素质，有利于长期的绩效，同时简便易行。然而，由于评估过程中员工特性与其工作行为和工作结果缺乏必然的联系，故这类方法的有效性差，较难为员工提供有益的反馈信息。

基于行为的评估着重考核员工是否按要求完成了工作行为。在工作行为对实现组织目标十分重要的情况下，这种方法特别有效。例如，售货员在顾客进入商店时应主动向顾客提供微笑服务，即使顾客不买任何商品，也会在顾客离开时礼貌地道别。这类评估能为员工提供改进绩效的反馈信息，缺点是不够全面，且良好的工作行为不一定能创造佳绩。

基于工作结果的评估是为员工设定一个最低的工作成绩标准，再将员工的工作结果与标准进行比较。工作成绩标准包括两种信息：一是员工应该做什么，包括工作任务量、工作职责和工作的关键因素等；二是员工应该做到什么程度，即工作成果具体的衡量尺度。这类评估适合那些最终绩效表现为客观的、具体的、可量化的指标，如生产工人、推销员等。

三类绩效评估各有其优缺点，见表 7-2。

表 7-2　三类绩效评估的优缺点比较

类别	优点	缺点
基于特征的评估	开发费用低 使用的维度有意义 容易使用	评估产生偏差的可能性高 不易量化 主观随意性大 受干扰因素多

续表

类别	优点	缺点
基于行为的评估	使用具体的行为维度 员工及领导都能接受 可以提供反馈 用于奖金及晋升较公平	开发及使用耗时多 开发费用高 可能产生评估偏差
基于结果的评估	很少有主观偏见 上下级都能接受 将个人绩效与组织绩效相结合 鼓励共同设定目标 适用于奖金及晋升决策	开发及使用耗时多 可能鼓励短期行为 可能使用错误的标准 可能使用不全面的标准

资料来源：根据 Sherman A，Bohlander G，Snell S. Managing Human Resources. 11th Edition. New York：South-Western College Publishing，1998 修改而成

第二节　工作绩效评估的操作流程及要点

一、绩效评估的流程

绩效评估是一个复杂且连贯统一的过程，一般来说主要包括三个阶段，操作流程见图 7-1。

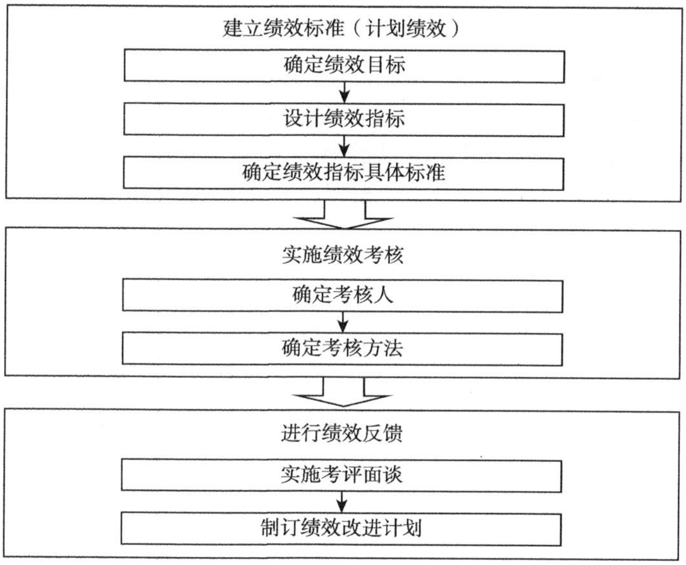

图 7-1　绩效评估的流程

第一阶段：建立绩效标准

第一阶段的主要任务是制定各种绩效评估相关的规章制度，如绩效评估办法、绩效

评估指标体系、绩效评估操作表单等。如果没有绩效标准作为评估的基础，考核就无公正客观可言，考核的结果也没有任何的说服力。建立绩效标准阶段的技术难点在于确定绩效目标、设计绩效指标及其具体衡量标准（尺度）。

第二阶段：实施绩效考核

第二阶段是实行绩效评估的主体部分，要求从各方面收集资料，将每个员工的绩效与先前设定的标准相比较，得出考核结果。此阶段的关键是由谁来实行绩效考核，采用什么方法来实行绩效考核，在考核中应该注意避免哪些问题。

第三阶段：进行绩效反馈

绩效评估的最终目的是找出员工在工作中的不足之处，与之进行沟通，提出绩效改进的建议和计划，最终切实地提高员工的工作绩效。绩效反馈是绩效评估必不可少的程序，主要内容包括根据考核结果实施考评面谈、根据绩效面谈制订绩效改进计划并付诸实施。

二、绩效评估流程中的操作要点

（一）如何建立绩效标准

1. 如何建立绩效目标

绩效目标是指在考核期，员工应履行的工作职责和具体的工作目标。例如，给部门经理设立“未来 6 个月完成部门的制度修订和队伍建设”的目标，给销售员确立了“今年销售业绩比去年增长 15%”的目标。

绩效目标应具备以下五个方面的特点，即通常所说的 SMART 原则：specific，目标要具体明确；measurable，制定的目标可以测量和考核，强调可操作性；attainable，该目标经过努力是可以达到的，强调可行性；relevant，所制定的目标与工作主要职责具有相关性；time-based，目标是应该在一定的时间内完成的。

2. 确定绩效指标

确定绩效指标就是明确考核工作的哪些方面和内容，如考核工作的数量、质量、时间效率、技能水平等。绩效指标应该以工作的要项为基础，通过对岗位的分析得出，反映岗位的特征。所以，一般情况下，不同岗位的绩效指标应该有所差别。但是，有些工作性质相同的岗位，绩效考核指标可能相同。例如，工程建设部经理和办公室主任两个岗位，都是企业的中层管理岗位，都要履行管理的基本职责，即使两者要处理的业务内容差别很大，但就管理能力而言，可能会出现相同的考核指标（计划能力、组织领导能力、沟通协调能力等），这时，要细致区分两个岗位的管理对象、职责侧重，通过指标权重的差异设计充分反映两者绩效要求的不同。相比之下，工程建设部经理要负责工程建设项目的指挥，组织领导能力在各种能力中权重的比重要更大些；而办公室主任主管整个企业的行政协作事务，指标权重上要突出沟通协调能力。

3. 确定绩效指标的具体标准

绩效评估的具体标准就是说明按照什么尺度对工作的哪些方面进行评价。从合理的角度来看，绩效标准应以完成工作所达到的可接受的程度为界，应该是可以衡量的，要尽可能地具体、数量化或者行为化。对于定量指标，评价标准相对容易描述，如工作量指标的具体标准设定为 1 万件，合格率指标的具体标准设定为 98%。但是对于定性指标，其评价标准的描述就需要多花心思。例如，对商务代表岗位的“谈判能力”指标，如果具体评价标准仅仅设计为“极强、较强、一般、较差”四个等级，在实际操作过程中，往往会因为不同考评人的理解差异，主观随意度较大，绩效评估结果缺乏说服力。因此，更具可操作性的“谈判能力”指标的评估标准应该设计如表 7-3 所示。

表 7-3 “谈判能力”指标的评估标准举例

等级	定义
A	谈判能力极强，在与外部组织或个人谈判时，能够非常准确地引用有关法规，熟练地运用各种谈判技巧和方法，说服对方完全接受我方的合理条件，为公司争取到最大的利益
B	谈判能力较强，在与外部组织或个人谈判时，能够比较准确地引用有关的法规，比较熟练地运用各种谈判技巧和方法，能够说服对方基本接受我方的合理条件，为公司争取一定的利益
C	谈判能力一般，在与外部组织或个人谈判时，基本能够引用有关的法规，运用各种谈判技巧和方法比较少，在做出最大让步后才能与对方达成一致意见，使公司的利益受到一定的损失；有时会出现无法与对方达成一致意见的情况
D	谈判能力较差，在与外部组织或个人谈判时，引用有关的法规出现相当多的错误，基本上不会运用谈判技巧和方法，经常出现无法与对方达成一致意见的情况，造成公司的利益受到重大损失

（二）如何选择评估人

选择评估人（评估主体），要考虑组织的人员素质、组织文化、制度建设、评估重点、工作特性等具体情况。最常见的评估人是员工的直接上级。但在很多情况下直接上级已不能全面了解员工的工作情况。例如，顾客与售货员的直接接触最多，若能让顾客参与对售货员的绩效评估，就比直接上级掌握得更全面。又如，考核一个员工“是否具有合作精神”，其同事的看法比直接上级要深刻，故可让同事参与考核。不少企业在年度评估时要求员工进行自我评价，这有利于帮助员工考察自己的工作，认识和完善自我。我国企业对中上层管理人员的评估往往结合“民主评议”，即让评估对象的下属不记名地参与评估管理者的绩效。由于下属在评估上级过程中一般不记名，所以有时可能出于个人恩怨而做出不公正的评价。因此，下属的评价应多用于管理人员开发，而不宜轻易用到人事决策上。还有的企业会成立专门的绩效评估委员会来执行评估。

如果将某一员工的所有相关人员都列入评估者的行列，即每个员工的上级、下级、同事、本人及服务对象，共同来评估其工作绩效，就是 360°评估，见图 7-2。该评估方法将各方面对员工绩效的评估意见综合起来，能更全面地反映员工的绩效。

不过，实施 360°评估十分烦琐，要注意处理好以下几方面的问题。

（1）用于人力资源开发。360°评估适用于提高员工的岗位适应性，进行职业生涯开发，一般不用在人事决策上，应将这一点告知员工，以免他们出于个人利益的考虑而导致评估结果失真。

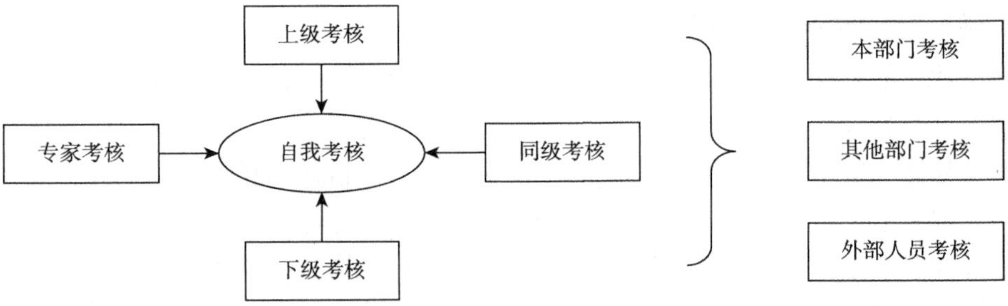

图 7-2　360°评估方法示意图

（2）注意保密性。为了消除评估者的顾虑，避免人际矛盾和冲突，不要让员工知道哪些人参与了对他的评估及相应的评价，也不要让他知道直接上级给了什么评价。

（3）对评估项目形成共识。一般来说，应该由企业外聘专家在评估时与参与评估的各类人员进行交流，讨论每个评估项目的含义及如何打分，确保每一个人都正确地理解评估的项目和标准。

（4）合理分配权重。不必让所有的评估者评估一个员工所有的方面，而是针对某个指标评估。评估者评价的重要性是不同的，给来自不同方面的评估分数分配权重，再进行恰当的统计计算。

（5）酌情反馈结果。由于 360°评估中可能有失真的评价，所以应对评估对象进行解释；不要告知所有评估结果，应选择有助于其改善绩效的方面进行沟通，并制订绩效改进计划。

（三）如何选用绩效评估方法

在绩效评估的实践中，由于各个企业评估的侧重点有所不同，因此产生了多种侧重不同方面的评估方法。例如，在侧重评估员工行为的方面，广泛应用的有评级量表法、比较法、行为锚定评分法等。各类方法如何操作及适用范围将在本章第三节详细介绍。

（四）如何进行绩效评估面谈

绩效评估面谈可以使下属了解绩效评估的结果，与面谈主管共同分析绩效不佳的原因，共同制订可操作的绩效改进方案并执行，所以是一个重要的绩效沟通的过程。上级和下级都应将绩效评估面谈作为解决问题的时机。部门主管在计划一次评估面谈时应考虑三个基本内容，即讨论员工的业绩、帮助员工确定改进目标及提出实现目标所采取措施的建议。

绩效评估面谈应该注意以下几方面。

（1）面谈内容要具体而直接。面谈要依据员工的不同工作情况进行展开，要明确地告诉员工，他的工作什么做得好，什么做得不好。为了帮助理解可以用实例、数据说明，如缺勤、迟到、质量记录、检查报告、废品率、订货处理、生产率记录、原料消耗、任务按时完成情况、成本控制、差错率、顾客投诉、库存水平、事故报告等，直到员工清楚存在的问题。

（2）要对事不对人。面谈的话题要集中在任务和绩效上，不要集中在个人的人品评价、思想觉悟等比较主观的方面，以免员工产生逆反或防御心理。例如，不要指责设计师说“你设计图纸的速度太慢了”或者“你这人就是怕担责任”，而是将设计师的实际绩效与绩效标准进行对比，可以说“这样的方案设计通常应在两周内完成”或“这样的进度，显然超过了类似工程项目投标的周期要求”。

（3）鼓励员工多说话。面谈时应注意倾听，多提一些开放性的问题，可以提出一些要求，如“请继续说下去”或“请说得具体点”；还可将员工所表述的观点作为问题提出来，如“你认为评估的结果不够公平，是吗？”

（4）讲究沟通技巧。在绩效评估面谈时，要选择适当的词语表达，不要威吓谈话对象，不要直接指责员工，减少与他人绩效对比的信息等；要处理好表情、眼神、语气、语调和肢体语言，营造出尊重对方的氛围。

（5）重点要突出绩效改进。绩效评估面谈中，要尽可能多地提供给员工与绩效改进相关的信息，面向未来，使谈话具有建设性，让员工感到希望，共同商讨出改进绩效的行动方案。

第三节　工作绩效评估的方法

绩效评估是一个复杂的系统，方法丰富多样，各种方法都有其优点和局限性，有其特定的适用范围。应根据评估的具体目的，针对评估对象的工作性质和特点，选择绩效评估的方法。

一、比较法

比较法即员工之间进行相互比较得出绩效排序，具体操作中有简单排序法、交错排序法、成（配）对比较法可供选择。

1. 简单排序法

将员工按照工作的总体情况（整体印象）从最好到最差进行排序，适合员工数量少的评价需求。例如，某小组共有 5 人，按照工作总体表现简单排序如下：张×（最好）、李×、王××、蔡×、陈××（最差）。

2. 交错排序法

首先挑出最好的员工，然后选出最差的员工，确定第一名和最后一名，然后在余下的员工中再选最好和最差，分列第二和倒数第二，以此类推。

3. 配对比较法

将被考核者进行两两逐对比较，比较中绩效更好的得 1 分，绩效不如对方的得 0 分。最后将每个人的得分加总就是其相对绩效，根据这个得分来评价被考核者的绩效优劣次序，如表 7-4 所示。

表 7-4　配对比较法举例　　单位：分

被比较者	李磊	王芳	丁冲	郑兰	凌明	得分总数
李磊		1	1	0	1	3
王芳	0		1	0	1	2
丁冲	0	0		0	1	1
郑兰	1	1	1		1	4
凌明	0	0	0	0		0
考核结论：5 名员工按绩效从优至差的次序为郑兰、李磊、王芳、丁冲、凌明						

比较法简单易行，可以避免趋（居）中趋势。所谓趋（居）中趋势，是指由于人情，考核者往往不愿意对被考核者给出比较低的评价，容易造成绝大多数员工的绩效评估值都处于中间状态，分不出员工之间绩效的差别。比较法的缺点也很明显：首先，被比较的人数受限，一旦超过 20 人，比较起来就相当费时、费力；其次，评估结果只能给出相对的位置，难以得出绝对评价，不能指明员工工作究竟好在哪里。所以，这种方法主要适用于要评价出被考核者绩效优劣次序的情况下。

二、强制分布法

强制分布法的考核思路也是将员工进行相互比较的排序，只不过它是对员工按照组别进行排序，而不是将员工个人进行排序。这种方法假设员工的业绩水平遵从正态分布，按照“两头小，中间大”，事先确定一种比例，将各个被评价者分别分布到每个工作绩效等级中。例如，将所有员工的绩效分为优秀、良好、一般、基本合格和不合格 5 个等级，人为确定各个等级的人数比例分别为 15%、20%、30%、20%、15%，然后根据具体的评价要素，针对员工的实际工作业绩进行评价，按照每人绩效的相对优劣程度，强制将具体人员列入其中的某个等级。例如，张三经评定后工作成绩属于最好的 15%之内，其绩效等级即为优秀。

强制分布法因其简单易行在人力资源管理实践中颇受青睐，被各类组织广泛使用。但是这种方法只适用于人为划分的分布（正态分布）恰好符合员工绩效实际的情况，否则就难以保证绩效评估结果的准确性。强制分布法可能造成不同部门之间出现不公平，它只能把员工绩效分为有限的几类，难以具体比较同一等级中各员工工作表现的差别；也不能为诊断个人绩效和组织的整体绩效提供准确、可靠、指导性的信息。

三、评级量表法

评级量表法也称为业绩评定法、等级鉴定法。使用这种方法，首先要明确评估内容，即从哪些方面对员工的绩效进行评估，如对员工的绩效从工作质量、数量、所含知识技能、工作协调性、工作纪律、创造性等方面（也称考核项目或考核指标）进行评估；还可以对每个评估项目细化出几种行为或表现，设立分项目或分指标，并赋予各分项目或分指标不同的权重。要确定评定等级，即将每个评估项目（或指标）分成几等。例如，将工作质量分为最精确、很精确、基本精确、不精确、粗糙 5 个等级，将工作数量分为超额完成任务、完成任务、完成任务较差、完成任务极差 4 个等级；赋予每个等级一定的分数（如优秀 4 分、良 3 分、一般 2 分等）；把各项目的得分累计加总得到被考核人的工作绩效总评分，并换算成相应的绩效评定整体等级。表 7-5 是某企业基层管理岗位的评级量表。

表 7-5　某企业基层管理岗位的评级量表

考核内容	考核项目	说明	评定等级				
基本能力	知识	是否充分具备现任职务所要求的基础理论知识和实际业务知识	A	B	C	D	E
			10	8	6	4	2
业务能力	理解力	是否充分理解上级指示，干脆利落地完成本职工作任务，不需要上级反复指示	A	B	C	D	E
			10	8	6	4	2
	判断力	是否能充分理解上级意图，正确把握现状，随机应变，恰当处理	A	B	C	D	E
			10	8	6	4	2
	表达力	是否具备现任职务所要求的表达力，能否进行一般联络，说明工作	A	B	C	D	E
			10	8	6	4	2
	交涉力	在与部门内外的人员交涉时，是否具备使双方同意或达成协议的能力	A	B	C	D	E
			10	8	6	4	2
工作态度	纪律性	是否严格遵守工作纪律和规章，如早退、缺勤等，是否严格遵守工作汇报制度	A	B	C	D	E
			10	8	6	4	2
	协作性	在工作中，是否充分考虑别人的处境，是否主动协助上级和同事做好工作	A	B	C	D	E
			10	8	6	4	2
	积极性责任感	对分配的任务是否不讲条件，主动积极，尽量多做工作，主动进行改进	A	B	C	D	E
			10	8	6	4	2

评定标准	分数换算	
评定标准： A 非常优秀，理想状态 B 优秀，满足要求 C 基本满足要求 D 略有不足 E 不满足要求	分数换算： 优秀：64 分以上 良好：48~63 分 及格：47 分以下	总计分 评语

评级量表法的优点是可以设置较多评分档次，适当添加辅助要求，评估内容较全面，操作成本低，步骤简洁；缺点是评估者评定等级过多地依赖其主观判断，主观性强，也

不能指导员工如何努力得到高分。这种方法适用于评估工人、职员等基层员工。

四、关键事件法

在某些工作领域内，员工在完成任务过程中，有效或无效的工作行为导致了不同的结果。这些有效或无效的工作行为被称为“关键事件”。关键事件法用于绩效评估时，通常要把员工在完成任务时所表现的“关键事件”逐一记录下来，评估者在对员工的优点、缺点和潜在能力进行评价的基础上打分，并形成一份书面报告，提出改进绩效的意见。

关键事件法的操作步骤是先给定每人一定的基本分值（如 70 分），然后在某一段固定的时间（如 6 个月），根据个人的关键事件记录，确定一系列的加分和减分项目，进行计算得出考核总分。例如，表 7-6 显示了一位工厂生产助理的关键事件及加减分的情况，在基本分值基础上加减上述项目后即为该工厂助理的考核得分。运用关键事件法进行奖惩决策时，一般要确定一个进行奖惩的分数范围，如超过 80 分的员工将获得奖励或晋升；低于 70 分的员工将受到警告或处罚等。

表 7-6　某工厂生产助理的关键事件法评估

工作职责	目标	关键事件（加分、减分项目）
安排工厂生产计划	充分利用工厂的人员和设备；及时发布各种指令	为工厂建立新的生产计划系统（+5）；上个月的指令延误率降低 10%（+3）；提高机器利用率 20%（+3）
监督原材料采购和库存控制	在保证充足的原材料供应前提下，使原材料的库存成本降低到最小	上个月使原材料库存成本上升了 15%（–3），“A”部件和“B”部件的订购富余了 20%；而“C”部件的订购却短缺了 30%（–5）
监督设备维修保养	不出现因设备故障而造成的停产	为工厂建立了一套新的设备维护和保养系统（+5）；由于及时发现设备故障而阻止了设备的损坏（+2）

关键事件法的优点是记录关键事件，排除了绩效评估中主观因素的影响，为解释绩效结果提供了一些确切的事实证明；同时，避免了近因效应，考察依据的是员工在整个考核期的表现而不是最近一段时间的表现；而且能为绩效改善提供依据。缺点是每天或每周记下对每个员工的表现和评价会很费时间；由于关键事件具有明显的“个性化”特征，无法在员工之间、团队之间和部门之间进行工作情况的比较。所以，这种方法通常与其他考核方法结合使用。

五、行为锚定评分法

行为锚定评分法实质上是把评级量表法与关键事件法的优点结合起来的一种方法。不同于评级量表法把评定等级简单地概括为“优、良、中、差”或“A、B、C、D”等，行为锚定评分法把评定的等级用具体的可对照的“关键事件”来描述，作为评分的标准。

行为锚定评分法的操作步骤如下。

（1）确定工作所包含的活动类别或绩效指标维度。例如，对某企业的生产控制分析人员确定了反映其工作绩效的 4 个绩效指标（维度），即计划能力、交流和协作能力、监控能力、控制结果。

（2）为各种绩效指标撰写一组关键事件，并将每个评价指标中包含的关键事件从好到坏进行排列，确定每一绩效等级与关键事件的对应关系，建立行为锚定考核体系。例如，为上述生产控制分析人员的“交流和协作能力”指标收集并撰写了一组关键事件，然后把关键事件从优到不可接受进行排列，建立这一指标的行为锚定评分表，见表 7-7。

表 7-7　对生产控制分析人员的“交流和协作能力”行为锚定评分表

姓名　　　　部门　　　　考评日期

绩效等级	得分	行为说明
优秀	6	口头和书面报告清晰，结构严谨；谈吐和文字简明、准确；同所有的部门不断保持联系；能预见到部门间的冲突并主动去解决
良好	5	善于用语言表达想法；文字工作无错并易读；能与其他部门联系和协作；具备在误解发生之后能予以消除的能力
较好	4	向其他部门转达必要的信息，但并未核对有无误解；一旦误解出现，愿意试着予以纠正
一般	3	在传送信息时不清楚、不严密；由于缺乏交流，其他部门会抱怨
差	2	口头和书面交流时，遗漏基本的信息；不知道如何处理部门间的误解和冲突；由于缺乏交流工作出错
极差	1	由于不完整和杂乱无章的报告（口头及书面），引起部门间的误解；经常要依赖别人去消除误解
不可接受	0	与其他部门不能协作和保持联系；拒绝改进报告和解除误解

资料来源：余平. 企业人力资源开发与管理. 武汉：湖北科学技术出版社，1997：192

（3）将员工的实际绩效与考核体系相对照，得出对员工的绩效评价。例如，张三在实际工作中的表现——善于表达，文字工作无差错，能与其他部门联系和协作，具备消除误解的能力——比照锚定评分表，可以在“交流和协作能力”这一指标上得到“良好”等级的评分 5 分。

行为锚定评分法将员工典型行为的评分作为“锚”，不仅可以给出员工绩效的评价，也对于员工如何改进行为、提高绩效提供明确的建议，因此被国外企业广泛应用。不过，行为锚定评分法也有局限性：开发行为锚定评定量表相当复杂；尽管锚定表的内容相当详细，但离员工实际行为还存在一定差异，某些情境很难模拟，在一定程度上降低了考核的准确性。

六、KPI 考核法

KPI（key performance indicator，关键绩效指标）是衡量企业战略实施效果的关键指标，其目的是将企业战略转化为内部过程和活动，建立一种不断增强企业核心竞争力的持续高效的机制。KPI 的精髓是指出企业的关键业绩必须与组织战略挂钩。表 7-8 表明了基于 KPI 的绩效评估与一般的绩效评估的区别。

表 7-8　基于 KPI 的绩效评估与一般的绩效评估的区别

项目	基于 KPI 的绩效评估体系	一般的绩效评估体系
假设前提	假定人们会采取一切必要的行动努力达到事先确定的目标	假定人们不会主动采取行动以实现目标；假定人们不清楚应采取什么行动以实现目标；假定制定和实施的战略与一般员工无关
考核目的	以战略为中心，指标体系的设计与运用都是为达成组织战略目标服务的	以控制为中心，指标体系的设计与运用来源于控制的意图，也是为更有效地控制个人的行为服务
指标的产生	在组织内部自上而下对战略目标进行层层分解产生	通常是自下而上根据个人以往的绩效与目标产生的
指标的来源	基于组织战略目标与竞争要求的各项增值性工作产出	来源于特定的程序，即对过去行为与绩效的修正
指标的构成及作用	通过财务与非财务指标相结合，体现关注短期效益，兼顾长期发展的原则；指标本身不仅传达了结果，也传递了产生结果的过程	以财务指标为主，非财务指标为辅，注重对过去绩效的评价，且指导绩效改进的出发点是过去的绩效存在的问题，绩效改进行动与战略需要脱钩

资料来源：付亚和，许玉林. 绩效评估与绩效管理. 北京：电子工业出版社，2003：79

使用该方法应采取如下步骤。

（1）确定关键业绩指标。关键业绩指标的形成是一个自上而下对战略目标进行层层分解的过程，如图 7-3 所示。确定某一职位的关键业绩指标一般要针对目标职位的业务，运用价值创造树进行具体分析，找到影响该职位对企业贡献大小的关键因素；再根据这些因素找出该职位的关键业绩指标，并确定各个指标的权重和评分标准；最后与该职位及相关职位人员讨论关键业绩指标的可行性及可操作性。例如，某公司要确定销售员的关键业绩指标，可以做如下分析。

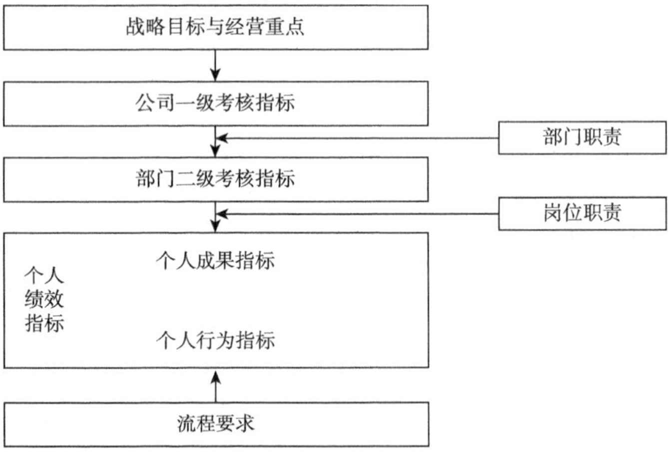

图 7-3　关键业绩指标的形成过程

根据销售人员工作特征，其业绩指标包括市场占有率、销售量、销售额、销售毛利率、销售净利率、销售费用率、回款额、应收账款额等，选择哪些关键业绩指标才能有效地增强营销人员的积极性呢？从重要性角度来看，销售人员的业绩指标中，销售额、销售费用率等是对公司的整体价值和利润有较大影响的关键业绩指标；从可操作性方面来看，虽然产品的市场占有率是销售人员业绩中很重要的指标，但由于目前难以准确计算该指标的初始数据，所以一般不将它作为关键业绩指标；从职位可控性方面分析，销售收入增长率和人均销售收入适合考核销售部经理的业绩，而作为一般销售人员的关键业绩指标则是不公平的。最后，筛选出销售人员关键业绩指标包括销售额完成率、毛利率、销售费用率、应收账款额四项。

（2）进行考核技术准备。对各部门管理人员进行培训，使其认识到使用 KPI 进行目标考核的科学性和必要性。制定运用关键业绩指标进行目标管理的流程，建立和完善相应的规章制度；确定各指标的计算方法、获取指标数据的方法及调整指标数值的方法等；制作关键业绩指标评分标准表、日常汇报表、年终考核表等工具。

（3）实施日常目标管理。进行日常管理的主要工作分别在年初和年末。年初，根据企业制定的本年度总体经营指标、各类财务预算数值等，确定各部门、各职位本年度关键业绩指标的目标值，填入相应的汇报表内；并将各指标及目标分发到各职位。年终，各部门准备关键业绩指标汇报表；企业高层召开管理会议，针对各项指标总结本年度经营状况及工作完成情况，分析造成差距的主要原因。依据关键业绩指标完成情况对各职位人员进行奖惩。

七、平衡计分卡法

20 世纪 80 年代末 90 年代初，欧美越来越多的学者和企业发现，以财务为单一衡量指标的评价方法越来越不能科学地反映企业的实际状况。在这种背景下，一种将财务与非财务指标结合起来评价企业绩效的工具——平衡计分卡（balanced score card，BSC）诞生了。该体系最大的特性是具有普遍的适用性，着眼于长期发展而不仅仅紧盯短期效益，有利于企业实现可持续性发展。

平衡计分卡包括顾客、内部流程、学习与发展、财务四个考核维度，核心构想是，企业必须通过学习与创新，持续改善企业内部运作过程，获得最大化的客户满意，才能获得不凡的财务收益。

平衡计分卡的实际运用中，重点和难点是平衡计分卡绩效评价指标体系的设计，即根据企业的发展战略具体确定各个方面各个层次的评价指标。以下就如何将企业战略转化成平衡计分卡的评价指标给出了一个基本的绩效目标制定、分解和确定评估指标的程序：①根据企业发展战略及关键成功要素，确定企业整体年度（或更长一段时间）的绩效目标；②各部门或团队基于公司整体年度目标自上而下地分解和承担相应的目标；③各单元基于部门或团队年度承担的目标进行评估指标的确定；④各级团队/个人将所承担的目标分解到季度和月度及确定评估指标；⑤根据各项计划和预算，确定各项评估指标的具体标准；⑥根据具体标准进行月度、季度或年度考核。

表 7-9 展示了如何将组织层面的平衡计分卡指标分解到部门和个人。

表 7-9　组织各层次 BSC 战略的指标体系设计

层次	顾客	学习与发展	内部流程	财务
公司总体	客户满意度	产品、服务、管理	全部业务流程优化	投资收益率
职能部门	掌握客户最主要的需求	产品安全性（出错率）	成本下降的比重	成本管理效率
业务单元	客户流失率	在××时间内开发某产品	是否满足需要	业务经济增加值
员工个人	客户开发率	对产品开发的建议	做一笔业务的时间	个人创造收益率

第四节　工作绩效评估的控制

调查表明，大约 80%以上的员工都对本公司的绩效评估制度不满意。由于绩效评估本身难度很大，绩效评估中难免出现误差，而绩效评估中的小失误可能导致人力资源管理出现严重后果。因此，有必要通过控制绩效评估过程，采取对策减少误差，保证绩效评估的准确性和可靠性。

一、绩效评估误差的成因

绩效评估是一个过程，要给予考核对象一个合理而公正的考评结论，不仅需要选择适当的方法，按科学的程序进行考评；还必须做好对绩效评估过程的管理工作。情景因素、考核方法问题、暂时的个人因素等，都可能造成绩效评估误差，如图 7-4 所示。

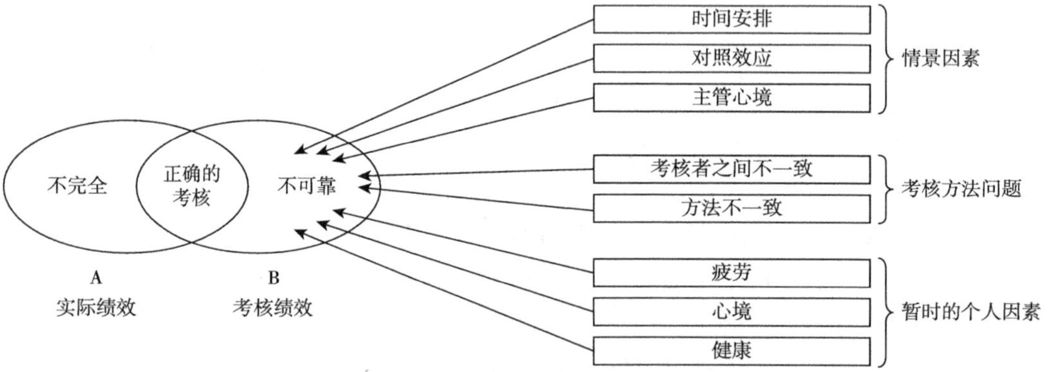

图 7-4　绩效评估误差的成因

资料来源：赵曙明. 国际企业：人力资源管理. 南京：南京大学出版社，1998：221

二、绩效评估容易出现的问题

1. 绩效评估与组织战略和其他人力资源模块脱节

绩效评估应该是支持组织战略的有力工具，核心目的是为价值分析提供依据和发现企业的经营短板并加以改进；但在实际工作中，往往出现绩效评估与战略实施发生脱节的现象，各个部门、员工的绩效目标完成情况都不错，但是公司整体的绩效情况不是很好。再者，绩效评估的结果可以广泛应用于识人、人员调配、培训及薪酬分析等各个人力资源模块，但是许多企业的绩效评估仅仅停留在为了考核而考核的层面上，绩效评估与员工调动、培训、薪酬等严重脱节，或只将考核结果作为奖金分配的依据，没有很好地与其他激励措施结合起来，整个人力资源管理系统显得支离破碎。

2. 组织文化带来绩效评估误差

组织文化是影响管理者和员工行为的大环境，因此对绩效评估也有很大的影响，若组织文化讲求“和睦、中庸”，大家在绩效评估时必然互相讨好。若组织文化中强调“个人利益，排除异己”，绩效评估就会成为权力和利益斗争的工具。所以绩效评估真正发挥作用必须有一个良好的组织文化，即在“竞争、学习、合作”的良好的文化氛围中客观地考核每个人的绩效。

3. 绩效评估忽视员工参与

众多的企业进行绩效评估时忽略了员工的参与，员工只是绩效消极的被考核者，因此普遍认为绩效评估仅仅是人力资源部门的事情，从指标和目标的设置到绩效评估结果的反馈环节，都缺乏与员工有效而积极的绩效沟通。这样导致绩效评估无法切实地推行下去，也使绩效评估对员工的引导作用不能有效地发挥出来。

4. 绩效评估体系的设计存在各种问题

绩效评估体系的设计是绩效评估的技术难点，也往往是绩效评估失效或失准的根本原因，具体的表现如下：很多组织的绩效评估往往没有明确的指标体系，各人对考核项目的理解不同，评估的随意性大；有的企业虽有指标体系，却没有适当的评分标准，特别是定性的指标，考核标准很不明确，只制定了几个笼统的等级，操作起来很可能造成不公平；有的企业只采用单一的财务指标进行绩效评估，引发公司经营管理者和员工的行为短期化；还有的企业矫枉过正，指标体系的设计过分求全，没有突出岗位所需的关键绩效指标，反而增加了管理的难度和员工的考核负担。

5. 绩效评估因心理因素造成偏差

有些评估人员出现考核误差不是方法问题，而是心理因素的影响。常见的影响绩效评估的心理效应包括晕轮效应、偏松或偏紧倾向、居中趋势、近因效应、偏见效应等。晕轮效应是指以点概面、以偏概全的心理反应，如某位上司对下属的某一绩效要素“人际关系处理能力”的评价较高，下意识地对该下属其他绩效要素的评价也较高。偏松或偏紧倾向是指有些主管人员倾向于对所辖下属都比较宽容或严苛，造成隶属于不同主管的下属横向比较时明显不公。居中趋势意味着大多数员工都被过于集中地评定为“中等”或“合格”这一档次，从而使工作绩效评估变得扭曲。近因效应是指评估人评价员工业绩时被近期印象左右，没有全面考虑其整个时期的业绩表现。偏见效应是指评估人不是依据客观事实，而是依据自己的成见或远近亲疏评价他人的绩效。

三、绩效评估的问题与解决方法

解决绩效评估过程中存在的问题，首先要找出问题的缘由，即是什么原因导致这个问题的出现；其次要运用合适的考核工具；最后还要对考核者进行针对性的培训，使其明白相关操作程序与规定。在实际运用中，还有一些因素会对考核结果产生影响，如考核结果在多大程度上与工资相关、员工流动率的高低、时间约束的强弱等。所以，还必须努力控制这些因素的影响。

（1）构建科学有效的绩效管理体系。绩效管理体系不是简单规定绩效评估办法的制度，而是一系列解决绩效目标与战略的关系、绩效评估与人力资源管理其他职能的衔接、绩效指标的导向和结构、绩效考核的效率与成本、指标体系设计问题的制度性安排。

要发挥绩效评估对整个人力资源管理系统的信息反馈作用，必须开展有效的工作分析，即明确岗位职责及岗位对员工的素质要求，确定哪些是完成工作所必需的绩效要素。只有明确了岗位职责，才能有针对性地对企业内部的各项工作团队及员工的实际工作行为进行考核，判断其行为与企业所要求的职责规范之间的契合程度，并以此为绩效的衡量标准与考核依据。此外，绩效评估的全过程中一定要有管理层和员工的密切配合，在合作中解决信息不对称的问题。

（2）营造适合绩效评估运行的企业文化。组织要树立绩效导向的积极的企业文化，把握绩效评估的核心宗旨——改善绩效、超越自我。通过广泛地沟通、参与，争取广大员工的理解、认同与支持，实现组织与员工的双赢。

（3）设计合理的指标体系。通过科学合理地分析，根据企业的实际，结合定量考核与定性考核，设计出切实合理、有较强可操作性的考核指标体系。考核指标不宜过多，否则计算会很复杂烦琐，过多的指标反而会掩盖一些重要指标的作用。最好用一些描述性的语言对绩效考核要素加以界定。例如，“杰出”——在所有各方面的绩效都十分突出，并且明显比其他人的绩效优异；“好”——称职的和可信赖的工作绩效水平，达到了工作绩效标准的要求。这样就会使考核者容易对评价结果进行理解和解释，应确保向所有的考核者和考核对象提供明确的工作绩效标准。把员工能力与成果的定性考察与定量考核结合起来，建立客观而明确的管理标准，定量考核，用数据说话，以理服人。改变过去员工考核中定性成分过大，评价模糊，易受主观影响的不足。

（4）选择恰当的评估人和评估方法。选择的评估人要具备客观评价的能力，要与被考核人日常接触频繁，熟悉其工作情况；要培训评估人如何正确使用考核工具，如何克服不良的心理效应和主观偏见，如何运用考核指标进行判断；尽量用两个或两个以上的评估人在互不影响的条件下完成同项考核。还要选择适用于本企业的评估方法。每一种评价方法都有其优点和不足。例如，等级排序法能避免居中趋势，但在所有员工的绩效确实都高的情况下，这种方法会引起员工的不良感受，所以要准确掌握各种评估方法的适用条件。

（5）建立完善的考核结果反馈、申诉和审核制度。绩效评估结果出来后，要及时将考核结论酌情告知员工；并在适当的时候对工作绩效较差的员工提供正确的指导，为了避免绩效评估偏差带来严重影响，企业必须建立合理的申诉渠道与上级人事部门审查绩效评估结果的制度，即构建绩效评估的监督纠偏和动态调整机制。若发生裁员或解雇员工事件，相关部门需整理上述员工的工作绩效评估的书面材料，解释裁员或辞退的缘由，妥善处理好相关事宜。

【本章小结】

绩效评估是指组织以既定标准为依据，对其人员在岗位上的工作行为表现和工作结果方面的情况，进行收集、分析、评价和反馈的过程。绩效评估的内涵有狭义和广义的理解。

绩效评估是一个复杂且连贯统一的过程，操作流程包括建立绩效标准、实施绩效考评、进行绩效反馈三个阶段，每一阶段都有一些设计要点，是人力资源管理者应掌握的核心技能。一般比较常用的评估方法有比较法、强制分布法、评级量表法、关键事件法、行为锚定评价法、KPI 考核法、平衡计分卡等。

由于绩效评估本身难度很大，绩效评估中难免出现误差，如情景变化、方法选择不当、评估人理解偏差、暂时的个人因素等，都可能造成绩效评估误差，为此需要对评估过程进行控制。针对绩效评估容易出现的问题，本章提供了解决问题的思路。

【本章关键词】

绩效评估	performance appraisal
360°评估	360°feedback appraisal
配对比较法	paired comparison method
评级量表法	rating scale method
关键事件法	critical incident method
关键绩效指标	key performance indicator
行为锚定评分法	behaviorally anchored rating method
平衡计分卡	balanced score card
晕轮效应	halo effect
近因效应	recency effect

案例讨论

恒远公司的员工绩效评估问题

恒远公司是位于中部省份的一家房地产开发公司。近些年来，随着当地经济的迅速增长，房地产需求强劲，公司有了飞速发展，大量招兵买马，规模持续扩大。公司创业之初，管理机构设置了总经理办公室、财务部、人力资源部、工程技术部，业务机构有1个项目部，具体房地产开发工作以项目部为中心展开。伴随业务的扩张，现在公司的职能部门又增加了项目经营部、规划部、投资理财部、设备管理部、材料部，运作执行部门也由1个项目部扩大到4个项目部。然而，随之而来的众多的人力资源管理问题也渐渐凸显出来：部门之间、岗位之间的职责与权限缺乏明确的界定，推诿扯皮的现象时有发生；执行部门抱怨人手不够、工作负荷太大；职能部门又反映人员冗杂、效率低下；用人部门不满人力资源部招聘来的新人，说是上手慢；员工私下也埋怨业绩考核随意性太大，发下来的薪酬与自己的劳动付出不匹配；等等。

在薪酬方面，恒远公司采用背靠背式（秘密发放薪水）的工资制度，实行年薪制，由总经理伍明德统一制定，公司内部不允许讨论薪酬。伍明德在本地同行中了解过，自己公司的薪酬水平处于中上游位置。但是，“这些员工们很不知足，他们不仅私下里交流收入情况，还攀比谁多谁少，上次材料部一个部件主管辞职，直截了当地说‘我与材料部张明干一样的活，凭什么他每个月比我多拿1 000多元？！’其实，张明比他学历高，业务也比他干得好，我没亏待他。说到底，还是人力资源部易经理的工作没做到位，那个部件主管要我拿出张明比他干得好的证据来，可我查了一下历年的考核表，除了材料部经理写了个‘优’‘良’的评价，找不到能说服人的理由”。

易经理委屈地解释本公司的绩效考核制度。公司业务的开展以项目的形式进行，对项目部的考核有明确、具体的考核指标和标准，包括工程进度、验收合格、安全事故、成本控制等8个方面；对负责楼盘销售的项目经营部也有明确的考核指标，如销售额、销售成本、应收账款的回收率等，基本上是量化指标，比较客观、公平。对其他部门的管理人员、后勤辅助人员则没有考核指标，一般由直接上级凭印象笼统给出一个“优、良、合格、不合格”的评价。人力资源部易经理坦白地说：“管理和辅助的工作很难找出量化的标准，就是制定了定性指标，还不是领导主观上评价？就别搞那么复杂了！”可是，员工们并不认同，职能管理人员纷纷表示，在工作中还是有不少差别的，工作态度不同、效果不一样、执行力也不同，领导只凭主观印象划分出3~4个等级，特别打击敬业的员工，所以管理和辅助人员中混日子的情绪越来越严重。技术和销售人员对绩效考核也不满意，他们认为，我们是有量化的指标，但是考核指标的目标值不能只是领导说了算，业绩要求逐年递增，无论什么情况下都是只增不降，否则就扣奖金，大家都被考核压得喘不过气来了！

思考题：

1. 恒远公司的员工绩效评估存在哪些问题？

2. 对管理类岗位怎么进行绩效评估，能够较好地保证评估的公平性、准确性？

3. 如何解决恒远公司面临的诸多问题？

参 考 文 献

陈国权. 2009. 组织学习和学习型组织：概念、能力模型、测量及对绩效的影响. 管理评论，1：107-116.

付亚和，许玉林. 2003. 绩效考核与绩效管理. 北京：电子工业出版社.

顾英伟，李娟. 2007. 关键绩效指标（KPI）体系研究. 现代管理科学，6：79-80.

韩翼，廖建桥，龙立荣. 2007. 雇员工作绩效结构模型构建与实证研究. 管理科学学报，5：62-77.

金键. 2000. 以目标管理实现绩效考核. 中国人力资源开发，(6)：28-29.

李宇庆. 2007. SMART 原则及其与绩效管理关系研究. 商场现代化，19：148-149.

廖建桥，文鹏，王兢岩. 2010. 从秋后算账到指点迷津：绩效管理的战略转移. 中国人力资源开发，(2)：67-70.

刘视湘，洪炜. 2001. 国外绩效评估研究. 中国人才，(11)：38-39.

企业员工管理方法研究组. 2002. 企业员工考核方法. 北京：中国经济出版社.

孙衍安. 2011. 试析人力资源绩效考核方法. 改革与开放，6：88.

陶宽. 2000. 如何建立关键业绩指标体系. 中国人力资源开发，(2)：26-27.

王炳成，丁浩. 2012. 员工绩效考核方法对组织绩效的影响程度研究. 企业经济，3：98-101.

杨雪梅. 2011. 企业绩效考核现状研究. 现代交际，9：17-18.

张德. 2001. 人力资源开发与管理. 北京：清华大学出版社.

Hunter J E. 1983. A Causal Analysis of Cognitive Ability，Job Knowledge，Job Performance and Supervisor Ratings. London：Lawrence Erlbaum Associate，Inc.

本章阅读材料：工作绩效评估研究现状综述

第八章　激励与奖酬管理

教学目的： 了解激励与奖励的发展历程和基本理论
了解薪酬决策类型和特点
了解薪酬体系的类型和设计步骤
了解全面奖酬管理的相关内容

学习重点： 掌握激励理论
如何做奖酬决策的选择
如何进行薪酬体系的设计

学习难点： 如何选择奖酬决策和如何设计薪酬体系

心理测验

在工作中你最重视什么？

在爱情的蛊惑之下，美人鱼牺牲了发声的权利，罗密欧和朱丽叶则付出了生命。为了尝到爱情的滋味，你愿意付出的最高代价会是以下哪一种呢？

1. 贫困度日　　2. 众叛亲离
3. 寿命减少　　4. 智商超低

【答案分析】

1. 选“贫困度日”

在职场内，你最在意的是薪酬福利制度和相关权益，如薪资、配股或分红、弹性上班或休假的规定等。因为在你的想法中，上班只是谋生的手段，一旦原有的薪酬福利缩水或不见，你就会没有工作动力。

2. 选“众叛亲离”

你最重视工作关系的稳定性和职业的安全感。如果你现在的工作，不能满足你的需求，或是让你觉得不牢靠，随时有倒闭、遣散走人的可能，心情就会大受影响，禁不住胡思乱想，根本不能专心工作。

3. 选“寿命减少”

在工作中，待遇或职位都不是你最看重的东西，自由发挥的主控权才是你的最爱。如果得不到自由施展才华的舞台，你自然会想要另谋发展。

4. 选“智商超低”

在工作中，你需要持续得到上司的鼓舞和赏识。如果你觉得遇不上伯乐，或是伯乐已经逐渐疏远你时，就会有倦怠的念头，无法再对工作投入满腔的热情。

（资料来源：世贸人才网，http://www.wtojob.com.）

思考题：

了解员工在工作中重视的因素，对人力资源管理者有什么意义呢？

第一节　激励模型与理论

心理学认为，各类需求的欲望支配动机，动机又决定人的行为。而激励就是通过正向满足或者逆向限制的人的需求，从而达到影响行为、调动积极性的过程。对于组织而言，这一过程实质上是通过实现个人目标来达成组织的目标，因此，对激励的研究构成了组织奖酬管理的理论基础。

一、激励的基础理论

激励的基础理论主要是指 20 世纪 30 年代后期行为科学管理理论阶段涌现出来的奠定了激励理论学术地位的经典理论，包括需要层次理论、双因素理论、期望理论、公平理论及各种综合激励模式。这些理论的发展过程呈现出由静态到动态、由局部到全局的认识规律。通常根据它们研究激励问题的侧重点不同，将其分为内容型激励理论、过程型激励理论、行为改造型激励理论、综合型激励理论四大类。

（一）内容型激励理论

内容型激励理论主要研究激励过程的起点，即人的需要，试图通过对需要的内涵、结构、主次顺序的分析，解释是什么因素引起了某种实现特定目标的行为。内容型激励理论主要包括需要层次理论、双因素理论、阿德福的 ERG 理论、麦克利兰的成就需要理论。这里主要介绍需要层次理论与双因素理论。

1. 需要层次理论

美国的人本主义心理学家亚伯拉罕·马斯洛（Abraham H. Maslow）在 1943 年所著的《人的动机理论》一书中首次提出了需要层次理论。他把人的需要分为由低到高呈阶梯状排列的生理、安全、社交、尊重和自我实现五个层次，如图 8-1 所示。

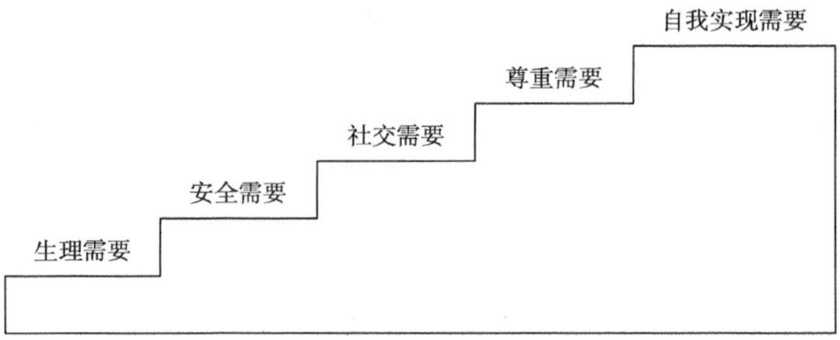

图 8-1　马斯洛的需要层次划分

其中，生理需要是人们维持生命、延续种族的最基本、最强烈、最明显的需要；安全的需要反映的是人们对社会安定、生产安全、职业保障等方面的要求；社交需要是指人们对情感、交往、归属、社会承认等的追求；尊重需要则体现为自尊和受他人尊重两个方面；自我实现需要是人们充分展示自我、最大可能实现全部潜能的欲望，是最高层次的需要。

马斯洛指出，人类行为由上述五大类需要驱动，在不同时期，需要结构在动态变化，大致从低到高逐步推移。当低等次的需要得到满足，其重要程度就会随之减弱，而下一层次需要的优势程度会凸显出来,从而继续影响人们的行为。而当人的最高层次需要——自我实现的需要得到相对满足后，其强度非但不减弱，反而会进一步增强，向更高水平的自我实现的目标前进。较高层次需要和较低层次需要相互交织，构成人类复杂且多样的内心世界。

按照需要层次理论的解释，不同形式的奖酬能够满足个人不同层次的需要。例如，薪资收入和福利待遇可以满足人们基本生存的需要；劳动保护、社会保险及工作条件的改善迎合了人们的安全需要；职位升迁和提高在组织中威望，是人们的尊重和自我实现需要得到满足的有效手段。因此，需要层次理论为人力资源管理中的各种奖酬制度和形式的设计提供了依据。仅从薪酬分配角度来说，需要层次理论也有如下启示：①基本工资必须能满足个人最低生活水平的需要；②高层次的薪酬激励计划不能限制员工满足原有层次需要的能力，如绩效工资削弱了员工基本生活需要的满足，就不会产生激励功能；③利润分享类的薪酬计划，如分红、期权等长期激励薪酬，因有助于满足员工高层次的需要，可能产生较强激励；④薪酬分配与对员工的保障、尊重、成就认可、赞赏等相配合，效果会更好；⑤管理者应当了解员工的需求，还应当鼓励和培养员工追求更高层次需求的意识，造就更多具有高成就需要的人。

2. 双因素理论

美国心理学家赫茨伯格（F. Herzberg）与马斯洛一样，也用需要来说明人的行为，不同的是，他把人的需要和工作本身及工作环境联系起来，使需要的内容更加具体化。1959 年，他提出了“激励–保健因素”理论，即双因素理论。

赫茨伯格认为，影响员工积极性的因素有两类，它们彼此独立，且以不同的方式影响人们的行为。一类是与工作环境或外部事物有关的因素，如企业的政策与管理、人际关系、薪酬待遇、工作安全保障等。这类因素必须保持在可接受的水平之上，否则就会引起员工的不满，降低工作效率。但改善了这类因素，也只能消除不满，维持工作现状，不能起到直接的激励作用，故将其称为“保健因素”，意指预防员工产生不满和消极情绪的因素。另一类是与工作内容、工作性质有关的因素，如工作富有成就感、挑战性，工作成绩得到社会认可，在职业上得到成长和发展等，它能够激发员工的工作热情，促使人们积极进取，提高工作效率，是真正的激励源泉，故称之为“激励因素”。他进一步指出，调动人的工作积极性应该首先改善保健因素，避免引起员工对工作的消极情绪，然后从工作本身特征的改进来提高员工的满意度和积极性，这样才能使激励效果更突出、持久。

双因素理论促使管理人员注意工作因素的重要性，对工作给员工带来的内在激励研究，更具有鲜明的指导意义。该理论在薪酬管理上的探讨，使其富含实践价值。赫茨伯格指出，在通常情况下，工资、奖金等物质奖励是必不可少的保健因素，多了也不一定起到明显的激励作用。但是一旦将金钱与工作绩效挂钩，员工得到的奖酬就不再是单纯意义上的金钱收入，而成为优良工作绩效的标志，蕴涵着上司对员工的赞赏、组织对员工的认可及员工对组织前途和自身才能的信心，转化为员工得之于工作本身的内在报酬，促使人们“乐在其中”地努力工作。言下之意是，通过精心设计，薪金福利也可以具备丰富的激励内涵，因此，无论时代如何变迁，薪酬始终在奖酬管理中占据着举足轻重的地位。

（二）过程型激励理论

过程型激励理论采用动态系统的方式研究投入与奖酬的平衡，对需要诱导行为的过程进行解释，并探讨其影响行为的力度和频率。这与内容型激励明显有别，目前期望理论、公平理论和目标设置理论是比较有影响力的过程型激励理论。

1. 期望理论

美国心理学家弗鲁姆（V. H. Vroom）在1964年提出了最初的期望理论，后经修正和完善，形成了比较完整的期望模式。该理论认为，某一目标的激励水平取决于三个因素，即期望值、效价、绩效与奖酬的关联性，即当人们意识到，第一，有存在实现目标的可能性，概率大于零；第二，实现该目标对自己很重要；第三，个人的努力与实现目标所得的奖酬之间必然相关（关联性），他们达成目标的积极性才会高。用公式表示为

$$激励水平（M）=期望值（E）\times效价（V）\times关联性（I）$$

其中，激励水平是指调动人的积极性、激发其内部潜力的强度，决定着人们在工作中付出多大的努力；期望值反映了人们对某一行为导致预期目标或结果之可能性大小的判断，它是概率，值在 0~1；效价是人们对预期目标的偏爱程度，可以取正值、零和负值；关联性的心理学定义是人们为追求目标而采取行动的一阶结果和形形色色的二阶结果之间联系的主观感受，通俗来说，就是人们感受到自己为实现目标所采取的直接行为和各种

可能的回报之间有多大的联系。

期望理论表明，只有当E、V、I三者的取值都较大时，目标对人的激励力量才会充分显示出来。为此，在奖酬管理中，管理者想要使设定的目标产生较强的激励效果，首先，按照个人能力特长来分配工作并协助员工排除各种不利环境影响，增强员工实现目标的信心，提高E值；其次，深入了解员工的心理需要，提供多样化、个性化的奖励方案，加大奖酬的吸引力，提高V值；最后，把奖励方案制度化、规范化，建立起制度的权威性，强化员工对个人的努力与奖酬之间关联性的判断，提高I值。

2. 公平理论

美国心理学家亚当斯（J. S. Adams）提出的公平理论与薪酬管理密切相关，它着重探讨工资报酬的合理性、公平性如何影响员工工作积极性和工作态度。亚当斯认为，员工的工作积极性和态度不仅受其所得的绝对报酬（自己的实际收入）的影响，还受通过比较得到的相对报酬的影响。员工通常会选择“他人”“自我”两个变量作为参照系的维度。“他人”是指同一组织中从事相似工作的同事与其他组织的同行，其薪酬标准是雇员进行比较的重要参数；“自我”是指雇员对个人付出和所得之间的比较，受其过去经历及环境、以往工资标准及家庭负担等因素的影响。当员工进行对比时会发现，自己的所得付出与别人的所得付出相符时，或现在的所得付出与过去的所得付出相符，员工便认为这是公平且正常的，因此无抱怨地继续努力工作；反之，就会认为是不公平的，继而出现抱怨、急躁甚至破坏性的行为。公平理论的实质就是探讨个人的付出与所得之间的平衡关系。这里所指的“付出”与“所得”都是广义概念上的。“付出”包括个人体力支出和脑力消耗、能力、经验、资历、教育投资、技术水平等各种投入，具体体现为工作的数量和质量；“所得”则是指个人主观认识到的劳动后得到的回报，如工资、奖金、地位、权力、待遇、赞赏、名誉等。

公平理论对组织薪酬分配的指导意义在于，合理的薪酬体系应符合四个公平，即外部公平性、内部公平性、个人公平性和过程公平性。外部公平性是指组织的薪酬在劳动力市场上具有竞争力和合理性。为此，组织需要考察同区域同行业的平均薪酬水平。内部公平性是指工资水平应该匹配职位在组织中的内在价值，因此，组织要确定内部各个职务、岗位的重要性程度和价值大小，在岗位评价的基础上保持单位内部合理的薪酬差别。个人公平性是指个人的投入产出比率同他人的投入产出比率进行比较后得到的满足感，解决个人公平性的方法是掌握科学的测量绩效和贡献的手段，对员工做出公正的评价，同时使员工通过正式渠道得到真实的绩效评价信息，从而比较客观地认识自己、认识别人。过程公平性是指薪酬系统的运行管理合理有效，如果组织的人力资源部门建立起便于管理者和员工关于薪酬管理的经常性的沟通渠道，在制定薪酬政策时，让员工充分了解并参与决策，具备正式解决员工对薪酬不满的上诉系统，就能够增强员工对薪酬系统公平性的认可。

3. 目标设置理论

目标设置理论最早是由美国马里兰大学的教授洛克（1968）提出来的，该理论的前提假设是，人类的活动是有目的的，它受有意识的目标的引导。个体的工作表现不同是因为他们为自己设置了不同的绩效目标。目标设置理论认为，目标本身具有激励作用，目标能把人的需要转变为动机，使人们的行为朝着一定的方向努力，并将自己的行为结果与既定的目标相对照，及时进行调整和修正，从而实现目标。这种使需要转化为动机，再由动机支配行动以达成目标的过程就是目标激励。管理中常用的手段诸如奖励、工作反馈、监督等都可以通过目标来影响动机。

在已有研究的基础上，Locke 等（1994）提出了一个综合的目标设置模型，即高绩效循环模型（the high performance cycle）。该模型从具体的、有一定难度的目标开始，如果个体对这些目标有高水平的承诺和自我效能感，采用适宜的任务策略并能获得适当的反馈信息，则会产生高的绩效水平。如果高绩效带来了个体所期望的奖励（包括自我奖励），则个体就会产生满足感。高度的满足感会提高个体的目标承诺水平，使个体愿意继续从事此类工作并接受新的、挑战性的任务，开始新一轮的高绩效循环；反过来，如果高绩效循环的这些条件没有得到满足，如任务缺乏挑战性或缺少回报，那么就会导致低绩效循环。

（三）行为改造型激励理论

行为改造型激励理论特别重视外部环境对行为的影响，主张从人的行为与客观环境刺激的相互作用中去寻找改造行为的方法，因此它研究激励的切入点是激励的相对终点、行为的外在目标和对行为结果的奖惩。行为改造型激励理论的主要研究内容经历了由对积极行为的引发与保持到对消极行为的改造转化的发展。不同的心理学派提出了不同的行为改造理论，如条件反射理论、社会学系理论和自我强化理论。这里主要介绍斯金纳的自我强化理论。

美国心理学家斯金纳（B. F. Skinner）认为，只要控制了行为的后果，如对一种行为给予奖励或惩罚，就可以达到保持、发挥积极行为，减少、消除消极行为，将消极行为转化为积极行为的目的。运用强化来改造行为常用的方式有四种，即正强化、负强化、惩罚和衰减。这四种方式可以单独使用，也可以结合使用。正强化亦称积极强化，是指在行为发生后，用物质或精神鼓励来肯定这种行为，使个体感到先前的行为对自己有利，从而在今后增强和增加这种行为的出现频率及反应力度。能起到正强化作用的因素有表扬、赞赏、增加工资和奖金、提升等。这是一种最常用且有效的强化方式。负强化与正强化的目的是一致的，但所采取的方式不同，它是预先告知某种不符合要求的行为或不良绩效可能引起的后果，使员工避免上述行为以回避某种不愉快的处境，从另一个角度增加了员工符合要求的行为出现的可能性。惩罚是一种事后措施，当消极行为出现后给予某种带有强制性、威胁性的不利后果，如批评、降职、罚款、开除等，以示对该行为的否定，从而达到减少或消除不良行为的意图。衰减是撤销对某种行为的强化，使之出现的频率逐渐减少，直至消失。除了强化的方式外，连续或间断的强化时间安排也会影响员工的行为和激励的功效。

由于得到奖励的行为倾向于重复出现，所以奖酬会强化绩效。工作绩效提高必须及时予以相应的奖励，没有报酬的行为将不再继续。这就要求在薪酬体系中设置绩效薪酬的内容，并且严格依据绩效的等级确定薪酬的差异，同时，还要重视薪酬支付的及时性，提高奖励的强化效果。

（四）综合型激励理论

综合型激励理论是在概括和发展前人研究成果的基础上提出的，它们将内在激励与外在激励结合考虑，为奖酬管理提供了更全面的指导。

最早的综合型激励理论当属心理学家勒温的场动力论。她认为人类的行为实际上是个体的内心因素和外界环境共同作用的结果，用公式表示为

$$B=f(P\cdot E)$$

其中，B 为行为；f 为某个函数关系；P 为个体的内在心理因素；E 为外界环境。

因此，对人的激励应该从两方面着手，从外部环境施加影响，从内心深处激发动机。两者兼顾，方能最大限度地调动人的行为积极性。

此外，比较有影响力的综合型激励理论还有波特和劳勒的激励过程模型、豪斯和迪尔在 1981 年提出的综合激励模式，以及斯蒂芬·罗宾斯的综合激励模式等。尽管这些理论模型的形式各异，但最终的结论都无一例外地强调外部奖励手段与内在激励的统一性，将系统和权变的观念贯穿于激励的研究中，丰富了人们对奖酬管理的认识。

二、激励理论的发展

当薪酬不再是对员工贡献的简单承认和回报，而成为组织战略目标和价值观转化为具体行动的不可或缺的管理流程，经典激励理论对现实的解释效力遭遇空前的挑战。20 世纪 70 年代至今，大量的从战略角度研究激励问题的理论涌现出来，推动了这一领域的发展。

（一）委托代理理论

1976 年，密西尔·詹森（Micheal Jensen）和威廉姆·麦克林（William H. Meckling）提出了委托代理理论。该理论认为，委托人和代理人之间存在利益和信息的不对称，委托人为了防止代理人损害自己的利益，客观上需要对代理人进行监督，但监督必须付出成本。如果监督过于严厉，不但会花费巨额的监督成本而且也会对公司的正常经营产生不利影响；如果监督过于松懈，则代理人会出现欺瞒、侵占等“败德行为”，损害委托人的权益。这就需要建立一套既能有效约束代理人的行为，又能激励代理人按委托人的目标、为委托人利益而努力工作的制度安排——让代理人成为剩余收益权利的拥有者。这一理论最先被用于设计经理人员的薪酬，后逐步扩大到存在委托代理关系的各种情景中。

按照委托代理理论，提高员工工作效率的关键是改善组织管理中的激励规则，建立与敬业激励相容的激励机制，使每个员工在追求自我利益的同时恰好实现组织的目标。因此，激励的核心任务是各层次的委托人为其代理人设计最优的激励机制，基本方法是把员工的报酬与股东们关注的利润联系起来，将员工的报酬变成利润的函数，使代理人与委托人的目标函数趋于一致。20 世纪 90 年代以来盛行的各种股权激励形式，正是这

一理论付诸实践的产物。

（二）人力资本理论

人力资本理论不是薪酬决定理论，但是它对薪酬的决定和管理有着不可忽视的影响。在知识经济时代，人力资本理论更是收入分配的重要理论和依据。早在 20 世纪 60 年代，美国学者舒尔茨（Theodore Schultz）就提出了人力资本的概念，后经加里·S. 贝克尔（Gary S Becker）、爱德华·丹尼森（Edward F Denison）等学者的努力，人力资本理论发展成为人力资源管理中举足轻重的理论。

人力资本（human capital）主要是指凝结在劳动者身上的知识、技能、体力所构成的资本，一般通过教育培训支出、医疗保健支出、劳动力流动支出、搜集劳动力信息支出等形式投资形成。人力资本有两个显著的特点：其一，它是以劳动者为载体的一种生产能力，与劳动者的生命与健康密不可分；其二，它的所有权不可转让或继承。这就决定了人力资本价值计量只能在人力资本使用的动态过程中、以劳动者的劳动绩效评价来确定，而不能像物质资本那样以货币来静态衡量。人力资本投资的目的，对国家及企业等组织而言是经济的增长，对于劳动者个人而言则是获得现在与未来的效用及满足。通常情况下，只有当预期收益的现值至少等于现在支出的现值时，人们才愿意做出这种投资。从薪酬角度来说，只有未来得到的薪酬现值等于或大于现在的教育投资等支出的现值，人们才愿意投资。因此，对拥有较高人力资本且稀缺的人才，如企业经营者、高级管理者和技术人员，不但要支付较高工资，而且应该允许这部分人力资本参与企业利润的分配。

首先，人力资本理论把劳动要素视为比物质资本更重要的生产要素，从理论上支持了人力资本所有者（员工）与物质资本所有者（股东）享有同等剩余索取权的结论，为员工薪酬设计中包含对企业利润的分配提供了依据。其次，根据人力资本理论，个人的人力资本含量越高，其劳动生产率越高，边际产品价值越大，因此薪酬也应该越高。这为组织内部薪酬水平的差异做出了有力的解释。最后，人才的流出会使组织的特殊培训投资严重损失，为了稳定组织内的核心员工、吸引优秀人才，在薪酬管理中，应该对那些关系组织生存与发展的关键性人才给予更高的全面薪酬回报，也是人力资本理论给我们的启示。

（三）共享经济理论

1984 年，美国经济学教授马丁·魏茨曼针对发达国家出现的经济停滞与通货膨胀并存的“滞胀”局面，提出了分享工资理论，又称共享经济理论。在他看来，西方经济运行中“滞胀”的根源在于传统薪酬。在传统的薪酬制度下，工资与厂商的经济活动无关。由于企业经营的目标是实现利润的最大化，因此，当整个经济处于不健康状况（如总需求下降）时，企业必然要维持既定的产品价格而缩减生产规模，这就造成了大量失业，而普遍失业又会导致新一轮有效需求不足和生活水平恶化；政府为防止经济衰退采取的措施又会引起通货膨胀，结果导致失业和通货膨胀并存。魏茨曼建议实行共享经济制度，即员工的工资不再是刚性的，而与某一种能恰当反映企业经营的指数（如企业的收入或利润）相联系，随利润增减变动。员工的劳动收入除了传统的固定工资外，还包括利润分享部分。换言之，劳动力与雇主达成的是双方在企业收入中各占多少分享比率的协议。当经济萧条、企业利润下降时，工人的工资也会随之下降，雇主就不必解雇员工以降低人工成本。当经济复苏、企业利润上升时，工人的工资又会自动回升。这样，企业随时都保留了一支稳定的员工队伍。在分享制度下，工资和产品价格成正比，任何价格变动都将自动地反馈给劳动成本，因此具有内在的反通货膨胀的倾向。当一个国家的全部（或大多数）企业实行分享工资制时，经济就会平衡扩张，顺利发展。

共享经济论提出后，引起了西方国家的广泛关注。一些国家在不同程度上进行了利润共享的尝试。从实践效果看，共享经济理论的应用，对减少失业、改善劳资关系、提高生产率等都起到了积极作用。

（四）战略薪酬理论

战略薪酬理论认为，薪酬体现的是组织内全新的价值观和实践方法，是组织战略和文化的组成部分，以特有的方式改变着组织的精神面貌、雇主与员工的关系及组织的竞争力和活力。有必要通过创造新的方法和形式，从战略的高度认识和管理薪酬，让员工在分享企业成功硕果的同时推动组织的进步和变革。战略性薪酬必须达到三个基本条件：第一，薪酬体系能反映根据工作与技能水平而定的内部薪酬关系；第二，薪酬水平能反映相对竞争者而言的薪酬支付地位；第三，薪酬能反映鼓励员工绩效的政策和长、短期激励政策。战略性薪酬管理的核心是做出一系列战略性的薪酬决策，回答如何才能依靠薪酬决策来帮助企业立于不败之地的问题。这个高度的薪酬系统设计并非一项单纯的技术层面的工作，而是持久促进企业战略目标实现的一项系统工程，是战略、制度和技术结合的有机整体。为此，需要从公司战略层面思考薪酬分配与战略目标的内在关系；从整体薪酬分配框架结构考虑各项分配制度的独特作用和相互关系；从技术层面有效设计各项分配制度。

第二节　奖酬决策的选择

奖酬一般有经济性奖酬与非经济性奖酬之分，从本章第三节开始，分析的重点放在经济性奖酬上，主要包括工资、奖金、福利、津贴和股票期权等长期奖励项目。奖酬是一把双刃剑，它既能激励员工的工作热情，又是组织运作的主要成本之一，因此，需要慎重的决策。奖酬决策（reward decision）通常包括奖酬总额决策、奖酬水平决策和奖酬结构决策。

一、奖酬总额决策

奖酬总额由企业所有员工的工资、奖金、加班费、职务津贴、退休金、福利安全费、劳动保险费、培训经费等费用开支构成，反映的是企业人工成本的总体规模。要确定一个较为合理的奖酬总额，需将企业的支付能力、员工的基本生活费用、薪酬的市场行情三个要素结合起来考虑。常用的奖酬总额决策有以下三种方法。

1. 根据奖酬比率推算奖酬总额

这是确定奖酬总额最简单、最基本的方法。奖酬比率（或称人工费率）是指每获得一个单位的营业收入需投入的人工费用，即奖酬比率=奖酬总额/营业收入总额(或利润)。如果企业的经营业绩稳定且适度，则可使用本企业历史年度的奖酬总额与收入之比，推导出奖酬比率，然后再按照下列公式：奖酬总额=奖酬比率×利润（或销售额），预算未来的奖酬总额；若本企业经营水平不佳，则应参考行业一般水平来确定合理的奖酬比率，然后再推算出奖酬总额。

2. 根据盈亏平衡点推算奖酬总额

所谓盈亏平衡点，是指企业的销售收入正好等于总成本，企业处于不盈也不亏的临界状态。盈亏平衡是企业维持经营的最低要求，在这种状态下计算出的奖酬总额一般是企业所能允许的最高奖酬成本。其基本公式如下：

$$\text{销售额}=\text{固定成本（含人工成本）}+\text{变动成本}$$

由此推出，人工成本=销售额−所有其他成本（变动成本+部分固定成本）

$$\text{故盈亏平衡点的人工费率}=\frac{\text{人工成本}}{\text{销售额}}=\frac{\text{销售额}-\text{所有其他成本}}{\text{销售额}}=1-\frac{\text{所有其他成本}}{\text{销售额}}$$

显而易见，企业在盈利状态下的奖酬总额费用率应该低于这个盈亏平衡点的人工费率。在这个上限下确定一个合理的奖酬总额比率，再按照奖酬总额=奖酬总额比率×目标利润（或目标销售额），即得到奖酬总额。

3. 根据劳动分配率推算奖酬总额

这种情况下，奖酬总额的计算公式为

$$\text{奖酬总额}=\text{当年的附加价值}\times\text{劳动分配率}$$

其中，当年的附加价值是计算年度企业生产价值中扣除购买材料或动力的费用之后所创造的增加值，是实际可用来进行分配的收入。附加价值的计算方法有两种：一种是扣除法，由销售净额扣除外购价值求出；另一种是相加法，即将形成附加价值的各项因素相加而得出。劳动分配率应以全国平均企业劳动分配率为尺度，如果缺乏全国平均企业劳动分配率的资料，而本企业在行业内部的劳动分配具有一定的代表性，也可以用企业过去年度的奖酬总额/过去年度的附加价值得到本企业的劳动分配率。

二、奖酬水平决策

奖酬水平决策的实质是相对于市场的薪酬水平设定本企业的奖酬水平，从而保证企业奖酬政策的外部竞争力。企业在对自身的发展阶段、经营特点、经营战略及财务承受能力进行分析的基础上，通过薪酬调查（wage and salary surveys）对外部市场薪酬水平有了充分的把握，就可以对企业薪酬水平的市场定位进行战略性决策，以保证企业的薪酬水平符合自身的战略发展需要。常见的策略有三种，即本企业的奖酬标准高于、相当于或低于市场水平。无论使用哪一种策略，市场薪酬调查都是决策前必不可少的步骤。

1. 市场领先策略

相比同行业的竞争对手的薪酬水平，采用该薪酬策略的企业薪酬水平处于优势地位，奖酬标准一般高于市场平均水平。采取该策略的企业，往往基于以下几点考虑：其一，市场处于扩张期，有很多市场机会和成长空间，对高素质人才需求迫切；其二，企业自身处于具有较强薪酬支付能力的高速成长期；其三，企业在同行业市场中处于领导地位。例如，20 世纪 90 年代初，极速发展的华为公司就采用市场领先的薪酬策略来海纳英才。

2. 市场跟随策略

采取该策略的组织，一般有两种路径，一是寻找本组织的标杆，以标杆组织的薪酬水平作为自身定薪的标准和参照；二是调查同行业或所在地区竞争对手的平均薪酬水平，保证自己的薪酬水平与之相当。市场跟随策略可以稳定员工队伍，同时与竞争者相比在人工成本上也没有过重的负担。

3. 市场滞后策略

市场滞后策略也称为成本导向策略，是指企业在制定薪酬时主要考虑节约人工和管理成本，将薪酬水平定在市场水平之下。使用这一策略，不利于吸引和保留人才，因此一般用于企业经营困难或市场就业行情不佳、劳动力的可替代性强及无关紧要的岗位上。

在管理实践中，越来越多的企业突破了单一薪酬水平策略的局限，开始尝试针对不同的部门、不同的人才或者不同的岗位采取不同的薪酬水平策略，即混合薪酬水平的策略。例如，将市场领先的薪酬策略应用在企业核心的、关键性的人才和岗位上，对于普通岗位的员工实施非领先的薪酬水平策略，兼顾留住人才和降低成本的目标。

三、奖酬结构决策

所谓奖酬结构决策是对奖酬（主要是指经济性的薪酬）的重叠、等级、幅度、级差等进行权衡和安排，解决的是奖酬的内部公平问题。这里涉及一些薪酬的专业术语。

1. 薪酬等级

为了管理的方便，根据工作评价所评定的工作的复杂程度、重要性、责任及性质等，将各种工作归入不同的等级，对应不同的薪酬水平，即薪酬等级。同一薪酬等级内包含相对组织而言价值相同、劳动差别不大的若干种工作或技能水平相同的若干名员工，其基本工资都是相同的。

2. 薪酬幅度

薪酬幅度是指在一个薪酬等级内最低报酬和最高报酬之间的差额，也就是每一个薪酬等级可能支付的范围。每个薪酬等级内部的幅度反映了在正常情况下，员工从没有经验到完全能够胜任这一工作期间薪酬水平的相应变化，从而使从事同一工作的员工因为资深或表现优秀而获得逐步增加薪酬的可能。

3. 薪酬级差

薪酬级差是相邻两个薪酬等级的薪酬标准相差的幅度。薪酬级差有两种表现形式，即绝对数表示法和相对数表示法。绝对数表示法是相邻两个等级的薪酬标准绝对额之差，如某企业第五级薪酬标准与第六级薪酬标准相差 1 000 元。相对数表示法是以薪酬等级系数来确定级差幅度。所谓薪酬等级系数就是某一等级的薪酬标准与最低等级薪酬标准的对比关系，说明某一等级的薪酬标准是最低等级薪酬标准的倍数。例如，某企业第五级薪酬标准是最低等级（一级）薪酬标准的 1.5 倍，第六级薪酬标准的薪酬等级系数是 1.6。

4. 薪酬重叠

薪酬重叠是指相邻的薪酬等级之间薪酬额度的重叠。例如，某企业第五级薪酬标准是月薪 4 000~5 000 元，第六级薪酬标准是月薪 4 800~5 800 元，其中月薪 4 800~5000 元这个区间是第五、第六薪酬等级之间的薪酬重叠。一定程度的薪酬重叠可以使从事较低等级工作的资深员工获得与那些工作高一等级但资历有限的员工相同甚至更高的工资水平。

从奖酬的等级多少和级差大小来看，企业的奖酬结构策略可以分为平等化策略和阶层化策略。平等化的奖酬结构并不是企业成员之间绝对平均的奖酬分配，而是指企业的奖酬层次比较少，最高奖酬水平与最低奖酬水平之间的差距比较小，相邻的工资档次之间的级差也很小。而阶层化的奖酬结构则是指企业的奖酬层次比较多，最高奖酬水平与最低奖酬水平之间的差距比较大，相邻的奖酬档次之间的级差也比较大。奖酬结构的平等化和阶层化是一组相对的概念，二者之间的区分并没有一个绝对的标准。在实践中，企业的奖酬结构采取哪一种策略，取决于企业中工作的组织方式。如果工作是以团队和部门为核心来完成的，平等化的奖酬结构策略更合适一些；而如果工作是以员工个人为核心来组织的，则实行阶层化的奖酬结构策略可能会更适合。

第三节　薪酬体系的设计

薪酬体系（compensation system）是由薪酬的构成内容及支付基准组成的完整系统，它的设计是企业奖酬管理的核心环节。

一、薪酬体系设计的基本流程

薪酬体系设计的要点在于“对内具有公平性，对外具有竞争力，对员工具有合理性”。要设计出合理、科学的薪酬体系，正确的流程十分重要。虽然不同类型的薪酬体系在设计过程中的流程略有不同，但基本的流程如图 8-2 所示。

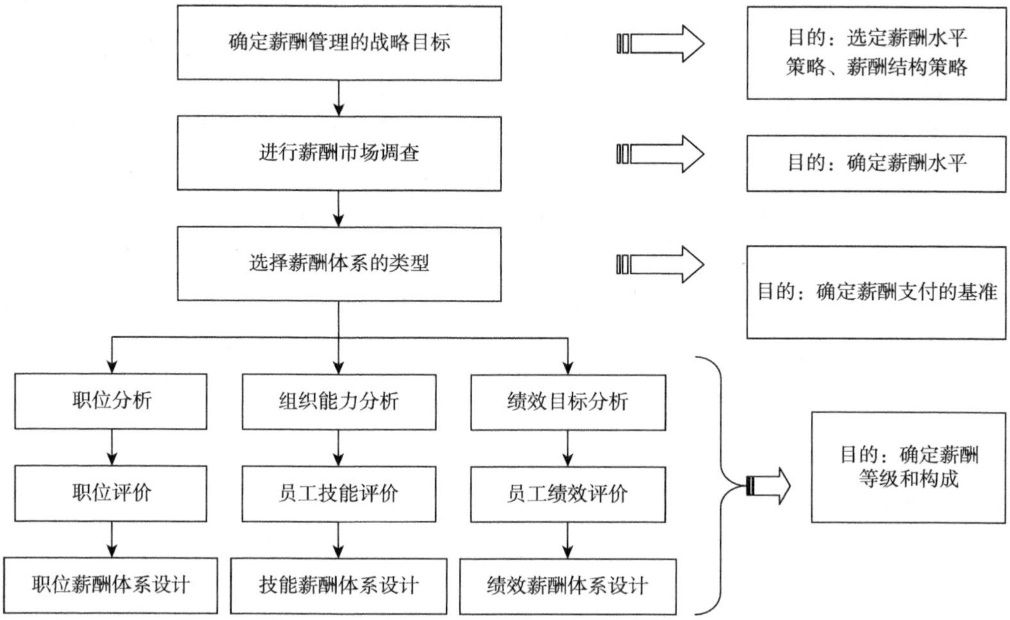

图 8-2 薪酬体系设计的基本流程

第一步，确定薪酬管理的战略目标。即在薪酬水平和薪酬结构方面做出总体策划。例如，为了支持本企业的经营战略，吸引高水平的科技人才，决定对科研人员的薪酬水平采取市场领先策略，对其他工种员工的薪酬采用市场跟随策略；在薪酬结构上，决定科研职位与其他职位之间实施阶层化策略，但在科研团队内部实行平等化的策略。

第二步，进行薪酬市场调查。薪酬调查是通过各种正常渠道，获取相关劳动力市场和同行业企业各种工种和职位的薪酬水平及有关信息的过程。进行薪酬调查，通常可以利用以下渠道。

（1）企业之间的相互调查，即相关企业的人力资源部门采取座谈会、问卷调查等形式，共享相互之间的薪酬信息。

（2）委托专业机构进行调查，即通过支付一定的费用，委托管理顾问公司或人才服务公司等专业机构进行薪酬调查。

（3）从公开的信息渠道了解，如从企业发布的招聘广告上、人才交流部门定期提供的职位薪酬参考信息中也可以收集到一些资料。

实施薪酬调查一般有如下步骤：首先，人力资源部门确定此次薪酬调查的目的和调查结果的用途，据此制订调查计划。其次，选择有较强可比性的劳动力市场和企业作为薪酬调查的对象，挑选出一些关键、有代表性、在市场上容易找到可比职位的工作，即标尺性工作，这是薪酬调查的主要内容。因为通常情况下，每个企业都有很多种类的工作，薪酬调查想涵盖所有的工作是不现实的。接下来，选择恰当的薪酬调查方式。比较常见的调查方式有面谈法（座谈法）、问卷法、公开信息收集法等。采用面谈法要提前拟好访谈提纲；采用问卷法要先行设计调查表；采用公开信息收集法要列出需要收集的资料清单。随后是最核心的步骤——实施调查，实际上就是收集各种薪酬资料和信息的过程，如收集调查对象企业的薪酬管理政策、方式和制度规定等资料，了解其养老金、员工股息、假期规定、医药补助等各种福利和保险待遇，获取某一职位的基本薪资、工资等级和级差、加班费、津贴、红利等信息。最后，审阅调查所得资料，进行整理、统计，得出各标尺性工作的薪酬总额，计算出每一职位的最高和最低的薪酬率、中位数等，作为本企业确定薪酬水平的参考依据。

第三步，选择薪酬体系的类型。薪酬体系的类型主要由支付薪酬的基准（即支付基本报酬的依据）确定，一般分为以年资为基础的薪酬体系、以职位为基础的薪酬体系、以技能与能力为基础的薪酬体系、以绩效为基础的薪酬体系等类型。后三类薪酬体系在管理实践中运用比较广泛。例如，某企业决定对技术类的职位以员工技能水平为支付基本报酬的依据，即对技术人员采取技能薪酬体系；对销售类的职位以员工完成的销售业绩为支付薪酬的基准，即对销售人员采取绩效薪酬体系；对其他职位，如管理类、后勤服务类的职位，则以职位对组织的贡献为支付薪酬的基准，也就是说对其他人员采取职位薪酬体系。

第四步，根据不同类型薪酬体系的技术要求进行具体设计。

二、不同类型薪酬体系的设计

（一）基于职位的薪酬体系设计

基于职位的薪酬体系是比较成熟、稳定、传统的薪酬体系，运用得最为广泛。该薪酬体系的设计思想是，员工对企业的贡献主要体现为其担任职位的价值大小，因此，可以根据员工所承担职位的职责轻重、工作难度和复杂性等因素进行职位的价值评价，并以此为依据确定员工的工资。实施这种薪酬体系要求企业的外部环境和内部运作相对稳定，员工的工作范围和内容比较固定，以便能够对职位价值进行准确的评价。采用这种薪酬体系的企业组织结构通常为金字塔型，越到上级人员越少，但岗位价值越大，薪酬也越高。

基于职位的薪酬体系的设计难点在于职位评价。所谓职位评价，是指在职位分析的基础上，采用工作排序法、因素比较法、工作分类法、点数法、海氏系统法等量化方法，对职位的影响范围、职责大小、工作强度、工作难度、任职条件等特性进行评价，系统地确定职位在组织中的相对价值，并据此建立起一个涵盖组织中所有职位的价值（等级）结构，即建立企业中从最高价值的职位到最低价值的职位的一个等级序列。

下面以某热电公司为例，说明如何进行职位评价和确定职位薪酬标准。该公司采用点数法对全部岗位进行职位评价，选用的职位评价指标及权重见表 8-1。

表 8-1 某热电公司职位评价的指标及权重

职位评价要素（指标）		权重/%	赋予分数/分
学历与能力要求		6	60
岗位可替代性		6	60
工作强度	体力劳动强度	3	30
	脑力劳动强度	4	40
工作环境		5	50
劳动责任	质量责任	10	100
	产量责任	4	40
	安全责任	6	60
内外协调责任	内部协调责任	4	40
	外部协调责任	2	20
管理督导	下属人数（直接与间接下属）	3	30
	管理复杂度	7	70
影响范围	对业绩的影响程度	25	250
决策程度	工作权限	15	150
合计		100	1 000

然后，对每一项评价指标进行详细定义，并进一步细分等级，将每一项赋予的分数再分解，以便增强职位评价的可操作性。例如，对劳动责任指标内含的安全责任分指标，细分为 12 个等级，被赋予的分数为 0~60，每个等级相差 5 分。

接下来，由企业成立的工作评价委员会的 20 名成员，对各个职位按照上述指标和标准逐项进行打分，再排序。公司主管级管理职位的排序结果见表 8-2。

表 8-2 某热电公司主管级管理职位评价的排序表

岗位序号	岗位名称	得分/分
1	生产管理部部长	798
2	技术质量部部长	782
3	QCD 改善部部长	754
4	安全环保部部长	725
5	市场营销部部长	705
6	装备部部长	687
7	财务部部长	683
8	人力资源部部长	678
9	项目部部长	650

最后，确定薪资等级和水平。该公司设定以 100 个点为一级薪资等级，共分为 10 级薪资。以市场营销部部长为例，其职位评价得分为 705 分，应该属于第 8 级薪资等级（700~800 分）。该公司打算对管理类岗位采取与市场薪酬水平一致的策略，前期进行了薪酬市场调查，市场营销部部长职位被选作标尺性工作，调查得知，本地区同行企业中市场营销部部长职位工资的中位数标准为 5 750 元，由此推断出岗位工资率为每个点 8.2 元（即 5 750 ÷ 705 ≈ 8.2），进而可知，本公司第 8 级薪资的幅度为 820（即 8.2 × 700–8.2 × 800）元，然后依次推出其他各薪级对应的具体薪金额，并绘制出整个公司的职位薪酬归级表。

由于职位薪酬体系在确定基本薪酬时只考虑职位本身的因素，很少考虑人的因素，比较客观公正，能够实现真正意义上的同工同酬。而且，按照职位系列进行薪酬管理，操作比较简单，容易理解，管理的成本较低。由职位等级确定的薪酬结构和薪酬水平逻辑性强，在薪酬水平整体调整、职位设置等发生变化时，很容易对已有的薪酬体系进行修改。

然而，随着知识经济时代的到来，企业面临的环境日益复杂多变，这一薪酬体系的缺陷也逐渐暴露出来，表现为以下几点。

（1）由于职位所规定的工作内容比较固定，员工工作缺乏灵活性，不利于企业适应日益多变的市场环境。

（2）组织结构逐渐扁平化，使员工垂直晋升的机会减少，由于薪酬与职位直接挂钩，当员工晋升无望时，就无法获得较大的加薪，工作积极性受挫。

（3）在知识经济时代，企业要求员工不断学习新的知识和技能以适应未来工作的需要，但职位薪酬无法对员工拥有的知识和技能给予报酬。

（4）当项目小组、工作团队等灵活的工作方式取代了固定的工作岗位，员工的工作内容多变，职位概念模糊，职位薪酬体系就难以为继。

（二）基于技能与能力的薪酬体系设计

基于技能与能力的薪酬体系是一种典型的以任职者为基础的薪酬体系，根据任职者所掌握的与工作有关的技能和能力支付基本薪酬。它是企业在适应知识经济时代的要求而逐步兴起的，又可细分为技能薪酬体系和能力薪酬体系。技能薪酬最初是针对操作性的蓝领技术工人的薪酬方案，根据员工所掌握技能的深度和宽度来决定其基础工资，员工所获得的薪酬并不必然与职位挂钩，只要具有高水平或多种类的技能，就可以获得较多的薪酬。20 世纪 90 年代以来，技能薪酬的应用范围从蓝领工人扩展到白领和专业技术人士。能力薪酬体系由技能薪酬体系设计的思想发展而来，建立在胜任力模型基础之上。胜任力模型包括通用能力模型和专用能力模型，由此决定薪酬的因素不仅包括传统的、单纯的知识和技术，还包括那些适应公司发展需要与能够产生高绩效的潜在能力，如团队协同能力、学习能力等。

基于技能与能力的薪酬体系的设计要点在于技能的界定与评价。其操作步骤如下。

（1）界定技能和能力。技能与能力薪酬体系的设计一般从对各职位所涉及的各种工作任务的分析开始，在此基础上将各种工作任务组合成不同的技能模块，明确企业准备为哪些技能和能力支付薪酬。例如，某制造企业把其技术人员的技能分成一级、二级、三级，其中三级技能为最高等级，是技术专家级别，三级技能模块的界定见表 8-3。

表 8-3　某制造企业技术人员的三级技能模块

从事该任务的员工具有高水平的专业知识、判断能力和应变能力	
三级技能： 技术专家	对零部件进行再加工 解决质量问题 编写设备专用的程序系统 执行高级计算机功能 装配转子 装配和拆卸专门的零部件 确认质量问题

（2）建立能力资格标准。通常首先对企业中纳入能力薪酬体系的所有职位进行归类，如分为管理类、研发类、营销类、生产技术类等；其次对每一类职位根据其自身的能力差异规律划分出几个等级，形成各职系和各等级的能力资格标准，使企业以明确的衡量手段来评价员工是否具备某种能力。沿用上例，某制造企业针对技术人员中的三级技术专家的“零部件再加工”能力，建立了如下的技能等级评分标准（表 8-4）。

表 8-4　某制造企业三级技术专家“零部件再加工”技能等级评分标准

等级尺度	员工技能等级
1	掌握了最简单的几项技能，但还不能有效胜任该项工作
2	掌握了胜任该岗位所要求的部分技能，还有部分技能有待进一步提高
3	基本掌握了胜任该岗位所要求的大部分技能，但都处于普通状态
4	掌握了胜任该岗位所要求的绝大部分技能，而且有些方面已经比较出色
5	完全掌握了胜任该岗位所要求的各方面技能，而且非常优秀
6	以卓越的技能和优秀的成果给企业带来了直接的经济（社会）效益

（3）进行技能定价。技能定价就是根据每项技能的特点确定员工具备该项技能时能够获得多少薪酬。在对每项技能进行定价的基础上，还要将各项技能的价格分解到它的每个等级上，便于确定当员工达到该技能的某一等级要求时，可获得的对应薪酬。技能定价最常见的方法是市场定价，即对每项技能在相关劳动力市场上所获得的薪酬进行调查，据以确定每项技能在本企业应该获得的薪酬。例如，某制造公司拟对技术类人员采用市场跟随的薪酬水平策略，本公司的三级技术专家对应市场上机械专业的“高级工程师”，市场上对机械专业的“高级工程师”一般重视任职者的专业知识和技能、判断能力、应变能力，与本公司界定的技能基本吻合。通过薪酬市场调查，该公司确定了三级技术专家的月薪在 7 500~9 000 元，区分为 6 个薪资档，其中最低档为 1 档薪资 7 500 元/月。然后将上述月薪标准分解到本公司界定的“零部件再加工”等七个具体的技能上，其中“零部件再加工”分解到 700~1 200 元，再将价格区间分解为 6 个等级，对应的技能价格从最低档（1 级）700 元到最高档（6 级）1 200 元。

（4）评价员工能力。企业组成员工能力（技能）评价小组，对员工进行能力评价，将其划分在特定的等级中，颁发内部的技能认证证书，评价结果为哪一个等级，就可以得到该等级对应的薪酬。例如，某制造公司的员工能力（技能）评价小组对张三通过技术卷面考核、实操、情景模拟等测评，得出其每一项技术模块的分数，累加后换算成技术等级，认定张三属于“三级技术专家”中的第 1 档，即张三每月的薪酬为 7 500 元。

基于技能与能力的薪酬体系打破了传统职位薪酬体系官僚化的倾向，让员工不通过职位晋升，而是提升自己的知识、技能和能力来获得薪酬的增加，为员工提供了更为广阔的职业生涯道路；它还有利于鼓励和引导员工不断学习新的知识、技能，培养员工的核心专长，从而帮助企业提升人力资源的素质，有效支撑企业的核心竞争能力。

当然，基于技能与能力的薪酬体系也有一些缺点：首先，技能和能力并不等同于现实的业绩；其次，能力的评价比较困难，常带有一定的主观性，而且这类薪酬体系的建立和维持非常复杂，对企业人力资源管理的水平要求很高。

（三）基于绩效的薪酬体系设计

员工的行为与工作业绩有直接关系。如果任职者通过自身的努力能够很大程度地影响工作产出，就可以采用基于绩效的薪酬体系设计。这一薪酬体系强调员工实际工作绩效对企业的动态价值，把薪酬与紧密绩效联系起来。处在竞争性强的环境中的企业适宜采用这种薪酬体系。从职族角度而言，高层经营管理类、市场销售类、部分产品开发类、适合计件的操作类职位，比较适合绩效薪酬。基于业绩的薪酬模式体现在薪酬内部结构上，就是浮动薪酬远大于固定薪酬。

基于绩效的薪酬体系设计重点在于绩效目标的确立和绩效考评的合理性。因此，选择合适的考核指标和方法，对这一薪酬体系的设计格外重要。关于绩效考核的内容，本书前面的章节已有介绍，这里不予赘述。

下面以某重型机械营销公司为例，说明如何设计基于绩效的薪酬体系。该公司采用市场薪酬水平跟随策略，保证自己的薪酬水平与行业的平均薪酬水平相当。对销售类岗位的固定工资（岗位工资）与浮动工资（绩效工资）的比例设定为 50%：50%。通过薪酬调查得知，本行业一线销售员的薪酬水平的中位数在 1.1 万元/月，据此确定销售员的岗位工资水平为 5 500 元/月，绩效工资全额可以达到 5 500 元/月（表现优异者可超额奖励）。该公司对一线销售员建立了包括销售额完成率、回款率、费用预算控制率、客户满意度在内的 4 个关键业绩考核指标，并确定了各指标详细的计算方法、考核标准和权重。在每月末，根据财务处和客服中心提供的数据，由销售员的直接上级对其做出绩效考核，将销售员个人绩效考核分数换算分为四个等级之一：优秀（90 分以上）、良好（71~90 分）、合格（60~70 分）和待改进（60 分以下）。接下来计算绩效工资。计算公式如下：

$$月度绩效工资=对应的绩效工资基数\times 个人绩效系数$$

绩效工资基数是计算绩效工资的基础值，该公司设定为岗位工资水平（5 500 元/月）。个人绩效系数是员工个人绩效考核结果对应的绩效工资换算系数，“优秀”对应的绩效系数 1.2，“良好”对应的绩效系数 1.0，“合格”对应的绩效系数 0.8，“待改进”对应的绩效系数 0。

销售员张×，当月绩效考核结果为优，当月的绩效工资为 5 500 元/月 × 1.2=6 600 元/月，当月的全部薪酬收入为岗位工资 5 500 元/月+绩效工资 6 600 元/月=12 100 元/月。

基于绩效的薪酬体系依据员工绩效的差异确定奖酬的数量，有利于激励员工提高工作绩效。这一薪酬体系另一优点是，企业可以根据经营的好坏，调整薪酬额度，以便控制人工成本。

然而，这一薪酬体系也有不足，主要表现如下：当实行组织绩效和团队绩效奖励，而组织或团队内部成员的个人绩效又不易测量时，难免有“大锅饭”之嫌；当强调个人绩效奖励时，又可能导致部门或者团队内部成员不良竞争，减少合作。

第四节　全面奖酬管理的实施

全面奖酬管理是迄今为止最具综合性、全方位的奖酬管理方案，由约翰·E. 特鲁普曼（John E. Torpman）提出。它兼顾了员工的内在需求和外在需求，又是物质性奖酬和精神性奖酬的统一，成为现代企业奖酬管理的发展趋势。

一、全面奖酬管理的内涵和特点

（一）全面奖酬管理的内涵

全面奖酬（total compensation）管理是以组织的经营战略和企业文化为根本，兼顾可能影响企业绩效的各个因素，实行全方位的奖酬管理，最大限度地发挥奖酬对组织战略的支持功效。全面奖酬包括“外在奖酬”和“内在奖酬”两大类。外在奖酬即经济性奖酬，主要是指提供给员工的可量化的货币性奖酬，如基本工资、奖金、津贴、医疗保险、公司配车等，由公司支付的各种货币性开支，均属于这一类奖酬；内在奖酬也称非经济性奖酬，是指提供给员工却无法量化的各种奖励价值。例如，良好的工作保障和环境、参与管理和个人成长的机会、有吸引力的企业文化、对员工的赞赏和谢意等。全面奖酬管理以员工为导向，内外兼顾，突破传统薪酬管理的种种局限，有助于改善人力资本投入的收益性，能够最大限度地激发员工工作的积极性和创造性。

（二）全面奖酬管理的特点

（1）战略性。全面薪酬管理的核心是，依据组织的企业文化和经营战略制定系统的奖酬策略，运用所有各种可能的方式，通过合理的奖酬组合最大限度地支持组织战略的实现。

（2）激励性。关注绩效是全面奖酬管理的一个重要的特征，事实上，全面奖酬管理的宗旨就是让那些绩效满足组织要求，让绩效优异者得到充分的物质的和精神回报，所以突出激励性也是全面奖酬管理的显著特点。

（3）灵活性。在全面奖酬管理中，不存在适用于所有部门和人员的最佳奖酬方案。企业根据不同的要求制订出针对性的奖酬方案，从而同时实现企业目标和员工个人的追求。

（4）创新性。全面奖酬管理一方面保留了很多优良传统的管理措施，如收益分享等；另一方面，在实践过程中，管理者一般会采取与从前截然不同的方式实施奖酬管理，因时因地加以改进，以便适用于不同的情景。

（5）沟通性。全面奖酬管理理论旨在通过薪酬体系将组织的价值观、使命、战略、规划及组织的未来前景展示给员工，赋予员工以实际的角色，从而将企业与员工的价值观共享和目标认同合二为一，并且在制定和实施管理的整个过程中进行实时跟踪监控。因此，全面奖酬管理把沟通视为推行这一管理不可缺少的条件，通过有效的沟通保证全面奖酬管理的顺利进行。

二、奖酬构成要素的激励分析

（一）全面奖酬的构成要素

根据全面奖酬管理的定义，全面奖酬的构成要素非常丰富，如表 8-5 所示。

表 8-5　全面奖酬的构成要素

奖酬的分类	直接奖酬	间接奖酬
经济性奖酬	基本薪酬（固定工资） 绩效薪酬（浮动工资） 激励性薪酬（奖金、股权收益、利润分享等）	福利（法定保险项目、自主福利项目、带薪休假等）
非经济性奖酬	工作环境（和谐的组织文化、良好的人际关系、弹性工作安排、便利的交通和通信、完善的办公设施等）	工作满足（工作的多元化、趣味性和挑战性、工作的成就感和责任感、参与管理的机会、培训和发展的机会、褒奖的机会等）

（二）经济性奖酬的激励分析

1. 基本薪酬

基本薪酬是员工因完成工作而得到的周期性发放的货币性薪酬，其数额相对固定。企业通常考虑当地物价水平、国家的相关法规及劳动岗位的差别等薪酬影响因素，确定基本薪酬的金额。所以，基本薪酬往往又可以分为以下几种类型。

（1）基础工资，是保障劳动者基本生活、维持劳动力再生产所必需的部分。基础工资水平的制定标准主要考虑国家和地方的法规规定（如最低生活保障、最低工资标准）及物价水平。

（2）职位（职务）工资，即按照各种不同职务、职位的业务技术要求、劳动条件、相对价值等因素确定的工资。

（3）技能工资，即由员工的业务技术水平或综合能力而决定的工资，多与技术职称挂钩。

（4）年功工资，是对职工工作经验和劳动贡献的积累所给予的补偿，随着工龄增长逐年增加工资，一般在工资构成中占的比重较小。

（5）津贴，是对劳动者在特殊条件下的额外劳动消耗或额外费用支出给予的补偿，其发放依据是劳动所处的环境和条件的恶劣性。津贴的主要形式有地区津贴、野外作业津贴、井下津贴、夜班津贴、流动施工津贴、取暖或高温津贴、职务津贴、放射性或有毒气体津贴等。

基本薪酬是满足员工生存、安全等物质需要的主要渠道，维持员工工作积极性的必要条件，具有显著的保健效果，但激励功能十分有限。

2. 绩效薪酬

绩效薪酬是根据企业经营效益的好坏和个人业绩的优劣确定的薪酬，与组织的业绩目标紧密相连。管理实践中，一般先要给员工设定绩效目标和标准，再根据员工当期绩效考核的结论，确定其薪酬水平，多劳多得、优劳优得。这类薪酬具有不稳定的特征和较强的短期激励效果。

3. 激励性薪酬

激励性薪酬既包括具有短期激励效果的奖金，又包括股权等长期激励工具，一般具有高差异性和低刚性的特点，在调动员工工作积极性和留住人才方面的效果非常显著。其中，奖金与超额劳动有关，具有较强的目的性和针对性，能比较准确、及时地反映员工实际劳动的差别和变化。常见的奖金种类有加班奖、职务奖、建议奖、特殊贡献奖、节约奖、年终绩效奖等。利润分享是指把超过目标利润的部分在全体员工之间进行分配，把这一部分以现金的形式分给员工或直接存入员工的某一信托账户让员工退休后领取。股权则是向本企业雇员赠与或出售一定数量企业的股票、股权或股票选择权，使员工可以通过分红、转让股权（股票）等方式获得较大的收益。这种薪酬体现了企业与员工共享收益、共担风险的激励思想。

4. 福利

福利（benefits）是组织成员所享有的组织为其将来的退休生活及一些可能发生的不测事件（如疾病、事故）等提供的经济保障，其费用部分或全部由用人单位承担。福利中有一部分是具有政府强制性的法定福利，如失业保险、养老保险、住房公积金等；另一部分是自愿性福利，由企业自行设置福利项目，常见的形式有交通补贴、通信补贴、工作餐、工作制服、带薪假期，以及为员工提供的各种娱乐、文体设施和家庭服务等。福利体现均等性、共享性、补充性和保证性等特征，是培育员工对企业的归属感和忠诚的独特手段。如今，福利出现了向自助式、弹性化发展的倾向，能够更好地满足员工的需要。

（三）非经济性奖酬的激励分析

1. 外在的非经济性奖酬

外在的非经济性奖酬主要是企业为员工营造的良好工作环境，包括组织文化环境和客观工作环境两个方面。组织文化环境与企业的政策、制度息息相关，企业只有树立了“以人为本”的理念，并在各种规章制度（如招聘选拔制度、培训制度、职业生涯管理制度、薪酬制度等）中充分体现这种思想，把职工当作“自己人”，才能营造出调动他们积极性、主动性和创造性的文化氛围。客观工作环境主要是指办公环境、设施设备、卫生安全方面的要求，舒适的客观环境也有利于提高员工的工作效率。外在的非经济性奖酬是防止员工产生不满的重要因素，具有保健的效果。

2. 内在的非经济性奖酬

内在的非经济性奖酬是员工从工作本身获得的乐趣、成就等心理收入与从组织中得到的尊重、自我实现等心理满足。工作是员工体现个人价值的主要方式，组织是员工实现个人价值的平台。通过工作设计和组织管理，员工能够得到其他方式所不及的高层次的心理满足，从而对组织产生强烈的认同感、归属感和忠诚心。随着知识型员工在员工队伍中的比重逐渐增加，员工对工作的期望越来越高，当传统激励手段的激励效果开始滑坡，内在的非经济性奖酬以其饱满的激励内涵日益受到关注。

三、全面奖酬管理的实施

全面奖酬管理的实施是一项艰巨而复杂的系统工程，既包含程序性的工作，也包含非程序性的设计。要推进全面奖酬管理的实施，需要注意以下问题。

1. 组织结构的设置要兼顾“以工作为中心”和“以人为中心”

全面奖酬管理应该在开放的、扁平的、动态的组织结构中展开。组织结构应突显本位开放、横向开放、国际开放，这样的组织结构才能保持信息对称，全面奖酬管理的沟通和激励作用才能达到。同时，组织结构的设置不能只考虑工作需要和组织目标，也要适当兼顾“以人为本”，在组织结构上为增加员工职业发展通道、丰富工作内容、拓宽工作技能，留出足够的用武之地。

2. 职业生涯发展计划的设计要以人的全面发展为宗旨

全面奖酬管理把“人力”看做“资本”，试图克服所有权支配劳动、物权支配人权的传统人力资源管理的弊端。因此，实施全面奖酬管理，要尊重人全面发展的本性追求，在物质激励的同时提供个人职业成长的途径。在设计员工的职业生涯发展计划时，要重视人的个性需求和全面发展，一方面，通过竞争性的职业通道满足能力强的员工的高层次需要，增加个人的满意度；另一方面，通过拓宽的职业空间满足广大员工群体的职业生涯平稳推进的需要，减少职业挫折感和职业压力感。所以，把接受教育和培训作为一种奖酬手段，与职业生涯发展计划联系起来，保证员工的“人力”能够成长为“资本”，实现企业与员工的双赢。

3. 薪酬体系要进一步完善和优化

薪酬是全面奖酬管理的重头戏。企业应秉承全面奖酬管理的宗旨，对现有的薪酬体系进行优化，突出人性化、个性化、公平性和激励性，使薪酬水平和薪酬结构更加科学合理。

4. 非经济性奖酬的实施措施要细化

首先，改善工作环境，培育符合全面奖酬管理战略思想的组织文化；其次，采用工作丰富化、岗位轮岗、工作扩大化等工作设计的手段使工作更富有吸引力；最后，扩大工作自主权，提供员工个人成长的机会。

【本章小结】

激励与奖酬管理作为人力资源管理的核心内容，近百年来已取得了不菲的研究成果。目前，激励基础理论可以划分为内容型激励理论、过程型激励理论、行为改造型激励理论和综合型激励理论。

奖酬体系的类型一般分为以年资为基础的薪酬体系、以职位为基础的薪酬体系、以技能与能力为基础的薪酬体系、以绩效为基础的薪酬体系等类型，后三类薪酬体系在管理实践中运用比较广泛。

全面奖酬管理是迄今为止最具综合性、全方位的奖酬管理方案，具有战略性、激励性、灵活性、创新性、沟通性等特点。

【本章关键词】

激励	motivation	奖酬决策	reward decision
奖酬管理	reward management	薪酬体系	compensation system
薪酬调查	wage and salary surveys	福利	benefits

【练习题】

1. 名词解释

（1）激励　（2）薪酬体系　（3）全面奖酬管理

2. 简答

（1）简述薪酬体系设计的基本流程。

（2）设计职位薪酬体系时如何进行职位评价？

（3）基于技能进行薪酬体系设计时，如何作技能评价？

（4）基于绩效进行薪酬体系设计的重点是什么？

3. 比较

（1）比较三种常见薪酬水平策略的优缺点。

（2）比较以职位为基础、以技能为基础、以绩效为基础的三个薪酬系统，分别列示其操作重点、各自的优势及劣势。

（3）比较经济性奖酬与非经济性奖酬在激励功能上的差别。

案例讨论

如何激励销售人员

富瑞德公司于2011年通过股份制改造注册成立，注册资本1.1亿元，目前是西南地区最大的口腔护理用品生产基地。现有正式员工720人。公司按照公司法成立了股东会、监事会，实行董事会领导下的总经理负责制，下设五部一室，即营销部、财务部、技术发展部、生产综合部、党委工作部、经理办公室，以下再细分各职能科室。营销部设1名经理，1名副经理。根据销售网络，下设7个大区经理，每个大区下设相应的省级经理，大区经理和省级经理都与公司签有长期合同，共39人。另聘用签署短期合同的销售人员400余人，分布在全国各地。长期合同的销售人员都是从大学招聘而来的，平均年龄不到30岁，朝气蓬勃。

公司对销售人员的薪酬模式采取的是基本工资+提成，基本工资包括岗位工资、工龄工资、津贴，比较稳定，占整个薪酬的40%左右；提成即绩效工资，随个人的业绩好坏而波动，占比在60%左右。另有四险一金的福利，公司还为销售人员单独入了意外保险，每两年还享受一次免费的健康检查。每个季度发放一次劳保用品和生活日用品，但由于销售人员经常出差在外，加上绝大多数人都未成家，很多生活日用品都用不上，只好送人；每天有餐票补助，但只能在员工食堂使用，不用作废，所以销售人员一般都把这些用不了的餐票送给其他部门的同事。

公司对每个销售人员制定的销售任务，基本上是依据该市场去年完成的任务量加上一定的增量来确定，对销售人员现行的考核制度是只考核销售量和货款回收两个指标。销售量多，货款回收及时，销售人员的绩效收入就高。为了增加个人收入，销售人员采取各种威逼利诱的办法，将产品强行摊派给经销商的情况屡禁不止；加大折扣，通过价格战使销量在短期内快速增长的情况也时有发生。

最近公司在长期合同的销售人员中进行了一次问卷调查，发现他们对公司的满意度有所下降，普遍都说累，一年到头在外奔波，没有假期和休闲；不少人说看不到前途；还有人抱怨，学校里学的东西都掏完了，越工作越没底气。

思考题：

1. 富瑞德公司对销售人员的绩效评估存在哪些问题？
2. 富瑞德公司销售人员的薪酬模式是否合理？
3. 如何解决问卷调查反映出来的问题？

参考文献

曹美云. 2010. 新形势下的薪酬激励机制探讨. 人力资源管理，(11)：90-91.

陈思明. 2004. 现代薪酬学. 北京：立信会计出版社.

窦东华. 2007. 高新技术企业研发人员薪酬制度设计研究. 吉林大学硕士学位论文.

金萍. 2006. 薪酬管理. 大连：东北财经大学出版社.

刘昕. 2003. 薪酬福利管理. 北京：对外经济贸易大学出版社.

孙金利. 2005. 薪酬管理. 天津：天津教育出版社.

吴云. 1996. 西方激励理论的历史演进及其启示. 学习与探索，（6）：88-93.

袁仕福. 2012. 新经济时代需要新企业激励理论——国外研究最新进展. 中南财经政法大学学报，(5)：75-82，143.

张娴初，王迎春. 2012. 科技创新人才薪酬体系与激励效应关系研究. 科技进步与对策，(1)：152-155.

张彦飞，柳舒逸. 2011. 中外薪酬制度对比研究. 当代经济，(6)：9-11.

赵玉莲. 2011. 基于知识型员工特点的激励机制研究. 人力资源管理，(10)：72-73.

钟瑶. 2007. 我国高科技企业中知识型员工的激励研究. 西南财经大学硕士学位论文.

Fairburn J A，Malcomson J M. 1994. Rewarding performance by promotion to a different job. European Economic Review，38（3~4)：683-690.

Lazear E P，Sherwin R. 1979. Rank-Order tournaments as optimum labor contracts. Nber Working Papers，89（5)：841-864.

Locke E A. 1968. Toward a theory of task motivation and incentives. Organizational Behavior & Human Performance，(2)：157-189.

Locke E A，Saari L M，Shaw K N，et al. 1994. Goal setting and task performance. Psychological Bulletin，90（1)：125-152.

Milgrom P，Oster S. 1987. Job discrimination，market forces and the invisibility hypothesis quarterly. Quarterly Journal of Economics，102（102)：453-476.

Prendergast C. 1992. The insurance effect of groups. International Economic Review，33（3）：567-581.

Waldman M. 1984. Job assignments signaling and efficiency. Rand Journal of Economics，15：255-267.

本章阅读材料：激励与奖酬管理研究现状综述

第九章 职业生涯管理与开发

教学目的： 了解职业生涯和职业生涯管理的内涵
知晓员工职业生涯的影响因素
如何进行个人的职业生涯规划
组织如何进行职业生涯管理

学习重点： 掌握影响职业生涯的因素
理解个人的职业生涯规划与组织的职业生涯管理之间的关系

学习难点： 如何将个人的职业生涯规划与组织的职业生涯管理相结合

引导案例

小黄的烦恼

小黄，毕业于某师范类高校的中文专业，本科。同学和朋友对她的评价是文静的女孩，善于文字表达却不善于口头交流。小黄本人希望从事文字类相关工作，发挥自己特长。毕业后，小黄被一所中学录用担任语文教师。两年后，她发现自己并不适合这份工作。虽然其具备相应专业知识，但不具备教师应有的管理学生的能力，上课的氛围不够活跃，学生积极性不高，所带班级的成绩也并不理想。学校对小黄的工作表现很不满意，小黄自己也十分苦恼。一方面学校的工作环境相对稳定，福利优厚，不忍舍弃；另一方面，转行做其他行业的可能性有多大，什么行业适合自己，小黄也不能确定。

思考题：

根据已知信息，如何帮小黄制定适当的职业生涯规划？

第一节　职业生涯管理概述

一、职业生涯的概念

职业生涯是一个人在职业过程中所经历的一系列活动、职位及与此相联系的态度和反应。职业生涯有广义与狭义之分。广义的职业生涯，是从职业兴趣的培养、选择职业、就职，直至最后退出职业劳动的完整人生过程，其上限从人生起点始；狭义的职业生涯，是指直接从事职业工作的这段时间，即从个人首次参加工作开始到退休为止的所有工作活动与工作经历。

要准确把握职业生涯的含义，必须理解以下要点。

（1）职业生涯是个个体的概念，是指个体的行为经历，而非群体或组织的行为经历；职业生涯有其主观内在特征和客观外在特征。内在特征体现在职业生涯的延续过程不断地反映个人的价值观、能力、性格等个性心理特征，个人的价值观、能力等又在一定程度决定了其职业生涯的选择。外在特征体现在个人在各种活动中所表现出来的举止行为及所从事的职业内容、所担当的工作任务等。

（2）职业生涯是个职业的概念，实质是指一个人一生中与工作有关的职业经历或历程；不仅包括个人所从事的有收入的工作，还包括为了获得工作所接受的教育、培训、参加的各种活动等工作准备状态。

（3）职业生涯是个时间的概念，意指职业生涯周期；这个周期是一个客观经历，不具有评价的意义，不包括事业的成败、进步的快慢。

（4）职业生涯是个发展和动态的概念，寓意个人具体职业内容和职位的发展和变化，不仅表示职业工作时间的长短，还包括职业发展、职业变更等内容，往往以工作内容、工作业绩评价、工资待遇、职称职务的变动为标志划分成不同的阶段。

二、职业生涯管理的概念

员工的职业生涯不只是员工个人的发展问题，它与组织的管理密切相关。当一名员工进入组织后，就组织而言，就有责任为员工提供实现其职业目标的机会和支持，即进行职业生涯管理。

职业生涯管理是指根据组织发展和人力资源规划的需要，在组织中制定与员工职业生涯整体规划相适应的职业发展规划，为员工提供适当的教育、培训、轮岗和提升等发展机会，协助员工实现其职业生涯发展目标。职业生涯管理的传统主体是组织，但是随着竞争的加剧、组织面临的环境不确定性增强、组织结构的扁平化及“无边界组织”的出现，个体在职业生涯管理中的主体地位越来越凸显；职业生涯管理的客体是员工及其所从事的职业。

职业生涯管理是人本管理和系统管理的重要表现。一方面，职业生涯管理立足于人的高级需要，即社会、尊重、自我实现的需要，通过提高员工的专业技能和综合能力，从而增加他们自身在劳动力市场的竞争力；另一方面，职业生涯管理是一个竭力满足员工和组织双方需要的动态过程。职业生涯管理能够使人尽其才、才尽其用，辅助组织人力资源的合理配置，能够有效提高员工对组织的认同度和归属感，留住优秀人才，从而更高效地实现组织目标。

职业生涯管理的内容广泛，涉及面广。可以说，凡是组织对员工职业活动的帮助，均可列入职业管理之中。主要包括：针对员工个人的，如各类培训、发展咨询、心理辅导、工作—家庭联系、讲座及为员工自发强化技能、提高学历的学习提供便利等；针对组织的各种人事政策和措施，如规范职业评议制度，建立和执行有效的内部升迁制度、劳动保护与社会保障制度等。

第二节　职业选择与职业生涯的发展

一、职业选择理论

关于职业选择，帕森斯的"职业-人匹配理论"、霍兰德的"职业性向理论"、施恩的"职业锚理论"从不同角度说明了人们选择职业的动机和过程。

（一）职业-人匹配论

职业-人匹配理论是职业选择、职业指导的一个经典理论，由美国波士顿大学教授帕森斯在 1909 年出版的《选择一个职业》一书中提出。帕森斯定义了职业选择的三大要素：①自我对于能力、兴趣、局限和其他特征的把握；②对不同职业进行 SWOT 分析，明确职业选择成功的关键；③明智地将个人特征与职业特征进行对应。职业-人匹配分为条件匹配和特长匹配两种，条件匹配是择业者掌握的专业技术、知识与岗位所要求的技能相匹配，特长匹配是某些职业需要从业者具有一定的特长。

（二）职业性向理论

职业性向，也称职业倾向，反映个人喜欢从事哪一类具体活动和具有的思维习惯。美国著名的职业指导专家约翰·霍兰德认为，职业性向是影响人的职业选择的重要因素。通过对职业性向测试，他确定了六种职业性向，如图 9-1 所示。

（1）技能型。具有技能型职业性向的劳动者，乐于从事的职业往往需要一定的技巧、力量和协调性，如耕作工、烹调、机械、电器维修、水电安装等。

（2）研究型。具有研究型职业性向的劳动者，喜欢从事包含较多认知或理性思考、理解的职业，如数学家、教授。

（3）事务型。具有事务型职业性向的劳动者从事的职业往往较为结构化且规则，包含大量规范化操作或程序，如财务会计、银行工作者、档案管理员等。

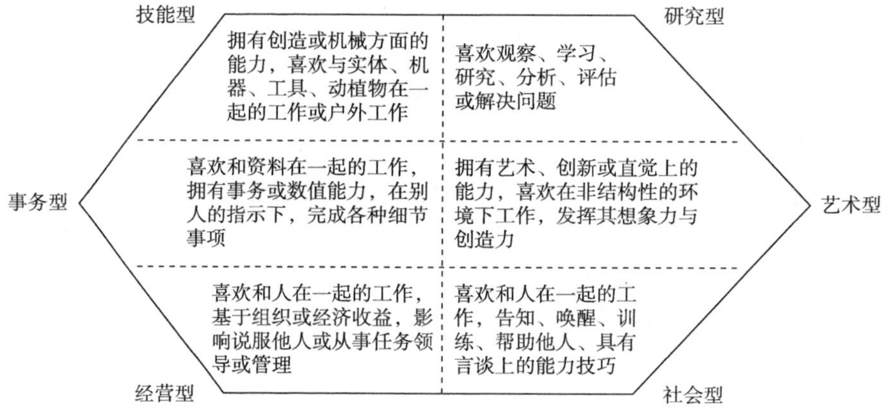

图 9-1　职业性向的分类

（4）艺术型。具有艺术型职业性向的劳动者，与事务型职业性向的劳动者完全不同，他们不愿意在结构性的环境下工作，从事的职业往往需要大量自我表现、情感表达及个性化活动，如雕塑家、画家等。

（5）经营型。具有这种倾向的喜欢与人打交道，乐于从事通过语言活动说服影响他人的职业，如推销员、律师、经营管理者等。

（6）社会型。具有社会型职业性向的劳动者，也愿意从事与人有关的职业，但是不同于经营型劳动者志在影响他人、支配他人，社会型职业性向的劳动者更乐于关注他人、帮助他人，如外交家、心理医生、大学辅导员、社会工作者等。

霍兰德认为劳动者职业性向类型与职业类型相关系数越大，两者适应程度越高；反之，则相互适应程度就越低。

（三）职业锚理论

职业锚是指当一个人不得不做出选择时，无论如何都不会放弃的职业中的那种至关重要的东西或价值观。职业锚实质上反映了人们对奖励、报酬、晋升、发展或职业中其他方面的不同偏好，体现个人最想从工作中获得什么，在工作中最看重什么。1978 年，施恩教授提出了五种类型的职业锚，随后大量的学者对职业锚进行了广泛的研究。

（1）技术/职能型职业锚。这类人群在职业发展中最重视的是自己擅长的专门技能或特定职能，所以职业的选择必须要保证在既定的技术或职能领域中发展，追求在技术、职能领域的成长和技能的不断提高，以及应用这种技术/职能的机会，如某些不肯放弃专业技能、不愿转行做其他工作的财务人员。

（2）管理型职业锚。这类人群追求承担管理工作，权力欲望和升迁动机强烈，习惯以地位和收入衡量事业的成功与否，如放弃专业的从政者。

（3）创造型职业锚。这类人群的职业发展以创造性努力为中心，有旺盛的创造欲望而坚忍不拔，如发明家或创业者。

（4）自主/独立型职业锚。具有这种职业锚的人要求最强烈的是工作中的自主权、自由度、独立完成任务，不愿意过多地受组织或上级的限制和约束，如作家、大学教师。

（5）安全/稳定型职业锚。这类人群极为重视职业的稳定性（长期雇用）和工作的保障性（福利及退休金），对组织的依赖性强、循规蹈矩，如政府公务员。

二、职业发展阶段理论

关于职业发展阶段的研究，不少学者都提出了自己的主张，如萨柏提出了职业生涯发展五阶段理论、施恩提出了职业生涯发展九阶段理论、金斯伯格提出了职业生涯三阶段理论、格林豪斯提出了职业生涯发展五阶段理论，我国学者廖泉文提出了职业发展三三三制理论等。其中，影响最大的是萨柏的职业生涯发展五阶段理论。

美国职业管理学家萨柏（Donald E. Super）认为，个人在不同的发展阶段，对职业的追求和需要是不同的，各个阶段在核心工作内容、工作关系、工作角色方面都有一些独特之处，由此把人的职业生涯发展划分为五个主要阶段，分别如下。

（1）成长阶段（growth stage）：0~14 岁，属于认知阶段，主要是形成基本的人格和社会认知，是职业准备的早期阶段。

（2）探索阶段（exploration stage）：15~24 岁，属于学习打基础阶段。这个阶段的具体起始时间根据员工个人知识储备、学历不同而有所不同。这时员工个人在探索性地选择自己的职业，试图通过不同的工作或单位来选定自己喜欢、适合长期从事的职业，因此这个阶段员工比较倾向于挑战性的工作，愿意调换不同的工作。无论从事哪一种工作，这时的员工个人扮演的角色主要是学徒，核心活动是学习、追随、辅助，在工作中对他人的依赖性较强。

（3）建立阶段（establishment stage）：25~44 岁。这个阶段员工一般已经确定自己的职业方向，逐渐稳定在一个组织内，通过提高自己的素质、增强对同事和组织的适应性来奠定自己的事业基础。这个阶段员工的独立性大大增强，扮演的工作角色也由学徒转变为与他人合作的同事。一般来说，此时往往是员工最有追求、最有抱负的时期，他们投入的多少将成为日后成就的基础，所以这时员工最关心的是自己在工作中的成长、发展或晋升。

（4）维持阶段（maintenance stage）：45~64 岁。总的来说，这个阶段由于员工已经积累了丰富的专业知识和经验，而成为组织的中坚力量，承担更多的责任，对新员工产生更多的影响。但就职业的发展方向来看，根据员工的个人志向、以前的发展基础、机会的多寡会分化出两种情况。一部分机会较多或专业技术超群（出众）的人得到更大的晋升，成为组织的高层管理者或专业的技术专家，开始追求自己职业生涯的高峰期；另一部分机会较少，志向不高的人开始感觉到知识老化、（体力）生理衰退、竞争力减弱的压力，在将更多注意力转向家庭生活与业余活动的同时，关注的焦点也变成自己是否会遭遇工作要求变化、降职、失业等问题，职业的不安全感增强。这种现象被称为“中年职业危机”。

（5）衰退阶段（decline stage）：65 岁以后。这一阶段，员工的工作责任减少，在组织中的地位和作用下降，开始为退休做心理上的准备，或者已经脱离工作岗位。员工个人对成就和发展的期望也大幅减弱，更多希望维持或保留目前的地位和成就。当然也有一些专业人士还有向上发展的势头。

根据萨柏的理论，将个体在组织中成长阶段之外的职业生涯各阶段的特点归纳如表 9-1 所示。

表 9-1　成长阶段之外的员工职业生涯各阶段的特点

阶段	探索阶段	建立阶段	维持阶段	衰退阶段
核心活动	辅助、学习、追随	自主、独立的贡献者	培训和发展他人、资源调配者、影响组织方向	退出组织
工作关系	学徒	同事	师傅	业务顾问
工作角色	依赖他人	独立	为别人承担责任	重要性下降
年龄区间	15~24 岁	25~44 岁	45~64 岁	65 岁以后

三、影响职业生涯发展的因素

（一）员工个人方面的因素

（1）个人的心理特质，如兴趣、职业性向、价值观（职业锚）、性格、气质、态度等。这些心理特质往往左右职业选择，影响对职业的适应程度。一般而言，任何职业都要求其从业者具有相应的心理特质，但在大多数普通职业中，对从业者心理特质的要求并不严苛，心理特质对普通职业成就的高低不起决定作用。这是因为，若某职业的从业者与该职业所要求的心理特质不完全匹配，从业者可以依靠他的另一些特点及某些工作方法加以弥补，当然，如果一个人所具有的心理特质与其所从事的工作高度吻合，无疑能够更好地适应工作，提高工作效率。

（2）个人的能力。人们在选择职业时，必须考虑自己的能力是否与某一职业的要求相适应、相匹配，这一能力因素构成了职业选择的制约因素和前提条件。这里所谓的能力包括生理素质、智力素质和心理能力。生理素质主要是指个人的健康程度和强壮程度，是否达到从事某职业的体能要求；智力素质包括智力水平的高低、知识经验的多少、技能的熟练与否等，职场领域中往往通过各种证书和工作经历来体现；心理能力则指心理的成熟程度，表现为对工作压力、职业挫折的承受力和适应性。

（3）家庭背景，包括父母的职业、经济条件、社会地位、家庭期望等。这些因素可能影响个体受教育的状况和工作的历练。

（二）组织方面的因素

（1）组织状况。组织的行业属性、规模、结构、经营业绩等都会影响企业的各种管理决策与对员工的职业管理。例如，不同行业类型的企业会着意培养组织所需的人才，劳动密集型企业强调员工的体能，资本密集型企业强调员工的技能，知识密集型企业强调员工的研发能力，组织自然会对符合需要的员工提供更多的职业发展机会和更优厚的报酬。

（2）组织文化。组织文化是全体员工在长期的生产经营活动中形成并共同遵循的最高目标、价值标准、基本信念和行为规范。一个企业的文化氛围是强调民主参与、鼓励发展，还是讲究等级次序、论资排辈将会很大程度上决定员工自我的职业生涯设计能否实现。

（3）人力资源管理政策和制度。例如，人力资源规划、培训制度、晋升制度、考核制度、工资报酬制度等。企业人力资源管理制度不健全或不合理，员工的职业发展就会受到严重影响。

（4）领导者素质和管理风格。如果领导者不重视员工的职业发展，员工很难实现个人的职业生涯设计；领导者的管理风格比较专制，也不太会考虑员工个人的职业发展意愿；领导者的管理水平有限，即使主观上支持员工职业发展，也不能在员工职业发展的关键时期给予必要的指导和帮助。

（三）社会环境方面的因素

（1）人力资源状况，包括劳动力市场的供需状况、人口的年龄结构、专业结构和劳动力质量等。例如，某类职业的人力资源供不应求时，职业选择和发展机会增多；供过于求，则机会减少。又如，劳动力接受的教育水平较高，能为个人的职业发展奠定良好的基础。

（2）经济环境，包括经济增长状况、市场竞争状况、经济持续状况等。经济环境对职业的影响最为明显、最为复杂。经济萧条或高速发展时期，企业的盈利水平变化，人力资源需求关系也会随之发生变化，影响个人的职业选择和发展机会。

（3）政治与政策环境，包括政治局势的变化、体制的变动、国际政治关系的变化、国家有关劳动和人事方面的政策和法规的颁布与实施等。政治与政策环境会影响企业及其他组织的体制，进而对个人的职业发展起到促进或制约作用。

（4）科技发展状况，包括产业结构的调整、高新技术的影响、管理的发展等。例如，计算机网络、新机器采用对传统产业带来了前所未有的冲击：一方面增加了新职业和新岗位，另一方面又淘汰了一些旧的职业和岗位。而要适应新职业的挑战，人们必须学习新的知识和技能，同时对自己的职业发展做出相应的变化。

第三节　个人职业生涯规划

一、职业生涯规划的概念

职业生涯规划，是指员工在分析内部主观因素和外部客观因素的基础上，确立自己的职业生涯发展目标，制订相关的工作、培训和教育计划并合理安排时间加以落实的过程。职业生涯规划的制定可以帮助员工更深层次地了解自我的能力和需要，选择能发挥自身优势的职业发展目标。可从以下三个方面理解职业生涯规划的内涵。

（1）职业生涯规划具有明显的个人化特征。员工是制定与执行职业生涯规划的主体，因此，职业生涯规划具有明显的个人化特征。许多个人职业生涯规划不是在一个组织中完成的，组织可能通过影响员工对自身、环境和目标的认知间接作用于员工的职业生涯规划，在这种情形下，个别组织对职业生涯规划的影响力就不再那么明显。

（2）职业生涯规划是一个长期的过程。个体有意识地规划职业生涯的过程，是一个长期的过程，不是一蹴而就的。职业生涯目标的确定要充分考虑内外条件，对其进行认真的分析，目标确立后要通过一系列的职业活动去实现。由于主观因素的改变和内外部环境的不确定性，之前确立的职业目标可能更加坚定，但也有可能需修改。

（3）职业生涯规划中的职业目标与日常工作的目标有很大差异。工作目标是个人自身设定或者组织给定的当前工作岗位上需要达成的工作任务，一般是具体的、短期的、与当前工作相关的目标，会随着时间的变化而变化。相对而言，职业目标是比较抽象的长期目标，与当前工作不一定直接相关。但工作目标的实现对职业目标的达成有影响，特别是当工作目标关乎个体在组织内部的提升时。换句话说，制定正确的工作目标并努力实现这些目标，是达成职业目标的重要途径。

二、职业生涯规划遵循的原则

科学的职业生涯规划能帮助人们更加快捷地步入成功的道路，不合理的职业生涯规划只会让人误入歧途。因此，在职业生涯规划的制定过程中，要选择适当的策略，遵循科学的原则和方法。具体的原则如下。

1. 长期性原则

职业生涯规划是一个长期不断修正的过程，要从长远来考虑，用发展的眼光去看待，首先给人生设定一个大方向，并集中力量向一个目标前进，虽然在人生的每一阶段，职业生涯的表现形式不同，实现职业目标的过程可能艰难曲折，但是坚定人生职业的终极追求才能取得职业生涯的成功。

2. 可行性原则

切实可行是制定个人职业生涯规划的基本要求。为此，职业生涯规划首先要充分考虑个人的能力、特点、工作适应性及客观环境，以确定个人的职业目标，从而保证它是可以实现的。其次，职业生涯规划的制定是员工在今后一段时期内的目标，必须将未来目标进行分解，对目标的实施与完成的时间与情况有一定的安排，才能在实际工作中进行纠偏。最后，规划的内容要清晰、明确，每一步近期的计划都应该清楚、具体，可以转化为一个可实施的行动。

3. 适应性原则

不断地调整自身的职业生涯规划，建立持续规划的过程，是实现人生目标的关键。环境是多变的，而职业生涯规划是根据当前的内外部环境分析和自身的能力与意愿制定的。因此，在制定规划时应留有余地，使员工能适时调整职业生涯规划以适应环境和自身的变化。

三、个人职业生涯规划的操作程序

（一）自我评估

自我评估是对本人的性格、能力、兴趣等特征进行分析，是职业生涯规划中的重要环节。只有了解自己，才能选定适合自己发展的职业生涯路线，才能对自己的职业发展做出最佳抉择。员工个人要通过对自己的工作能力、职业兴趣和价值观的自我评价与定位，明确自己的职业意愿和可能的职业方向。对个人特征进行分析主要有测验的方法和自我反思的方法。自我评估通常围绕以下问题展开。

（1）自己喜欢的工作到底是什么？

（2）自己的专长是什么？有什么工作技能或经历对职业发展有帮助？

（3）现在年龄是多大？是处于职业探索期、维持期还是衰退期？

（4）在职业追求中你的哪种需要占主流？

（5）你的性格是怎样的？更适合做哪一类工作？

（6）现有的工作对自己的重要性如何？

（7）与工作有关的其他考虑（如家庭）是什么？

（二）职业生涯机会评估

职业生涯机会评估，是指对能影响个体职业生涯发展的组织和社会环境进行分析，考虑某职业的技能要求、竞争程度、进入难度等。一般评估职业机会先要了解意欲从事的职业的分类归属、职业性质、备选组织的总体情况；然后做职业的 SWOT 分析。

优势（strength），即自己与竞争对手相比具有优势的方面，如有计算机软件开发的专业知识，有一定操作经验，身体素质好等。

劣势（weakness），即与竞争对手相比处于落后地位的方面，如不善于交际，活动能力比竞争对手差等。

机会（opportunity），即有利于职业选择和职业发展的一些机会，如企业有部分老领导退居二线、企业产品市场扩大需要一名市场部经理等。

威胁（threat），即存在潜在危险的方面，如所在企业走向衰落，不喜欢自己这种性格的人是直接上司等。

（三）设定职业生涯目标

职业生涯目标的设定，是职业规划的核心。职业生涯目标应具有两面性，即可行性与挑战性。选择切实可行又需要努力才能达到的职业目标是激励员工不断提升自己的前提。职业目标按时间长短分为短中长期目标，分别为 1~2 年、3~5 年及 5~10 年。通常长期职业目标要设立的远大些，不要求具体，以后根据情况的变化不断滚动调整，如张三以成为企业人事管理专家为长期职业目标；中、短期职业目标则要现实可行、具体明确，如张三将长期职业目标分解为 3 年内晋升到本企业人力资源部长的可执行目标。

（四）职业生涯路线的选择

在确定职业目标之后，员工需要选择一条能够完成目标的职业生涯路线。职业生涯路线并不固定，个人的职业生涯路线可能随着职业目标的改变而发生变化；而同一职业目标下也可能有多条发展路线。例如，张三为自己设计了管理序列的职业生涯路线：人力资源助理—人力资源专员—人力资源部长—公司人力资源总监。

（五）制订行动计划与措施

在确定职业生涯目标和职业生涯路线后，就需要制订行动计划，即明确落实目标的具体措施，包括工作、训练、教育、轮岗、建立必要的人脉和社会网络等，保证职业生涯规划的实现。这时，员工应加强与上级、同事、人力资源工作者的沟通，虚心听取他们的意见和建议，使自己的计划更加切实可行；同时，将自己职业发展的愿望传达给组织，使组织一方提供可能的支持，如为该员工提供培训的机会、实习的机会、提供物质条件上的便利等。

（六）执行设定好的职业计划

采取行动执行职业计划，这个阶段强调个人的恒心、克服困难的毅力、解决问题的能力；也需要组织切实给予必要的帮助和指导，如人力资源部及时提供组织内存在哪些职业机会、如何能够得到这些机会的信息。

（七）评估与调整

影响职业生涯规划的因素有很多，可能在向着职业目标前进的过程中，内外部环境或者个体能力甚至主观意愿发生的变化都可能导致职业生涯规划的变动。不断对现有的职业生涯规划进行评估和调整，是保持其有效性的关键。调整的内容侧重于职业发展路线的选择、职业目标的修正及实施的措施等。

四、员工进行职业生涯规划应注意的问题

当今社会发展飞快，世界日新月异，对人的要求也不断提高，人们常常在工作、学习和生活中疲于奔命，顾此失彼。因此，在进行职业生涯规划时要全方位考虑各种因素。职业生涯规划是对员工个人未来工作的预估，但在实际生活中，学习、家庭等因素会与职业生涯规划发生冲突。这种冲突是客观存在的，需要员工在制定职业生涯规划时注意降低冲突发生的可能性。

1. 利用和创造条件促进自我发展

福兮祸所伏，祸兮福所倚，事物一般具有两面性。对员工来说，前景好、吸引力强的行业可能蕴涵过大的竞争和压力；而竞争小的行业和组织又往往存在发展前景不佳的风险。决定风险最终成为机遇还是灾难的，是员工的进取心与努力。无论企业是否注重人力资源培养，员工自身都不能放弃提升，主动学习提高自身能力，积极筹划未来，在

困难中努力奋斗，才能创造良好的职业发展前景。

2. 正确地对待发展和晋升

在知识经济时代，随着科学管理的深入实施，重要的管理岗位正在逐渐减少，再加上先进的网络技术取代了大部分组织内的管理岗位，组织结构的扁平化趋势使管理路线的晋升越来越难。因此，在当今的经济发展形势下，职业生涯规划的目的已经不局限于晋升。职业生涯管理也可以既不是上升式的发展，也不是水平式的发展，而是先下降再上升；还有可能是个人的职业生涯通过跨越不同雇主、不同职业边界的限制而形成一系列工作能力的成长。所以，根据组织的实际需要，正确对待发展和晋升，是个人实现职业生涯规划的务实选择。

3. 力求平衡工作与家庭的关系

工作与家庭的关系也是影响职业发展的重要因素，在个人规划职业生涯时，必须考虑工作与家庭的平衡，可以将工作和家庭的发展相结合以制订计划，即夫妻双方根据各自的竞争力和发展目标，制定合适的家庭发展规划。

第四节　组织职业生涯管理

组织职业生涯管理的目标是通过管理员工的职业发展，促进组织实现可持续发展，保障组织战略目标的实现。具体包括两点：通过制定组织职业生涯管理政策，从制度层面对员工自我职业生涯管理进行支持和鼓励，为组织培养高素质人才；通过组织职业生涯管理，体现组织对员工利益的关怀，提高员工对组织的认同感与归属感。

一、个人职业生涯规划和组织职业生涯管理的关系

组织职业生涯管理是组织从自身战略发展的需要出发，辅助组织成员完成职业生涯的规划、设计其职业生涯发展通道，以及为其提供教育、培训、轮岗、晋升等机会的过程。自我职业生涯管理和组织职业生涯管理只有相互配合才能实现双赢。

个人和组织进行职业生涯管理有一个内在的逻辑：组织经营一方面是为了追求利益，另一方面提供就业机会，帮助更多的人实现职业理想和抱负；个人主观上通过工作追求自身价值的实现，客观上因其劳动给组织带来了利润和发展。因此在职业生涯管理中，组织和个人的相互需要、相互合作，个人的职业生涯以组织为依存载体；组织的发展依赖于劳动者个人职业的开发与发展。图 9-2 体现了组织和员工职业发展的匹配过程。如果组织和个人的匹配过程运行合理，组织和个人双方将彼此受益。组织方面是生产率水平、创新力、长期效益的提高；个人方面是工作的满意、安全、最佳的个人发展，工作与家庭的最佳整合。

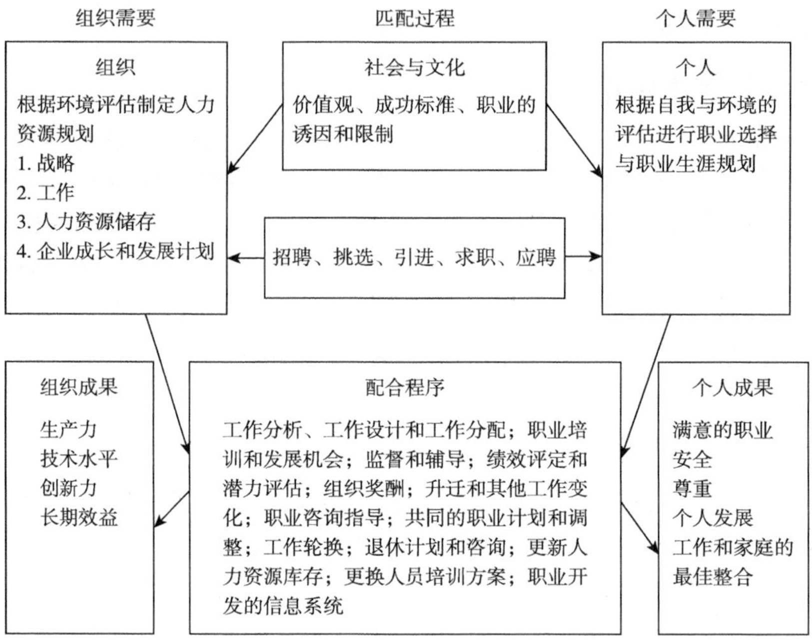

图 9-2　组织职业管理与员工职业发展匹配模型

二、组织如何进行职业生涯管理

在了解员工的能力与需求后，组织可以从自身的发展战略出发，进行员工的职业生涯管理。组织职业生涯管理的方式多种多样，包括为员工设置晋升渠道、提供培训和学习机会等方面的工作。

（一）根据不同职业生涯阶段制定员工的职业管理任务

在员工不同的职业发展阶段，组织的职业管理任务也不同，具体情况如下。

（1）探索阶段。员工试图通过不同的工作或单位来选定自己喜欢、适合自己长期从事的职业，因此，组织职业管理的主要工作是做好入职培训，组织帮助员工熟悉工作内容，适应组织文化，提高员工对组织的认同感，能够留在本组织中开启其职业之旅。

（2）建立阶段。这一阶段是员工和组织相互认同的关键时期。此时的员工最重视的是自己在工作中的成长、发展或晋升机会，组织可以通过帮助员工进行职业发展规划的方式，进一步引导员工融入组织。同时，了解员工的能力与潜力并提供发展机会。

（3）维持阶段。这一阶段，员工的工作经验与情感越来越复杂多变，既可能迎来职业巅峰的喜悦，也可能陷入职业危机的焦虑。组织必须加强对员工职业生涯管理的力度，特别是对遭遇职业困境的员工，帮助他们从危机阶段过渡到职业发展的新高度。

（4）衰退阶段。在员工职业发展的后期，组织可以通过鼓励，开发员工的剩余价值，作为其他员工的榜样。同时，帮助员工制订退休计划，稳定员工心理，消除员工的后顾之忧。

（二）采取的操作程序

1. 进行员工测评，明确职业发展目标

员工测评主要是指员工素质测量，测量内容包括工作能力、协作能力、潜能和个性、职业动机等。通过素质测评，组织能够比较准确地了解员工的能力、志向、兴趣、特长等方面的情况，还可以了解员工的自我评估结果、员工在技能和经验方面的需要、员工的职业发展目标，然后根据评估结果为每个员工设计一条具备可行性与挑战性的发展道路。

2. 设置职业晋升通道，帮助员工进行职业选择

员工的晋升通道大致可以分为以下类型，即纵向职业通道、横向职业通道、网状或双重职业通道。

纵向职业通道是指员工随着自身管理能力与工作经验的增加，职务等级由低到高的发展过程。这是最常见的职业通道，但是往往因为职位数的限制无法满足员工需要而晋升困难。

横向职业通道是指员工在同一层次不同职务（位）之间进行调动。该方向注重员工能力与岗位的匹配，能帮助员工获得多样化的工作经验与职业技能，适用于处于职业中期阶段的员工。

网状或双重职业通道的实质是将纵向职业道路中的职务序列与横向发展中的职务机会进行交叉，在这些交叉道路上进行晋升；即使员工在职位上没有得到晋升，但在组织中的重要性也逐渐增加，承担的责任也越来越大，参与企业各种决策的机会增加。网状或双重职业通道能帮助员工积累丰富经历和经验，既可以培养拥有高技术能力的管理者，又可以造就拥有高管理能力的技术人员。

贝尔–阿尔卡特移动通信有限公司的职业生涯管理模式就是网状或双重职业通道的一个范例，其核心是将制度分为行政管理职位系列和专业技术职位系列。有技术专长和管理经验的员工可以自由选择职业发展的系列。并行的职位系列制度对于调动工作性质不同的员工积极性、为员工提供公平合理的待遇上作用显著。在行政管理职位系列，公司设定了初级职员、中级职员、高级职员、主任职员、三级经理、二级经理、一级经理从低到高 7 个行政管理职位。每一级的行政管理职位享受待遇有所区别，如初级职员享受 1~3 级工资待遇而一级经理享受的是 10 级工资待遇，初级职员享受的是 1 等住房补贴待遇而一级经理享受的是 7 等住房补贴待遇。公司从事行政管理的各类员工具备申请行政管理职位的资格，包括各级经理人员、市场研究人员、销售人员、财务人员、采购人员、质检人员、行政管理及支持人员等。对于各级行政管理职位的人员所占的比例，制度上也有所规定，大致为初级职员（8%~10%）、中级职员（13%~15%）、高级职员（28%~32%）、主任职员（26%~34%）、三级经理以上人员比例由公司根据发展战略确定。根据公司的晋升制度，公司在每年年终考核结束后，依据其总体规划和一定的比例，确定主任职员及其以下各级行政管理职位晋升比例和名额，其晋升机制为三级经理由二级经理提议晋升，二级经理由总经理提名，报董事会批准后任命。

在专业技术职位系列，公司设定了职业技师、助理职业工程师、三级职业工程师、二级职业工程师、一级职业工程师、专家由低到高 6 个技术职位级别。每一级别的专业技术职位待遇不同，如职业技师享受的工资待遇为 1~3 级，专家为 8~9 级，职业技师享受的住房补贴为 1 等、专家为 6 等。各部门的专业技术人员具备申请专业技术职位的资格，这类人员有工程部门、研究和发展部门及其他部门的技术人员。对于各级专业技术职位的人员的比例，制度上也有所规定，大致为职业技师（8%~10%）、助理职业工程师（13%~15%）、三级职业工程师（28%~32%）、二级职业工程师（26%~34%），一级职业工程师和专家比例由公司根据发展战略确定。公司在每年年终考核后，依据公司总战略和一定的比例，确定各级技术专业职位晋升比例和名额。其晋升机制如下：各级职位的人选由部门经理提议晋升，报公司设立的“职位评审委员会”评审通过；公司的二级经理和专家由总经理根据公司实际需要提名，报董事会批准后任命；新聘用的应届毕业生在实习期结束后根据相关标准和条件定职；新聘用的有工作经验的行政管理或专业技术人员在试用期满后，根据具体情况和参照职位标准确定其职位级别。

3. 帮助员工拟订职业计划

组织为员工提供岗位工作的说明信息，主要包括组织内部职务开发与调整的信息、岗位空缺的信息、不同岗位间的关系、岗位所需的知识和技能、岗位对教育和经历的要求等。同时，组织还要将绩效评估的结果反馈给员工，帮助员工明确自身发展现状与职业目标之间的差距，及时采取措施改进。组织应该开展员工职业发展咨询和指导工作，帮助员工制定和调整个人职业规划。组织为员工提供职业指导有三种途径：①通过管理人员进行，管理人员长期与下属共事，对下属的能力和专长有较深入的了解，所以能对下属适合从事的职业提供有价值的建议；②通过外聘专家进行，企业可以聘请专家为员工进行职业发展咨询；③向员工提供有关的测评工具，企业可以购买这类测评工具，帮助员工进行能力及个人特质方面的测试。

4. 帮助员工实现职业生涯规划

帮助员工实现职业生涯规划的途径主要有提供现实的职业发展机会、提供阶段性的工作轮换、提供多样化的员工培训、进行以职业发展为导向的考核、改进晋升与调动管理等。其中，企业帮助员工实现职业生涯规划的核心工作之一是开展针对性的培训活动。组织可以在分析员工个人发展需要和组织内部的人力资源需求的基础上，制定相应的培训措施，开展职业发展教育培训活动。

【本章小结】

职业生涯有广义与狭义之分。广义的职业生涯，是从职业兴趣的培养、选择职业、就职，直至最后完全退出职业这样一个完整的人生过程；狭义的职业生涯，仅指直接从事职业工作的这段时间，即从就职到退职这段时间。职业生涯管理是指管理部门根据组织发展和人力资源规划的需要，在组织中制定与员工职业生涯整体规划相适应的职业发展规划，为员工提供适当的教育、培训、轮岗和提升等发展机会，协助员工实现职业生涯发展目标。职业生涯规划是指员工在分析内部外部因素的基础上，确立职业生涯管理发展目标，并根据职业目标选择相关职业，制订工作、培训和教育计划并合理安排时间加以落实的过程。组织职业生涯管理，是指组织为自身战略发展的需要，协助员工规划其职业生涯的发展，建立各种适合员工发展的职业通路，针对员工职业发展的需求提供适时、必要的教育、培训、轮岗、晋升等发展机会，给予员工必要的职业指导，促使员工的职业生涯成功。

【本章关键词】

职业阶段	career stages	职业性向	occupational orientation
职业锚	career anchor	职业生涯规划	career planning

【练习题】

1. 职业生涯、职业生涯规划与职业生涯管理有什么联系？
2. 影响职业生涯的因素有哪些？
3. 企业应当如何进行职业生涯管理？
4. 你了解自己的职业性向吗？试设计自己的职业生涯规划。

案例讨论

两位大学毕业生的事业发展

张力军和王爱丽同时来到环球保险公司，那时他们都是刚从大学毕业正在寻找工作的毕业生。张力军已经获得了企业管理专业大学本科学历，但是应聘一些管理岗位因为缺乏实际工作经验而没有成功。一位招聘人建议他去销售领域寻找工作："任何人只要有令人喜欢的个性和推销东西的愿望，在这一领域都能做出成绩。"王爱丽已获得中文专业大学学历，她原认为从事教学是她顺理成章的职业。然而，后来她发现，教学工作并不适合她。她的姑妈是市里一家大公司的经理，她鼓励侄女在商业领域找一个工作，她说："事实上，某些工作不需要任何先决的商业教育，最好的经验都是从工作中学习的，同顾客交谈、写策划、从自己的错误中积累经验。"

当王爱丽看到环球公司的广告，在姑妈的指导下，她详细研究了在招聘商业工作人员时可能被问及的问题应当如何答对。通过姑妈的训练，又刻意装扮了一番，王爱丽非常自信地来到环球公司。很幸运，张力军和王爱丽都被录取了。在最初的工作接触中，两人成了关系不错的朋友。10年过去了，张力军和王爱丽两人在环球公司干得相当出色。

张力军开始时做最低级别的推销员，推销人寿保险；工作刚满2年他就开始洽谈百万元的生意，晋升到中级推销代表；到第6年底，他已成为所在领域最出色的高级推销员——金牌销售代表，并且，他的工作范围不断扩大，从普通保险到复杂的养老保险无不精通。现在他已成为公司的主要业务骨干，不仅有自己的办公室和辅助账目处理的私人秘书，他担任了销售顾问的职责，负责指导3个中级推销代表和培训新进来的销售员。

王爱丽的经历变化要更大一些。她也是从推销工作开始的。18个月后，她了解到相邻的业务地区有一个小部门主管的职位空缺，薪金比她作为推销员要少，但是如果业务成功，会有一笔额外的奖金。于是王爱丽申请了这一工作并得到批准。从那时起，她的工作变动了三次，每一次她都担当了所在部门的主管。目前，她经营着环球公司在东南片区最大的推销事务所。与具体推销工作相比，王爱丽更喜欢公司的组织管理工作，她的个性也适合此类工作。她从与人们的交往中及帮助他们做好工作中获得了极大的快乐，她也喜欢承担多方面的工作责任，从顾问、提供忠告到编制预算和计划决策等。

最近1年，公司主管保险业务的副总经理将要提前退休，公司开始寻找这一重要职务的接替人员。在公司收到的65份申请中，25份来自公司内部，王爱丽和张力军都提出了申请。选拔结果公布了，王爱丽被任命为主管保险业务的副总经理，她非常高兴。她过去的管理经历和出色的绩效记录是她成功的关键。张力军没有成功，因为选拔委员会认为他过去的成就不是作为一个有效管理者取得的。

上一周，王爱丽接任了她的新工作。上任伊始，她就邀请张力军与她一起共进午餐。王爱丽说："你在你的工作领域是出类拔萃的，在整个公司中没有比你更好的推销员了。作为一个老朋友，我劝你将自己的特长与职业发展目标做一个权衡。"张力军表示会认真地思考一下自己的职业发展方向。

思考题：

1. 绘制出张力军和王爱丽职业发展的路径。
2. 如何处理职业特长和职业发展目标的关系？
3. 环球保险公司可以为张力军提供哪些职业发展上的帮助？

参考文献

程社明. 2001. 你的职业：职业生涯开发与管理. 中国人力资源开发，(3)：60.

黄英忠. 1997. 人力资源管理. 台北：三民书局.

贾晓芳. 2012. 中小企业员工职业生涯规划研究与设计. 华北电力大学硕士学位论文.

李英娟. 2004. 当前企业职业生涯管理实践状况及对策研究. 首都经济贸易大学硕士学位论文.

刘宁，岳爱娴. 2006. 无边界职业生涯，无限延展职涯空间. 人力资源，(15)：20-21.

刘宁，张伶，赵梅. 2008. 国外职业生涯成功研究的述评及其启示. 南京邮电大学学报，（9）：32-37.

龙立荣，李晔. 2003. 职业生涯管理. 北京：中国纺织出版社.

龙立荣，毛忞歆. 2007. 自我职业生涯管理与职业生涯成功的关系研究. 管理学报，（5）：312-317.

彭麒妃. 2013. A公司员工职业生涯管理研究. 湘潭大学硕士学位论文.

谢晋宇. 2003. 后企业时代的职业生涯开发研究和实践：挑战和变革. 南开管理评论，(2)：13-18.

许琦，许百华，张兴国. 2007. 员工职业生涯自我管理的研究进展. 心理科学，30（1）：241-243.

于华. 2006. 职业生涯管理的模型及历史演变. 人口与经济，（4）：89-91.

岳蕾. 2005. 基于组织发展需要的组织及自我职业生涯管理研究. 浙江大学硕士学位论文.

张光明，肖盼盼. 2010. 无边界职业生涯对员工组织承诺的影响与提升策略. 江苏科技大学学报（社会科学版），(1)：63-67.

张小兵. 2010. 无边界职业生涯研究综述. 商业时代，（19）：83-84.

张再生. 2002. 职业生涯管理. 北京：经济管理出版社.

赵荣. 2013. 企业新进员工职业生涯管理研究. 昆明理工大学硕士学位论文.

周亮. 2013. 研究生职业生涯规划调查研究. 燕山大学硕士学位论文.

朱虹. 2007. 国有 IT 企业知识型员工职业生涯规划设计. 西南财经大学硕士学位论文.

祖天明. 2005. 企业员工职业生涯管理研究. 吉林大学硕士学位论文.

Evans A. 1993. Working at home：a new career dimension. International Journal of Career Management，5(2)：16-23.

Gilley J W. 1998. Career development as a partnership. Personnel Administrator，33（4）：62-68.

Hall D. 1986. Career Development in Organizations. SanFrancisco：Jossey-Bass Publication.

Miner J B，Crane D P. 1995. Human resource management：the strategic perspective. New York：Harpercollins College Publishers.

Narelle H，Denise M J，Nicky D. 2012. Career and employer change in the age of the ‘boundaryless’ career. Journal of Vocational Behavior，81（2）：280-288.

Pazy A. 1988. Joint responsibility：the relationships between organizational and individual career management and the effectiveness of careers. Group & Organization Management，13（13），311-331.

Schein E H. 1978. Career Dynamic：Matching Individual and Organization Needs，Reading. Massachusetts：Addison Wesley Publishing Company，Inc.

本章阅读材料：职业生涯管理与开发研究综述

第十章　人力资源法规

教学目的： 了解和掌握与人力资源管理有关的法律法规，并能在实际工作中灵活运用
了解中美人力资源法规体系的差异
了解中国人力资源法规实施中存在的问题和解决对策

学习重点： 掌握《劳动法》和《劳动合同法》的核心内容

学习难点： 强化对《劳动法》和《劳动合同法》的理解，以及如何在实际工作中灵活运用

引导案例

中国抑郁症患者反歧视第一案

2006 年，武汉大学毕业的袁毅鹏与 IBM（中国）公司签订了一份为期 5 年的劳动合同，担任上海分公司的研发工程师。在公司，袁毅鹏每天要工作十几个小时，晚上回到住处还要继续做在公司未完成的程序。遇到紧急任务时，袁毅鹏便感觉自己的脑袋成了一部高速运转的马达，几天几夜不睡觉是常有的事。工作的重压和没有规律的生活，很快就让袁毅鹏尝到了苦果。 2007 年 6 月，他被诊断患有双向性情感障碍（抑郁症）。之后他与一位经理在工作上发生争执，就写下辞职书。后来其部门领导表示辞职无效，并劝其以病假形式去医院治疗。2007 年 8 月，袁毅鹏持上海市精神卫生中心“建议边工作边治疗”的鉴定要求重新上班，却被拒绝。2008 年 2 月 27 日，IBM 上海分公司向袁毅鹏出具解除劳动合同通知书，以其多次违反公司纪律，严重影响公司正常工作秩序为由解除劳动合同。袁毅鹏认为，IBM（中国）公司所执行的“不录用抑郁症员工”的政策是一种歧视性的政策，联系陈庆广律师后于 2008 年 3 月 7 日一纸申诉书将 IBM（中国）诉至上海浦东新区劳动争议仲裁委员会。而 IBM（中国）认为，2007 年 6 月袁毅鹏曾提出过辞职，因而，双方的劳动关系实际上已解除，公司只是出于人道主义才以病假工资的形式支付其工资补助。

2008 年 6 月 18 日，浦东新区劳动争议仲裁委员会《浦劳仲（2008）办字第 946 号裁决书》确认，双方按原劳动合同约定的岗位和条件继续履行劳动合同。2008 年 7 月初，IBM（中国）决定放弃诉讼，留用患有抑郁症的上海分公司员工袁毅鹏，并按照上海劳

动仲裁部门的裁决继续履行双方的劳动合同，同时向袁毅鹏赔偿 2008 年 3 月 1 日起 4 个月的工资及奖金共计 57 332 元。

思考题：

1. IBM（中国）公司在这起事件中存在哪些错误？
2. 这个案件的结果对企业平衡经济利益和社会责任方面有什么启示？

第一节　我国人力资源法规概述

法律问题渗透了人力资源管理的方方面面，从最初招聘和挑选求职者到解雇或退休。所以，人力资源管理者必须清楚了解各种相关的法律法规。人力资源相关的法律法规主要是劳动法。劳动法是调整劳动关系及与劳动关系有密切联系的其他社会关系的法律规范之总称，它不是一部法律，而是由一系列劳动关系法律法规构成。其中，《中华人民共和国劳动法》（以下简称《劳动法》）、《中华人民共和国劳动合同法》（以下简称《劳动合同法》）是我国劳动法的核心。

一、我国劳动法的基本框架和主要构成

（一）劳动法的调整对象

劳动法调整的对象是劳动关系。劳动关系是指为了实现劳动过程而在劳动者与用人单位之间发生的关系。它既是一种社会关系，也是一种经济契约关系。劳动法中的劳动关系不是泛指一切劳动者在社会劳动时形成的所有的劳动关系，仅指劳动者与所在单位之间在劳动过程中发生的关系，其基本内容包括：劳动者与用人单位之间在工作时间、休息时间、劳动报酬、劳动安全卫生、劳动纪律与奖惩、劳动保险、职业培训等方面形成的关系。在我国现阶段，劳动关系主要涉及在中国境内的各种企业（包括国有企业、集体企业、外商投资企业、合营企业及其他类型企业）中的劳动关系；从事合法经营的个体经济中的劳动关系。特别要说明的是，国家与国家工作人员之间的关系不是劳动关系，因为它与员工和企业之间的劳动关系的法律性质不同，应由公务员法调整；事业单位和社会团体的劳动人事制度比较复杂，是否存在劳动关系应以用人单位与劳动者是否建立劳动合同关系为界定标准。

此外，与劳动关系密不可分的关系还包括劳动行政部门与用人单位、劳动者在劳动就业、劳动争议和社会保险等方面的关系，工会与用人单位、职工之间因履行工会的职责和职权，代表和维护职工合法权益而发生的关系等。

（二）劳动法的基本框架

我国劳动法的基本框架如下。

（1）劳动政策法。劳动政策法规定了国家在劳动方面的基本方针、政府在劳动方面的基本职责及劳动者的基本权利、劳动法适用对象等问题。例如，2008 年 1 月 1 日施行的《中华人民共和国就业促进法》，它明确了劳动者依法享有平等就业和自主择业的权利，劳动者就业不因民族、种族、性别、宗教信仰等不同而受到歧视。

（2）劳动关系法。劳动关系法规定了建立和维持正常劳动关系的基本制度，如劳动合同（个别劳动关系）、集体合同（团体劳动关系）及工会组织和权利等问题。例如，《劳动法》本质上就属于劳动关系法。

（3）劳动标准法。劳动标准法规定了劳动者在劳动关系中的基本权利，如工作时间和休息时间（标准工作日、标准工作周）、工资（最低工资标准及其支付）及劳动安全卫生（工伤和职业病预防措施）等内容。例如，《劳动合同法》《员工带薪年休假条例》等法律法规中就规定了大量的劳动标准。

（4）社会保险和福利法。社会保险和福利法规定了劳动者可以享受到的基本社会保险和福利待遇等问题。2011 年 7 月 1 日起施行的《中华人民共和国社会保险法》对我国劳动者享有的各类社会保险做了原则性的规定。为了兼顾各地区的实际情况，增强社会保险法规的可操作性，当前一些主要的社会保险类别，如养老保险、医疗保险等，具体规定还是以地方性法律为主，各地不尽相同。

（5）劳动争议处理法。劳动争议处理法规定了劳动争议的范围、类别及处理途径和程序等问题。例如，《中华人民共和国劳动争议调解仲裁法》、《劳动法》及《劳动合同法》中的相关规定。

（6）劳动监察法。劳动监察法规定了劳动行政部门对用人单位执行劳动法的检查和处罚的制度，赋予劳动行政部门检查权和处罚权，如《劳动保障监察条例》。

（三）劳动法体系的主要构成

劳动法体系包含的具体法律法规很多，不同的法律、法规从不同角度来维护劳动者和用人单位双方的权利。

（1）《劳动法》是劳动关系法律法规的核心。现行《劳动法》是 1994 年 7 月 5 日第八届全国人民代表大会常务委员会第八次会议通过的，自 1995 年 1 月 1 日起施行。《劳动法》是调整劳动关系的一部综合性法律，共 13 章 107 条。

（2）许多专门的法律、法规对劳动关系中的各项具体内容做了规定。由于劳动关系涉及的内容十分广泛，所以各项内容都应该进行专门的规定以保护劳动者和组织的利益。例如，2008 年 1 月 1 日施行的《劳动合同法》，共 8 章 98 条，进一步完善了劳动合同制度，明确了劳动合同双方的权利和义务，并对劳动关系各个方面制定了比较清晰的标准。此外，还有如下涉及劳动关系的、广泛使用的专门法规：关于劳动就业和职业教育方面的《中华人民共和国就业促进法》《中华人民共和国职业教育法》等；关于工资福利方面的《工资支付暂行规定》、《企业职工带薪年休假实施办法》、劳动和社会保障部《关于职工全年月平均工作时间和工资折算问题的通知》、国务院《关于职工工作时间的规定》、原劳动部《关于企业实行不定时工作制和综合计算工时工作制的审批办法》等；关于社保方面的《中华人民共和国社会保险法》《国务院关于完善企业职工基本养老保险制度的决定》《国务院关于建立城镇职工基本医疗保险制度的决定》《企业职工生育保险试行办法》《失业保险条例》《工伤保险条例》《工伤认定办法》《职工工伤与职业病致残程度鉴定标准》《社会保险基金先行支付暂行办法》，以及配套的地方性的各类社保条例和办法；关于劳动保护方面的《中华人民共和国安全生产法》《中华人民共和国职业病防治法》《使用有毒物品作业场所劳动保护条例》《女职工劳动保护规定》及特殊规定等；关于劳动关系争议处理方面的《中华人民共和国劳动争议调解仲裁法》《企业劳动争议调解委员会组织及工作规则》《劳动人事争议仲裁办案规则》《劳动人事争议仲裁组织规则》《中华人民共和国民事诉讼法》《劳动保障监察条例》《违反和解除劳动合同的经济补偿办法》《违反〈劳动法〉有关劳动合同规定的赔偿办法》等。

二、我国劳动法关于劳动关系的法律规定

（一）劳动者的就业和择业权

公民的劳动就业权是公民享有的各项权利的基础，我国劳动法明确规定劳动者依法享有平等就业和自主择业的权利，劳动者就业不因民族、种族、性别、宗教信仰、户籍等不同而受到歧视，可以根据自己意愿选择适合自己才能、爱好的职业，保障自由择业和合法的就业流动。

（二）劳动合同的订立

《劳动合同法》第10条："建立劳动关系，应当订立书面劳动合同。已建立劳动关系，未同时订立书面劳动合同的，应当自用工之日起一个月内订立书面劳动合同。用人单位与劳动者在用工前订立劳动合同的，劳动关系自用工之日起建立。"该条明确了订立劳动合同的必要性和时限。同时《劳动合同法》中还规定了不签订劳动合同的法律责任：用人单位自用工之日起超过一个月不满一年未与劳动者订立书面劳动合同的，应当向劳动者每月支付二倍的工资。用人单位自用工之日起满一年不与劳动者订立书面劳动合同的，视为已订立无固定期限劳动合同。

《劳动合同法》规定劳动合同的内容可分为两方面，一方面是必备条款的内容，另一方面是协商约定的内容。《劳动合同法》第17条规定了劳动合同应当具备的条款，"用人单位的名称、住所和法定代表人或者主要责任人；劳动者的姓名、住址和居民身份证或者其他有效身份证件号码；劳动合同期限；工作内容和工作地点；工作时间和休息休假；劳动报酬；社会保险；劳动保护、劳动条件和职业危害防护；法律、法规规定应当纳入劳动合同的其他事项。劳动合同除前款规定的必备条款外，用人单位与劳动者可以约定试用期、培训、保守秘密、补充保险和福利待遇等其他事项。"

劳动合同按照期限可以分为固定期限、无固定期限和以完成一定工作任务为期限三种类型。

（1）固定期限劳动合同，即用人单位与劳动者约定了确切的起始和终止时间的劳动合同。这种劳动合同的有效时间从合同约定的生效日开始至合同约定的终止时间结束。

（2）无固定期限劳动合同，是指用人单位与劳动者约定无确定终止时间的劳动合同。用人单位与劳动者协商一致，可以订立无固定期限劳动合同。有下列情形之一，劳动者提出或者同意续订、订立无固定期限劳动合同的，除劳动者提出订立固定期限劳动合同外，应当订立无固定期限劳动合同：劳动者在该用人单位连续工作满十年的；改制时劳动者满足“双十”条件（在用人单位连续工作满十年且距法定退休年龄不足十年）；连续订立二次固定期限劳动合同；视为订立无固定期限劳动合同，——用人单位自用工之日起满一年不与劳动者订立书面劳动合同的，视为用人单位与劳动者已订立无固定期限劳动合同。

（3）以完成一定工作任务为期限的劳动合同。在房屋拆迁、城市建设、装修及一些季节性、临时性的事务中，可以签订以完成一定工作任务（任务量标准）为期限的劳动合同。此类劳动合同是以某一项工作开始之日，作为其期限起算之日，以劳动者完成该项工作之日，作为其期限终止之日，因此，存在合同的变更、解除、中止（双方协议暂停履行）或终止，但不存在合同续签问题。

《劳动合同法》第 26 条规定了劳动合同无效或者部分无效的情形。

（1）以欺诈、胁迫的手段或者乘人之危，使对方在违背真实意思的情况下订立的劳动合同。例如，员工通过隐瞒自身情况甚至伪造的学历证书、执业证书与企业签订劳动合同，或者用工单位通过威胁与劳动者签订的劳动合同，均属无效。

（2）用人单位免除自己法定责任、排除劳动者权利的。例如，只规定员工义务不表明企业责任的劳动合同，或者合同列有“企业有权根据自身需要决定劳动者的工作岗位或工作与否”的霸王条款，均属无效。

（3）违反法律、行政法规强制性规定的。例如，企业与不到 16 周岁的未成年人签订的劳动合同，与现有法律法规的内容相违背，明显无效。劳动合同的无效或者部分无效，由劳动行政部门、劳动争议仲裁机构或者人民法院确认。

（三）试用期的规定

试用期是指企业对新员工的各项素质进行深入考察的时限。《劳动合同法》第 19 条的规定针对部分单位滥用试用期、试用期过长的不良现象做出了明确规定，目的是保障劳动者的权益。

试用期的期限要求与劳动合同期限衔接：以完成一定工作任务为期限的劳动合同或者劳动合同期限不满三个月的，不得约定试用期；劳动合同期限三个月以上不满一年的，试用期不得超过一个月；劳动合同期限一年以上三年以下的，试用期不得超过二个月；三年以上固定期限和无固定期限的劳动合同试用期不得超过六个月。同一用人单位与同一劳动者只能约定一次试用期。

试用期工资不得低于岗位最低档或合同约定的 80%及最低工资标准（《劳动合同法》第 20 条），劳动者在试用期的工资不得低于本单位相同岗位最低档工资或者劳动合同约定工资的 80%，并不得低于用人单位所在地的最低工资标准。

在试用期中，因劳动者患病不能从事工作、不能胜任工作或严重违纪给用人单位的利益造成重大影响的 8 种法定情形，用人单位可以与劳动者解除劳动合同，并向劳动者说明理由。例如，用人单位认为劳动者在试用期间不符合录用条件或不能胜任工作，必须提供有效的证明。除上述法定情形外，用人单位不能单方面解除劳动合同，需承担因违法解除劳动合同所带来的一切法律后果。

用人单位违反劳动法规定与劳动者约定试用期的，由劳动行政部门责令改正；违法约定的试用期已经履行的，由用人单位以劳动者试用期满月工资为标准，按已经履行的超过法定试用期的期间向劳动者支付赔偿金。

（四）工作时间和休息时间的规定

1. 工作时间的法律规定

根据《劳动法》和《国务院关于职工工作时间的规定》（国务院令第 174 号）的规定，我国《劳动法》规定的工时制度有三种，即标准工时制、综合工时制和不定时工时制。

标准工时制是指劳动者每日工作 8 小时，每周工作 40 小时的工时制度。每月实际工作天数按 20.83 天计算。

综合工时制是指因工作性质和生产特点（如交通、渔业、旅游、地质勘探等）不能实行标准工时制度，分别以周、月、季、年等为周期，综合计算工作时间。某一具体日（或周）的实际工作时间可以超过 8 小时（或 40 小时），但综合计算周期内的总实际工作时间不应超过总法定标准工作时间。超过总法定标准工作时间部分应视为延长工作时间并按劳动法的规定支付报酬。

不定时工作制是指因工作性质、特点或工作职责的限制（如外勤、高管、推销、长途运输等），无法按标准工作时间衡量或需要机动作业的职工所采用的，劳动者每一工作日没有固定的上下班时间限制的工作时间制度。对于实行不定时工作制的职工，用人单位应参照标准工时制核定工作量并采用弹性工作时间等适当方式，确保职工的休息休假权利和生产、工作任务的完成。

2. 休息休假的法律规定

劳动法规定劳动者享有的休息时间包括工作间歇、两个工作日之间的休息时间、公休日、法定节假日（元旦、春节、清明节、劳动节、端午节、中秋节和国庆节）。用人单位根据实际需要安排劳动者在法定标准以外的时间工作的，要给予经济上的补偿：①在日法定标准工作时间以外延长工作时间的，按照不低于劳动者本日或小时工资标准的 150%支付劳动者工资，或者按“做一小时还一小时”的方式安排补休；②在休息日工作加班，按照不低于劳动者日或小时工资标准的 200% 支付劳动者工资，或者按“做一天休一天”调休；③在法定休假日工作的，按照不低于劳动者日或小时工资标准的 300% 支付劳动者工资，而不得以“补休”方式替代。

《企业职工带薪年休假实施办法》还规定，职工连续工作满 12 个月以上的，享受带薪年休假。职工累计工作已满 1 年不满 10 年的，年休假 5 天；已满 10 年不满 20 年的，年休假 10 天；已满 20 年的，年休假 15 天。

（五）劳动报酬的法律规定

我国宪法明文规定“各尽所能，按劳分配”是分配的基本原则，还规定，实行男女同工同酬。

依照《劳动法》和《劳动合同法》规定，劳动者应得的劳动报酬包括工资、奖金、津贴、补贴、延长工作时间的工资报酬及特殊情况下支付的工资等。劳动者在法定工作时间提供正常劳动的情况下，企业应当支付劳动者全部劳动报酬。用人单位安排劳动者加班，应当按照国家有关规定向劳动者支付加班费。无正当理由不足额支付劳动者工资就是克扣工资。克扣工资除了补发劳动者的工资克扣额以外，企业还必须按规定支付劳动者赔偿金。劳动报酬支付的形式是法定货币，不能用实物或有价证券支付工资。劳动报酬支付的对象是劳动者本人，劳动者本人因故不能领取工资时，可以由其委托亲属或他人代领。劳动报酬支付的周期至少每月一次；如果企业工资是按年结算的，应当按月预付、到期结算，且支付劳动报酬的日期必须确定，如遇休息日、节假日，应提前到最近的工作日支付。企业无正当理由超过规定工资支付日期未支付工资的行为，即为拖欠工资。用人单位拖欠或者未足额支付劳动报酬的，劳动者可以依法向当地人民法院申请支付令，人民法院应当依法发出支付令。根据我国刑法修正案，以转移财产、逃匿等方法逃避支付劳动者的劳动报酬或者有能力支付而不支付劳动者的劳动报酬，数额较大，经政府有关部门责令支付仍不支付的按“拒不支付劳动报酬罪”定罪量刑。

（六）劳动技能培训的规定

按照我国《宪法》，公民有受教育的权利和义务，受教育包括普通教育和职业教育。我国《劳动法》规定，岗前培训（入职培训）是用人单位的法定义务，不能收取劳动者培训费，更不得约定违约金和服务期；专项培训，也称专业技能培训，用人单位应垫付培训费，可以与劳动者约定服务期和违约金，劳动者违反服务期约定的，应当按照约定向用人单位支付违约金。违约金的数额不得超过用人单位提供的培训费用（有支付凭证的培训费用发票、培训期间的差旅费用及因培训产生的用于该劳动者的其他直接费用）。用人单位要求劳动者支付的违约金不得超过服务期尚未履行部分所应分摊的培训费用。用人单位与劳动者约定服务期的，不影响按照正常的工资调整机制提高劳动者在服务期期间的劳动报酬。

（七）社会保障和劳动保护的规定

社会保障的功能是使劳动者在年老、患病、工伤、失业和生育等情况下能够获得帮助和补偿。劳动保护是为了保护劳动者在劳动过程中的安全和健康，预防职业病和防止人身事故发生而对作业条件与劳动环境进行改善的一系列措施与活动。关于这部分的法律规定在第十二章详细介绍，此处不予赘述。

（八）劳动合同的解除

1. 劳动者解除劳动合同

劳动者在正常情况下，提前三十日以书面形式通知用人单位，可以解除劳动合同。如果处于试用期内，则需提前三日通知用人单位解除劳动合同。

此外，《劳动合同法》还赋予劳动者享有特别解除权，当用人单位出现下列情形之一的，劳动者可以立即解除劳动合同，无须事先告知用人单位，也不受服务期的限制：未按照劳动合同约定提供劳动保护或者劳动条件的；未及时足额支付劳动报酬的；未依法为劳动者缴纳社会保险费的；用人单位的规章制度违反法律、法规的规定，损害劳动者权益的；《劳动合同法》第 26 条第 1 款规定的情形致使劳动合同无效的；法律、行政法规规定劳动者可以解除劳动合同的其他情形；用人单位以暴力、威胁或者非法限制人身自由的手段强迫劳动者劳动的，或者用人单位违章指挥、强令冒险作业危及劳动者人身安全的。

2. 用人单位解除劳动合同

劳动法赋予企业单方解除权，使企业能自主用人，但也明确规定了行使该权利的条件，防止损害员工的合法权益。《劳动合同法》第 40 条规定，有下列情形之一的，用人单位提前三十日以书面形式通知劳动者本人或者额外支付劳动者一个月工资后，可以解除劳动合同：①劳动者患病或者非因工负伤，在规定的医疗期满后不能从事原工作，也不能从事由用人单位另行安排的工作的；②劳动者不能胜任工作，经过培训或者调整工作岗位，仍不能胜任工作的；③劳动合同订立时所依据的客观情况发生重大变化，致使劳动合同无法履行，经用人单位与劳动者协商，未能就变更劳动合同内容达成协议的。此外，企业遇到破产重组、经营严重困难、转产或重大改革带来人员精简、客观情况致使劳动合同无法履行的情形，也可以进行经济性裁员，但是需要履行法定的程序，即提前三十日向工会或者全体职工说明情况，听取工会或者职工的意见后，裁减人员方案经向劳动行政部门报告，才可以裁减人员。

用人单位也享有特别解除权，在下列情形下，用人单位可以解除劳动合同而无须提前通知，也不必支付经济补偿金：①在试用期间劳动者被证明不符合录用条件的；②劳动者严重违反用人单位的规章制度的；③劳动者严重失职，营私舞弊，给用人单位造成重大损害的；④劳动者同时与其他用人单位建立劳动关系，对完成本单位的工作任务造成严重影响，或者经用人单位提出，拒不改正的；⑤劳动者原因导致劳动合同无效的；⑥劳动者被依法追究刑事责任的。

同时，《劳动合同法》第 42 条也规定了用人单位不得解除劳动合同的情形：①从事接触职业病危害作业的劳动者未进行离岗前职业健康检查，或者疑似职业病病人在诊断或者医学观察期间的；②在本单位患职业病或者因工负伤并被确认丧失或者部分丧失劳动能力的；③患病或者非因工负伤，在规定的医疗期内的；④女职工在孕期、产期、哺乳期的；⑤在本单位连续工作满十五年，且距法定退休年龄不足五年的。

（九）违反劳动合同的责任

1. 劳动者违反劳动合同的责任

劳动者在劳动合同履行过程中，其职务行为导致用人单位重大损失，主要表现为有未尽职责的严重过失行为或者利用职务之便谋取私利的故意行为，劳动者可以与用人单位进行协商赔偿。

用人单位为劳动者提供专项培训费用，对其进行专业技术培训的，可以与该劳动者订立协议，约定服务期。劳动者违反服务期约定的，应当按照约定向用人单位支付违约金。

用人单位与劳动者可以在劳动合同中约定保守用人单位的商业秘密和与知识产权相关的保密事项。对负有保密义务的劳动者，用人单位可以在劳动合同或者保密协议中与劳动者约定竞业限制条款，并约定在解除或者终止劳动合同后，在竞业限制期限内按月给予劳动者经济补偿。劳动者违反竞业限制约定的，应当按照约定向用人单位支付违约金。竞业限制的期限不得超过两年。

劳动者违反劳动法规定解除劳动合同，给用人单位造成损失的，应赔偿实际损失。

2. 用人单位违反劳动合同的责任

用人单位单方面解除劳动合同时，需要按劳动者在本单位工作的年限支付经济补偿，每满一年支付一个月工资的标准向劳动者支付。六个月以上不满一年的，按一年计算；不满六个月的，向劳动者支付半个月工资的经济补偿。劳动者月工资高于用人单位所在直辖市、设区的市级人民政府公布的本地区上年度职工月平均工资三倍的，向其支付经济补偿的标准按职工月平均工资三倍的数额支付，向其支付经济补偿的年限最高不超过十二年。

用人单位违法解除或终止劳动合同的，需要按经济补偿标准的二倍向劳动者支付赔偿金。

用人单位因劳动保护、组织管理原因给劳动者造成损害的，承担赔偿责任；构成犯罪的，依法追究刑事责任；此外，劳动相关部门还可以对该单位给予行政处罚。

（十）劳动争议处理的规定

劳动争议是指劳动关系当事人，因执行劳动法或履行集体合同和劳动合同的规定而引起的争议。用人单位与劳动者发生劳动争议，劳动者可依法申请调解、仲裁和提起诉讼。

调解不是解决劳动争议的必经程序，但是简便易行、省时省力，不伤和气。通常由用人单位内部的劳动争议调解委员会或基层人民调解组织这类群众性组织做出调解。经调解达成协议的，制作调解协议书，对双方当事人具有约束力，当事人应当履行。自劳动争议调解组织收到调解申请之日起 15 日内未达成调解协议的，当事人可以依法申请仲裁。

仲裁是解决劳动争议的必经程序。劳动关系双方当事人发生劳动争议后，可向当地的人力资源和社会保障局的劳动争议仲裁委员会提出仲裁申请，仲裁裁决一般在收到仲裁申请的 60 日内做出，仲裁具有强制性，即双方达成仲裁协议后就必须执行。

若当事人对仲裁裁决不服，则可以在收到仲裁裁决书起 15 日内，向被告住所地或合同履行地所在的基层法院提起诉讼。对于劳动争议仲裁委员会不予受理或者逾期未做出决定的，申请人也可以就该劳动争议事项向人民法院提起诉讼。

第二节　中美人力资源法规体系对比

本章第一节对我国的人力资源法律法规体系做了简单的介绍，我国的人力资源法律法规主要由调整劳动关系及与劳动关系有密切联系的其他社会关系的一系列劳动法规构成。我国劳动法的基本框架包括劳动政策法、劳动关系法、劳动标准法、社会保险和福利法、劳动争议处理法、劳动监察法。其中，《劳动法》《劳动合同法》是我国劳动法的核心。

相比我国的劳动法制建设的渐趋完善，美国作为发达国家的代表，其人力资源法律法规更为成熟。了解中美人力资源法规体系的差距，有助于推动我国劳动制度法治化的进程。

一、美国人力资源法律体系概述

美国的劳动法律有一套较为完整的体系。由于三权分立，美国的劳动立法机构分为两级，联邦政府和州政府均设有劳工部，劳动法也是如此。联邦政府劳工部制定与全国范围内的劳动关系相关的法律，协调部分州或地方的公共雇佣关系和几乎所有的私人雇佣关系。州政府的劳动法关注州内的劳动关系。美国劳动法律的内容包括劳动关系、就业与培训、社会保障等多个方面。

（1）劳动关系。劳工部通过《国家劳动关系法》和《劳资关系法》共同调节劳动关系。这两部法律调节的范围不同，主要通过平衡工会与企业的力量来解决劳动纠纷。

（2）就业与培训。美国的《职业教育法》《就业培训合作法》等多种法律与就业培训有关。这些法律内容丰富、范围广泛，涵盖职业培训的内容、层次、权利、义务等诸多方面，以立法的方式表明了美国社会对就业与培训的重视、对人才的重视。

（3）劳动标准。美国关于劳动标准的法律是《公平劳动标准》，由《工资立法》和《工时立法》组成。该法律随着物价的变化而适时调整标准。

（4）社会保障。美国各州的社会保障制度并不相同，主要的法规有《工伤事故保险法》《失业补偿法》《退休养老保险法》《医疗保险法》等。

（5）劳动争议处理程序。处理劳动争议是调解劳动关系中最重要的部分，美国对劳动争议的处理有完备的处理程序，即企业内部解决—申请调解—申请仲裁—上诉法院。任何环节不满意均可申请下一环节。但是，除了四种情况外，法院不会对仲裁结果再审。这四种情况如下：通过欺诈得到仲裁结果；仲裁员超出当事人的授权；仲裁与法定程序不符；仲裁结果违反法律或风俗。

二、中美人力资源法律体系的差异

因中美两国的历史、文化、传统、价值观和经济发展等方面的重大差异，两国的人力资源法律体系也相应地表现出明显的区别。

1. 法律体系上的差异

首先，两国对劳动关系的定义不同。美国认为劳动关系是指政府、雇主和雇员三方之间就劳动方面的内容发生的一种社会关系；劳资关系是雇主和雇员之间发生的社会关系，是劳动关系的一个组成部分。在我国，劳资关系是劳动关系的一种特殊表现形式，是用人单位和劳动者在劳动过程中产生的一种社会关系。其次，两国在法律体系的完备程度上有差异。虽然我国已出台了一系列劳动法规，但劳动关系的法制化、规范化还有待改善和加强，我国人力资源的教育、培训、收入、分配等方面的体制与政策、法令法规还不太配套；美国人力资源法律法规经过数十年的发展，已经相当完善和规范，能够将绝大多数企业都纳入法律的约束范围。例如，美国的《民权法案》是一部权威法案，内容之广、之细世界少有，并且还经常对其进行补充、修订和完善，同时每个州还有州法案，以表现各州的地方特色和实际情况。

2. 法律意识上的差异

雇用双方的矛盾纠纷，可谓无处不在、无时不有，但是，市场经济在我国的发展时间不长，我国大多数雇员的法律意识还比较薄弱，当自己的合法权益受到侵害时，往往是自认倒霉了事，很少向有关执法部门投诉；美国的雇员从小在法律的熏陶下，更懂得运用法律的手段保护自己，完善的法律体系也使越来越多的雇员认为法律能够保障他们的权利。企业为了自身的发展，避免劳动纠纷和昂贵的法律诉讼费，在人力资源管理方面更倾向于遵从法律法规的约束。

3. 劳动关系协调方式的差异

我国由于法制不健全，长期以来习惯以行政方式协调劳动关系，而不是采取法律手段，这种情况至今仍然存在，特别是在经济不发达的地区；而美国在协调劳动关系方面，如对就业方面的问题，通常都是由公平就业机会委员会等专门机构进行协调，如果调解失败，该委员会直接向法院提起诉讼。一旦由法院处理和判决劳动纠纷，对于企业或个人的惩罚性赔偿都将是巨大的。

4. 特殊人力资源问题的处理差异

在市场经济条件下，劳动力市场的歧视现象是不可能自动消除的，其产生的原因包括劳动力市场供求状况、就业信息提供、就业政策、劳动法规、工会力量及社会保障制度等社会经济条件，因此需要运用政府机制和法律机制加以约束。在我国市场经济不发达、劳动法规和工会组织不完善的情况下，不能有效地约束歧视性行为，尽管出台了《中华人民共和国就业促进法》，但是效果很有限，劳动力市场的歧视现象依然大量存在。在美国，建立了较为完善的反雇佣歧视的法律制度，并对违法者处以重罚，因此，企业为了避免加大雇佣成本，减小社会和法律的压力，不得不规范自己的行为。中美在就业歧视方面的具体表现不同。美国的种族歧视、信仰歧视、国别歧视在中国很少，甚至没有。但中国有自己的“特色歧视”，如“户籍歧视”，在就业机会方面，拥有城镇户口比农村户口更容易就业，就业过程中人情关系产生的“出身歧视”也使就业的公平性大打折扣。

5. 执法机构和力度的差异

美国有专门的公平就业机会委员会来接受庭前的申诉、调查和庭外调解，该机构有相当大的权力以维护人力资源法律、法案的执行。美国还设立一个专门机构“联邦全国执行程序办公室”强制推行某些法律条文和政令。美国的执法力度很强，如 1974~1987 年，美国农业保险公司向 814 名妇女赔偿 1.57 亿美元，以补偿她们在此期间被公司非法拒绝晋升到高级销售主管职位所带来的损失。美国的地方法院、州法院和最高法院都能相当平心静气地接受上诉，并一次又一次地开庭审理案件。而中国的执法机构除了劳动争议仲裁委员会外，只有法院，且执法的力度较美国要小得多。

第三节　我国人力资源法规实施的问题及解决对策

一、我国劳动法实施中存在的主要问题

我国劳动力市场长期处于供大于求和结构性的不均衡中，加上转型时期利益的变化、行政干预过多、执行力度不够及劳动监察的力量弱等原因，导致劳动法在具体实施中存在很多问题。主要表现如下。

1. 不签订劳动合同的情况大量存在

企业与劳动者之间存在大量不签订劳动合同的情况，特别是在劳动者文化程度和法律意识薄弱的群体、偏重体力劳动的工种和流动性较大的人群中，如农民工群体、勤杂工和清洁工等，由于户籍管理制度和社会福利制度的滞后及个人对法律的无知，这部分人群务工时只追求工资上的高低，而不注重与企业签订劳动合同。用人单位往往利用在劳动市场上的强势地位，为减少单位的用工成本，千方百计规避法律，不与员工签订劳动合同。

2. 用人单位侵害劳动者权益的现象屡禁不止

不少民营小型企业、劳动密集型企业中时有侵害劳动者权益的现象发生。例如，不给劳动者办理社会保险，随意延长工作时间，年休假制度名存实亡，用计件工资变相掩盖超时加班，加班不支付加班费，拖延或任意克扣劳动者工资，劳动保护措施不到位，变相解聘怀孕的女职工，单位的规章制度明显违法，单位滥用解除劳动合同的权力等。由于劳动行政部门监察不力，用人单位的违法成本低廉，劳动者的维权意识又比较薄弱，所以用人单位侵害劳动者权益屡禁不止。

3. 劳动争议处理不能满足需求

劳动争议发生后，调解是最简单易行、节约成本的方法，但是在实务中，往往在乡镇、街道缺乏具有劳动争议调解职能的组织，或者这些调解组织的管理、人员配备、专

业知识等不能达到有相应的要求，没有发挥应有的作用。目前，大多数劳动争议走的是仲裁程序，我国的仲裁委员会设在劳动行政部门内部，不够独立，仲裁委员会成员的经费由劳动行政部门决定且没有独立编制，所以有时会出现地方政府偏向企业、干预劳动争议的处理以保障地方的经济增长的情况。一般的劳动争议仲裁委员会的成员在 10 人以下，《中华人民共和国劳动争议调解仲裁法》实施后，委员会的人数不变，劳动争议案件的数量却激增到以前的几倍，人手不足使相当一部分案件无法在规定的期限内结束。诉讼作为劳动争议处理的最后一环，是保护劳动者合法权益的最终屏障，但是，诉讼的程序往往复杂而漫长，使劳动者望而却步。

二、完善劳动法实施的对策

1. 完善劳动监察制度

在劳动法的具体实施中，对用人单位违反劳动法的惩罚力度不够，劳动法起不到约束用人单位的作用。完善劳动监察制度以保持法律对用人单位的威慑性十分必要。劳动监察的难点是人员和经费的问题，所以扩充监察队伍是首要的。可以将原来由政府进行的监察改为由企业、工会的力量和国家的监察力量结合起来，形成三方合作、系统完善的监察制度。同时，地方政府应重视劳动监察的重要性，以法律的形式保障劳动监人员的编制和工资，不干涉劳动监察的正常工作，消除狭隘的地方保护思想，帮助劳动监察树立权威。

2. 加大劳动执法宣传

许多劳动者对劳动保护的概念并不清楚，提高劳动者的自我保护意识是保证劳动法实施的重要前提。相关部门应加大对劳动执法的宣传，帮助劳动者掌握劳动法的范围和内容，了解维权的途径和方法，熟悉劳动者的权利义务范围。

3. 加强对用人单位劳动用工的指导和管理

国家劳动部门要依法加强对用工单位的指导与管理，规范用人单位的劳动用工行为，如建立员工名册、健全劳动合同制度，实现劳动合同的科学规范管理。地方政府应加强对劳动用工情况的监管，收集劳动用工的数据，进行备案，及时分析劳动合同的实施情况，加强对用人单位的动态跟踪。

4. 建立或裁或审制度

现有的一裁终局的范围相对于日益增多的劳动争议案件的数量显得略窄，无法达到尽快解决劳动争议的目的。由于仲裁之后还存在诉讼环节，一裁二审可能成为解决劳动争议的常态。要在减轻众多劳动争议诉讼案件对法院的压力的同时保障劳动者的合法权益，建立或裁或审制度是必要的。

5. 创新工会体制

我国现有的工会体制并不完善。与企业相比，工会的力量不够，不能帮助劳动者特别是农民工维护自身的合法权益。只有创新工会体制，才能改变我国劳资力量失衡的现状。新的工会体制不仅要符合我国现行政治体制的要求，适应我国的社会经济状况，还要有能力保护劳动者的权益。

为了推动我国劳动者的集体维权工作，可以选择一个地区（如上海、深圳等）试点组建行业工会，允许企业工会和行业工会同时存在。工人可以根据企业工会和行业工会在集体维权方面的业绩，有选择地参加自己认为能够代表自身利益的工会组织，也可同时参加。这样可以使企业工会和行业工会在维护劳动者权利工作中互相比较和学习，从而调动工会组织工作的积极性。

行业工会的建立应该遵循三条原则：中国共产党对行业工会的绝对领导权；政府是行业工会的合作者之一；直接选举与等额选举并举。只有保证党对行业工会的绝对领导，才能确保工会不被其他政治势力（如境外反动政治势力）利用，确保工会始终是劳动者权益的捍卫者。政府和行业工会的合作可以通过定期向其拨款进行。新的选举方式保证了行业工会的主席或委员人选的公平性。

【本章小结】

人力资源相关的法律法规主要是劳动法。劳动法是调整劳动关系及与劳动关系有密切联系的其他社会关系的法律规范之总称，劳动法基本框架由劳动政策法、劳动关系法、劳动标准法、社会保险和福利法、劳动争议处理法、劳动监察法构成。其中，《劳动法》《劳动合同法》是我国劳动法的核心。我国劳动法对劳动者的就业和择业权、劳动合同的订立、试用期、工作时间和休息时间、劳动报酬、劳动技能培训、社会保障和劳动保护、劳动合同的解除、违反劳动合同的责任、劳动争议处理等方面都做出了明确的法律规定，是人力资源管理的法律依据。相比中国的劳动法制建设的渐趋完善，美国作为发达国家的代表，其人力资源法律法规更加成熟。了解中美人力资源法规体系的差距，有助于推动我国劳动制度法治化的进程。我国劳动力市场长期处于供大于求和结构性的不均衡中，加上转型时期利益的变化、行政干预过多、执行力度不够及劳动监察的力量弱等原因，导致劳动法在具体实施中存在很多问题，本章提供了一些解决目前困境的思路。

【本章关键词】

人力资源法规	human resource regulations	劳动法	labor law
劳动合同法	labor contract law	劳动关系	labor relations
劳动争议	labor dispute	劳动仲裁	labor arbitration

【练习题】

1. 名词解释

（1）劳动关系　（2）无固定期限劳动合同　（3）劳动争议

2. 简答

（1）《劳动合同法》中对不签订劳动合同的法律责任做了哪些规定？

（2）我国《劳动法》对试用期做了哪些规定？

（3）我国《劳动法》规定的工时制度有哪三种？各有什么特点？

（4）我国《劳动法》和《劳动合同法》关于劳动报酬有哪些规定？

（5）《劳动合同法》赋予劳动者享有的特别解除权包括哪些内容？赋予用人单位享有的特别解除权包括哪些内容？

（6）我国劳动争议处理的途径有哪些？

（7）中国和美国在人力资源法律体系上的区别有哪些？

案例讨论

末位淘汰制能否作为解除合同条件

末位淘汰制是指工作单位根据本单位的总体目标和具体目标，结合各个岗位的实际情况，设定一定的考核指标体系，以此指标体系为标准对员工进行考核，根据考核的结果对得分靠后的员工进行淘汰的绩效管理制度。末尾淘汰制度源于美国通用电气公司杰克·韦尔奇创建的活力曲线，也称为10%淘汰率法则，每年对员工工作绩效严格评估，有10%的员工被评为C类落后员工，表现最差的员工通常会被淘汰。这是一种强势的管理制度，通过员工竞争激励机制，一方面有积极作用，从客观上提高员工的工作积极性，有利于提高企业竞争力；另一方面也有消极作用，如可能存在违法内容、给员工压力过大等。近年来，我国一些企业将末位淘汰制写入企业规章制度或者劳动合同中，作为绩效考核的重要内容，定期将业绩居于末位的劳动者降薪、调岗或解除劳动合同，由此引发的劳动争议纠纷逐渐增多。案例如下：

2005年7月，被告王鹏进入原告中兴通讯（杭州）有限责任公司（以下简称中兴通讯）工作，劳动合同约定王鹏从事销售工作，基本工资每月3 840元。该公司的《员工绩效管理办法》规定：员工半年、年度绩效考核分别为S、A、C1、C2四个等级，C2代表不胜任工作，公司根据考核的结果对得分靠后的员工实行末位淘汰制。2008年下半年、2009年上半年及2010年下半年，王鹏的考核结果均为C2。中兴通讯认为，王鹏不能胜任工作，经转岗后，仍不能胜任工作，故在支付了部分经济补偿金的情况下解除了劳动合同。

2011年7月27日，王鹏提起劳动仲裁。仲裁委做出裁决：中兴通讯违法解除劳动合同，支付王鹏赔偿金余额36 596.28元。

思考题：

1. 末尾淘汰制为什么不能作为单位解除劳动合同的条件？
2. 在不解除劳动合同的前提下，对考核居于末位的劳动者如何进行管理？

参 考 文 献

代宝学. 2013. 对《劳动合同法》实施的思考和探究. 法制博览（中刊），（10）：245，230.
冯德胜. 2014. 《劳动合同法劳动合同法》执行过程中的问题及对策. 工会信息，（9）：18-20.
黄海，黄亦楠. 2007. 完善我国劳动法律制度的对策与建议. 法制与社会，（8）：77-78.
李乐. 2015. 新《劳动法》实施后对企业人力资源管理的影响及对策. 河北企业，（12）：128.
李晓霞. 2006. 美国与德国劳动法律体系概述与比较. 国外社会科学，（1）：69-72.
林嘉. 2007. 劳动合同法条文评注与运用. 北京：中国人民大学出版社.
蒙天成. 2013. 劳动合同法促进企业人力资源管理的探讨. 中国商贸，（26）：71-73.
宋玉. 2014. 规范劳动合同管理 构建和谐劳动关系. 人力资源管理，（2）：126.
魏红梅. 2009. 劳动合同法对企业人力资源管理的影响及对策. 首都经济贸易大学硕士学位论文.
周国良. 2014. 《劳动合同法》对劳动者适用的探讨. 中国劳动，（3）：8-12.

第十一章　员工关系管理

教学目的：理解员工关系管理的重要性及其内容
了解劳资关系与劳资协调的要点
能够挖掘引发员工关系危机的原因并思考如何预防处理危机

学习重点：理解员工关系管理的重要性
掌握员工关系危机与预防处理

学习难点：如何预防处理员工关系危机

引导案例

东莞裕元鞋厂的罢工风波

裕元集团隶属于台湾宝成集团，是全球最大的运动鞋生产商，客户包括阿迪达斯和耐克，为全球30多家著名品牌鞋类产品公司代工。裕元集团下属东莞裕元鞋厂，位于东莞市高埗镇，聘用员工总数约4.5万人。

2014年4月14日，东莞裕元鞋厂员工举行大规模罢工，罢工工人称，裕元集团为他们缴纳养老金时，以他们的基本工资而非总工资作为计算基数，由于加班和其他补贴，大多数工人拿到的收入比基本工资高，企业的这种做法无疑伤害了员工未来退休养老的权益。东莞工会对此展开了调查，调查结果称，裕元集团应对这些工人做出补偿。裕元集团立即做出回应，于2014年4月17日宣布调整员工福利金，并于2014年4月21日贴出了社保、住房公积金调整方案，以及一份关于工友生活津贴的方案。其方案透露要根据国家相关法律法规，社保从2014年5月1日起依法足额缴存，根据员工的意愿，依法办理养老保险补缴；关于住房公积金，从2014年5月1日起依法足额缴存，根据员工的意愿，依法补缴。各厂成立社保及住房公积金协助办理办公室，并决定从2014年5月1日起每人每月发放生活津贴230元。2014年4月25日，工人们恢复生产。这场持续了11天的罢工结束。

据华尔街日报消息，此次罢工为裕元集团造成大约6 000万美元的损失。耐克公司声称考虑转移生产基地。

思考题：

1. 东莞裕元鞋厂罢工风波的导火索是什么？
2. 东莞工会在整个事件中发挥了什么作用？
3. 你认为应该采取怎样的防范机制才能避免“罢工”事件再次发生？

第一节 员工关系管理概述

一、企业员工关系

（一）员工关系的概念

员工关系主要是指组织中管理方与员工之间由于雇用行为而产生的关系，由双方利益引起的合作、冲突等关系的综合。从本质上来讲，员工关系是双方合作、冲突的相互交织。管理方与员工要遵守一套既定的制度规则来共同合作、进行生产，即双方以劳动合同或集体协议的形式，甚至以一种心理契约的形式规定相互之间的权利义务。同时，由于管理方和员工的利益、目标与期望常常会出现分歧，甚至彼此背道而驰，因而冲突也在所难免。从员工角度来说，冲突的形式有罢工、旷工、怠工、抵制、辞职等；从管理方角度而言，有惩罚、解雇或关闭工厂等。

在员工关系这一概念中，员工与管理方之间相互作用的行为包括双方间的权利义务及其有关事项。这种关系具有两层含义：一是从法律层面来讲，双方因为签订雇用契约而产生的权利义务关系；二是社会层面劳动双方彼此间的人际、情感甚至道义等关系，也就是双方间不成文的传统、习惯及默契等伦理关系。

（二）员工关系的特点

员工关系具有以下特性。

（1）个别性与集体性。从员工关系主体角度而言，可分为个别员工关系与集体员工关系。个别员工关系，是个别员工与管理方的关系，主要表现为个别员工在从属地位上提供职业性劳动，而管理方给付报酬的关系。集体员工关系，则是员工为维持或提高员工劳动条件加入员工团体，从而形成的团体与管理方的互动关系。

（2）平等性与不平等性。员工的主要权利是以劳动换取报酬，在劳动过程中有服从管理方指示的义务，从这一点讲，员工关系有其不平等的一面。但又有员工关系平等性的一面：在员工签订劳动合同前，与管理方就劳动条件协商时，员工并不存在从属地位关系；在劳动关系存续期间，就劳动条件的维持或提高与管理方协商时也无服从的义务。

（3）对等性与非对等性。从员工关系双方相互间应履行的义务而言，具有对等性与非对等性之别。所谓对等性义务，属于双方利益的相互交换，是指一方没有履行某一义务时，他方可以免除另一相对义务的履行，如员工提供劳动与管理方支付劳动报酬之间具有对等性等。所谓非对等性义务，属于伦理上的要求，是指一方即使没有履行某一相对义务，他方仍不能免除履行另一义务，如员工提供劳动与管理方的照顾义务，员工的忠实义务与雇主的报酬给付，以及员工的忠实义务与雇主的照顾义务之间则均无对等性。

（4）经济性、法律性与社会性。员工通过提供劳动获取一定的报酬和福利，员工从中获得经济利益，体现了员工关系的经济性。劳动者与管理方在法律上通过劳动合同的形式体现双方的权利义务，反映了员工关系的法律性。而员工要从工作中获得作为人（身份要素）的体面、尊严、归属感、成就感和满足，又反映了员工关系的社会性。经济要素和身份要素同时并存于同一法律关系中，而身份要素为员工关系中的主要部分。

（三）员工关系相关概念辨析

1. 员工关系与雇佣关系

首先，长期以来存在的雇佣关系，往往包含政治性的理解。例如，在传统的政治经济学尤其是劳动问题研究中，一直都强调雇主与雇员的对立与斗争。事实上，资本主义发展初期的那种典型的雇主与雇员之间对抗与冲突，在经历了数百年的发展演变之后，已经发展为多元化的员工关系。一方面，劳动者与管理方合作的呼声越来越强烈；另一方面，员工关系质量在生产率提高和经济增长中所起到的作用，使越来越多的企业实际工作人员与理论研究人员不得不重新审视这一关系。例如，日本劳动者对企业的忠诚与企业对员工全方位的开发绝不是传统的雇佣关系冲突理论所能解释的。

其次，员工关系是建立在雇佣关系基础上的，没有雇佣关系就不存在所谓的员工关系。但是，员工关系与雇佣关系又不完全是一回事，它们不但在内容指向上有所不同，而且反映了不同的管理观念。从某种意义上来讲，雇佣关系只是对资本雇佣劳动这一事实的概括，即它表明在事实上存在劳动者受雇于资本这一情况。而员工关系则建立在雇佣关系基础上，对这种雇佣关系进一步地深化或具体化，将雇佣关系通过一系列有目的的管理体系设计和管理实践演变为对企业的经营绩效和生产率产生影响的因素，赋予雇佣关系以明确的色彩和导向。不仅如此，如果雇佣关系是以“雇佣”为中心，它所反映的是企业对员工的监督、管理、支配权利或资方特权，那么员工关系则是以员工或人为中心的，即企业不是简单地实现雇用就万事大吉，而是需要付出一定的时间、精力和代价将自己所雇用的人真正变成对企业有用的资本——人力资本。只有将劳动者真正作为一个全方位的人来看待，才有可能通过人力资本来激活物力资本，从而创造更大的价值。因此，雇佣关系和员工关系并不是一个简单的概念区分，实际上反映了企业对人的问题的两种不同态度或不同立场。

2. 员工关系与劳资关系或劳工关系

劳资关系有时又被称为“产业关系”或者“劳工关系”（industrial relations、labor relations、industrial & labor relations）等。无疑，员工关系与劳资关系存在一定的联系，在许多情况下，它们是混用的。严格定义上说，劳资关系和员工关系在管理层面和范畴上都有明显的区别。劳资关系的研究内容主要涉及工会和资方的关系，包括劳资双方权益和劳动保护等。而员工关系是从人力资源管理角度出发，对人力资源进行更深层次的研究，包括如何保障、激励和发展人力资源管理等。

二、员工关系管理

（一）员工关系管理的概念及内容

员工关系管理是现代管理思想与变革相结合的产物，它通过最佳管理实践与信息技术变革的融合，围绕“人力资本”进行设计和管理，为企业的战略、组织和信息系统提供人性化的解决方案，其目的是提高员工满意度和忠诚度，进而促进企业经营效率的提高。

员工关系管理的最高目标应该是让员工能在工作之外没有其他后顾之忧。在这一目标指导之下，有很多涉及员工的衣、食、住、行、娱乐等的具体工作可以展开。从人力资源部门的管理职能看，员工关系管理主要有如下内容。

（1）劳动争议处理。进行员工入离职面谈及手续办理，处理员工申诉、人事纠纷和意外事件。

（2）员工人际关系管理。引导员工建立良好的工作关系，创建有利于员工建立正式人际关系的环境。

（3）沟通管理。保证沟通渠道的畅通，引导企业与员工进行及时双向沟通，完善员工建议制度。

（4）员工情绪管理。调查员工心态、压力、满意度，预防、监测及处理谣言、怠工，解决员工关心的问题。

（5）企业文化建设。建设企业文化、引导员工的价值观，维护企业良好形象。

（6）服务与支持。为员工提供有关国家法律、企业政策、个人身心等方面的咨询服务，协助员工平衡工作与生活的关系。

（7）员工关系管理培训。组织员工进行人际交往、沟通技巧等方面的培训。

此外，员工关系管理还包括工作场所的安全和健康、员工援助计划（employee assistance programs，EAP）、工会关系的融洽、危机处理等。

（二）员工关系管理的作用

人力资源的招聘、培训、薪酬管理与员工关系管理同属企业的重要管理措施，双方都存在某种特定的稀缺性，但前者是易于被模仿的，它们只能使企业在短期内获得竞争优势，一旦被其他企业模仿复制后，企业又要回到竞争的漩涡中。但是员工关系管理，能导致企业的竞争优势及企业间的差异。人力资源是现代企业的核心资源之一，而员工关系管理正是人力资源管理中的核心所在。所以，它在培养企业竞争优势中有着不可替代的重要作用。只有获取员工关系管理这样有价值同时又难以被模仿的人力资源特性，才能形成企业持久的竞争优势。员工关系管理的难模仿性不仅来源于人力资源要素市场的不完善性，还来源于企业独特的文化氛围与对人性的重视。纵观世界知名企业，他们都有一套与众不同的人力资源管理机制，这套机制形成了独特的企业文化，公司就是以这种文化氛围和协作体系来获得竞争中的有利地位。

人力资源部门的主要责任之一就是有效地建立员工关系管理。员工关系管理贯穿于人力资源管理的方方面面，从把员工招进来的第一天起，员工关系管理工作就开始了。员工关系管理可以使员工的埋怨、牢骚、管理方与员工的矛盾、员工之间的矛盾，以及个人的困难和问题有一个顺畅的渠道得到释放和化解，让员工心情舒畅地工作。它能够激励员工的工作热情，减轻工作压力，培养员工团队意识和平等合作的精神，增强员工对企业的信任，提高员工的忠诚度和满意度，吸引和保留优秀人才。

第二节　员工关系管理的热点

一、心理契约

（一）心理契约的内涵和特点

心理契约这一概念于20世纪60年代初被引入管理领域。心理契约理论认为，组织与员工之间是一种互惠互利的相互关系，双方均需要有一定的付出，也需要得到一定的收益。虽然这种交换不如经济交换那样依赖于明确而具体的规定（正式契约的内容），但人们在心中会以社会规范和价值观为基础进行相应的衡量和对比。这一概念是为了强调在员工与组织的相互关系中，除了正式地体现在雇用合同中的经济契约规定的内容外，还存在隐含的、非正式的、未公开说明的相互期望和理解，它们构成了心理契约的内容。

心理契约具有如下特点。

（1）心理契约具有主观性的特点。心理契约的内容是个体对相互责任的认知，或者说是一种主观感觉，而不是相互责任的事实本身。由于个体对于其与组织之间的相互关系有自己独特的体验和见解，因此，个体的心理契约可能与书面雇用契约中的内容不一致，也可能与组织代理人的理解不一致，不同员工个体之间的心理契约也存在差异。

（2）心理契约具有复杂性的特点。心理契约是一个复杂的心理结构，且受个人、组织、经济、政治和文化因素的影响，心理契约的具体内容可能涵盖多方面，其包含的条目难以穷尽，很难全部罗列出来。

（3）心理契约具有动态性的特点。正式的雇用契约一般来说是相当稳定的，即使发生改变也必须经过双方协商后才可生效。但心理契约相对而言处于一种不断变更的状态。任何有关组织运作方式的调整，都对心理契约产生影响；员工主观上觉察到的任何公平或不公平感，也会影响他们对心理契约内容的修订。

（二）心理契约的衡量指标

心理契约的主体是员工在企业中的心理状态，其基本衡量指标是工作满意度、工作参与和组织承诺。在以上三个指标中，工作满意度最为基本和重要，在一定程度上对另两个指标有决定作用，特别是在企业这样的以经济活动为主的组织中，心理契约管理的目的就是通过人力资源管理实现员工的工作满意度，并进而实现员工对组织的强烈归属感与对工作的高度投入。

（三）心理契约的违背

组织（如人力资源部、各级领导机构等）无论以何种方式（书面、口头、组织文化和制度规定、组织惯例约定等）向员工承诺或暗示的责任没有得到兑现和履行，称作心理契约违背。员工感受到的心理契约违背通常有三种形式：第一，员工与组织的代表对于义务的理解存在差异。由于理解的不一致，员工认为企业没有履行他们原本承诺的义务，这种心理契约违背不是事实上的违背，而是雇用双方的沟通问题。第二，由于环境的改变，组织无力履行。第三，组织不愿意履行对员工的承诺，是故意破坏心理契约的行为。一旦员工认为组织违背心理契约，就会对组织不信任、对工作的满意度下降、对组织忠诚度下降，出现抱怨、辞职、工作绩效下降等现象，对组织效益产生负面影响。

（四）如何建立组织和员工之间积极的心理契约

在建立心理契约前，组织要清楚地了解每个员工的需求和发展愿望；而员工也要树立为组织发展全力奉献、相信组织能够尽可能地满足其需求与愿望的信念。对组织来说，要明确员工有权衡量和选择满足心理需求与付出代价的关系，要知道组织不可能满足所有员工的需求，所以在构建心理契约时，组织要以自身的人力资源和个人需求结构为基础，用一定的激励方法和管理手段来满足相应的员工需求，促使员工以相应的工作行为作回报，并根据员工的反应在激励上做出适当的调整；员工则依据个人期望和需求的满足程度，确定自己对企业的关系定位，并因此决定自己的工作绩效。这是现代人力资源管理的心理契约循环过程，也是组织员工关系管理的核心部分。与其他管理领域一样，心理契约管理也需要制度性的规定、企业文化塑造、管理人员的工作技巧等来完成。

二、员工压力管理

（一）压力管理的内涵

压力是一种对不良刺激或应激情境的反应。使人产生压力的因素被称为压力源（stressor）。所谓压力管理，一般是指组织或个体对来自社会、工作、家庭生活等各个层面产生的压力，所实施的有效疏导和控制，使压力保持正向、积极的状态，成为组织深度开发人力资源潜能，改善员工工作生活质量，促进员工身心健康，调动员工工作积极性，提高组织经济效益，促进社会和谐发展的机制系统。换言之，现代企业员工压力管理的核心目的并非彻底消除员工压力，而是使员工知道如何面对压力，让他们学会一套行之有效的压力应对方法，从而起到缓解、调节和分散压力的作用。所以，压力管理的主要内容包括三部分：一是减少或消除不适当的环境因素；二是缓解和疏导情绪、行为及生理等方面的症状；三是克服个体自身的弱点，如不合理的信念、行为模式和生活方式等。

（二）工作压力的来源和作用机理

员工压力管理中主要处理的是工作压力。工作压力源分为个体特征、工作因素、非工作因素三类，而工作因素主要包括工作环境、人际关系、角色特征和组织特征，如图 11-1 所示。

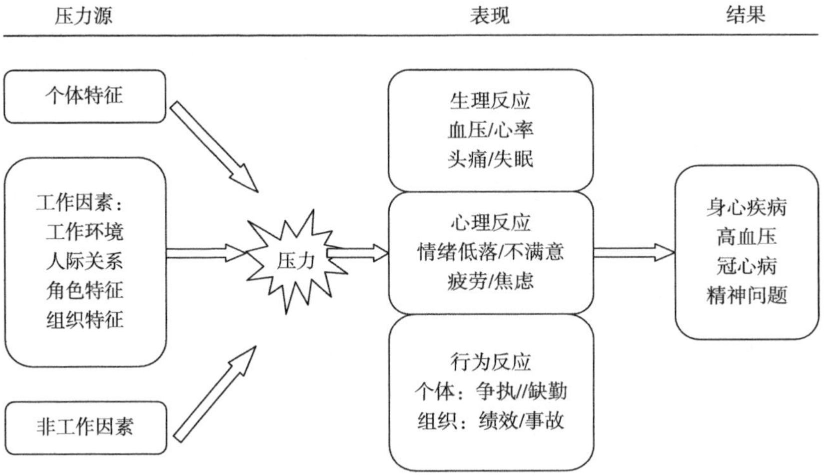

图 11-1　压力的产生与结果

资料来源：Mcshane S L，von Glinow M A. Organizational Behavior. 北京：机械工业出版社，2003

1. 个体特征

20 世纪 50 年代，美国医学研究者弗里德曼（Friedman）和罗森曼（Roseman）发现在冠心病人群中有一种特征性的行为模式，他们称之为 A 型行为模式（type A behavior pattern）。A 型行为者特征如下：时间紧迫感强（言谈举止快速伶俐、不耐心）、竞争力强（工作狂、好胜心强）、敌对性强（易怒、打断他人言谈）。A 型行为者更易产生压力。此外，压力也与性别有关。很多研究都显示女性感受到的压力比男性更大。

2. 工作因素

工作因素是压力产生的最主要因素。

（1）工作环境，主要是指照明、噪声、卫生、空气污染、空间等物理环境。拥挤的空间、过度的噪声、浑浊的空气、无法正常工作的设备等都会增加员工的压力。

（2）人际关系，主要是指上下级之间、同事之间及与客户之间的关系。随着劳动力差异化的加剧与对团队合作的依赖，人际关系日益成为当今社会一个不容忽视的压力源。

（3）角色特征，主要包括角色冲突（如工作与个体价值观的冲突、个体同时接受不同任务的冲突等）、角色模糊（如工作职责界定不清、工作权限不明确等）、工作负荷（工作量过多或不足）和工作性质（工作的复杂性，如是否涉及决策、使用精密仪器等）。这些因素均可导致压力的产生。

（4）组织特征，主要指组织战略、组织结构、组织文化、个体地位等。显而易见，无论是裁员、机构调整，还是缺乏以人为本的组织文化，抑或官僚式的组织结构，都会使人产生压力。

3. 非工作因素

除上述诸因素之外，人们还经常面临工作之外的因素导致的压力，如家庭关系、居住条件、社会阶层、经济困难等。

关于压力源如何转化为工作压力，比较有影响力的理论有 Karasek 的工作压力的需求–控制理论；French 和 Caplan 的个体–环境匹配理论等。

工作压力的需求–控制理论认为压力产生于工作需求和工作控制的不平衡。工作需求存在于工作情境中，反映工作人员从事工作的任务量和困难程度；工作控制由技能和决策力量组成，决定着员工能否胜任该工作和选择解决方式的自由度。当工作需求大于工作控制时，压力就会产生。此后，研究者们认识到社会支持也左右着压力的大小，将此理论发展为"工作需求–控制–支持"三个维度，"高需求–低控制–低支持"的工作表现为高工作压力；高工作需求只有在"高控制–高支持"的情况下才会成为激励因素，成为积极的压力。

个体–环境匹配理论认为引起压力的因素不是单独的环境因素或个人因素，而是个人和环境相联系的结果，工作的压力是由于个体能力与工作要求不匹配。只有当个性特征与工作环境相匹配时，才会出现较好的适应。

（三）组织如何做好压力管理

1. 努力改善工作环境和条件

工作环境具体来看可以分为硬环境和软环境，硬环境主要在于人的感官感受和便利程度，包括所在场地和设施、空间布局、工间休息的配套设施，甚至照明和噪声等，组织可以通过调整工作环境的布局、色调、风格及提供自动化程度更高的设备和工具等，带给人积极情绪，减少工作障碍或舒缓压力。软环境主要在于心理感受，包括工作氛围、人际关系、组织文化、领导风格等。组织要努力营造和谐的工作氛围，构建畅通的沟通机制；通过开展各种活动，增进成员间的感情和熟悉度以有效消除人事压力；领导者要真诚地关心、尊重和鼓励员工。

2. 关注员工的身心健康

在组织文化上要鼓励员工关注自身身心健康，培养良好的生活习惯，条件允许时，组织可以向员工提供必要的心理咨询和辅导，提供保健或健身设施，定期进行体检和年度休假，做到张弛有度。例如，华为公司无疑是中国近年来发展最为迅速和成功的企业之一，但是，关于华为员工的工作状态问题，一直以来也在社会上有不小的争议。华为的“床垫文化”（有些员工为了方便加班，在办公桌下放置一张床垫）备受质疑，每当有华为员工发生交通事故和各种意外，都会引起社会对华为员工的工作环境和工作压力的关注和拷问。然而，从 2008 年下半年开始，华为对员工的管理中加入越来越多的“温情”成分。华为员工发现，邮箱里会不时收到副总裁纪平的邮件，她在邮件里提醒大家注意安全（哪怕是交通安全），要注意劳逸结合，注意身体健康。纪平之前是华为的首席财务官（chief financial officer，CFO），她现在的新增头衔是“首席员工健康与安全官”。华为还专门成立健康指导中心，规范员工餐饮、办公等健康标准和疾病预防工作，提供健康与心理咨询。根据华为的数据，2008 年华为单是为员工提供各种福利保障的支出就达到 14.4 亿元。同年华为还发布了健康报告，依据员工体检结果，总结了华为员工高发的病症，并详细介绍了这些疾病的诱因、危害及如何预防和治疗。

3. 践行员工援助计划

EAP 起源于美国，是 20 世纪 70 年代兴起的一种企业为组织进行压力管理的重要手段，是一项旨在解决员工社会、经济、生活、心理和健康等方面的问题的福利项目。它由专业人员进行，服务对象为组织、个人及家属，服务方式有评估和专业指导、咨询、培训、访谈、治疗等，服务目的为维护服务对象的心理健康，最终达到提高工作绩效、提升氛围、提高员工满意度。与其他压力管理手段不同的是，员工援助计划进行压力管理更为长效、系统、科学、规范。2001 年，联想集团开展了“联想客户服务部员工帮助计划”，这是我国大陆地区出现的第一个完整的 EAP 项目，此后，EAP 项目得到了越来越多的重视和应用。

EAP 可以同时从三个层面对员工压力进行干预：初级干预主要是为了找出引起员工工作压力的压力源，减少或消除压力源，具有前摄性和预防性，试图为员工创造一个积极、舒适、健康的工作环境和工作氛围，具体表现为工作的重新设计、建立良好的组织氛围和文化、完善职业发展规划和薪酬激励体系。二级干预主要是对员工进行压力管理的教育和培训，使员工认清压力的症状及自己对压力的反应，学会缓解压力、自我放松，降低压力的伤害，提高抵抗压力的能力，改善应对压力的方式和技巧。此时的主要措施包括人际关系技能培训、时间管理、自信心培训等。针对 A 型性格或有不良工作、生活习惯易于被压力困扰的人群，还会展开专门的压力培训，改变个体自身的弱点和不合理的信念、行为模式与生活方式，以便更好地应对压力。三级干预，即心理咨询和辅导，由专业心理人员向员工提供个别或团体的心理辅导服务，主要针对那些曾经遭受压力或正在遭受压力而出现生理或心理问题的员工，为其提供一个治疗和恢复的过程。

4. 进行工作再设计

在欧美、日本等国家和地区许多大公司采用“弹性工作制”，“弹性工作制”是指在完成指定的工作任务或保证核心工作时间在岗的前提下，员工可以灵活地、自主选择工作的具体时间，不必遵循统一、固定的上下班时间制度，以帮助成员调整最适合自己的作息生物钟，并保证有足够的休息时间来“降压”“解压”。还有企业从工作内容的丰富性和趣味性、工作反馈的及时性、工作结果的成就感和满意度等方面进行工作再设计，从制度上、程序上和过程中减轻员工压力。例如，有的公司把企业文化项目开发成线上游戏的方式，对团队培训尝试冥想、野外拓展等方法，增加趣味感，减少压力感。

三、工会

（一）工会的含义和功能

工会是由雇员组成的组织，主要通过集体谈判的方式代表雇员在工作场所及整个社会中的利益，最首要的任务是通过团结工人，争取改善雇员的工作条件。

市场经济条件下劳动关系的基本特点是主体双方存在事实上的不平等，管理方处于主导地位。工会在劳动关系中的作用主要体现在以下五个方面。

1. 维护功能

工会是代表和维护劳动者权益的组织，各国劳动法律一般都明确规定了工会的这一基本功能。例如，日本《工会法》规定，工会是指以员工为主体，以维护和改善劳动条件，提高其经济地位为主要目的而自主组织起来的团体或其联合团体。美国《劳资关系法》规定，劳工组织是指员工参加的任何种类的任何组织。其存在的全部或部分目的是就各种申诉、劳动争议、工资、待遇等级、工时、工作条件等问题与雇主进行交涉。我国《劳动法》第七条明确规定：“工会代表和维护劳动者的合法权益。”《中华人民共和国工会法》（以下简称《工会法》）第六条规定：“维护职工合法权益是工会的基本职责。”工会维护劳动者合法权益主要通过劳动合同和集体协议这两个重要的契约制度来实现，《工会法》规定工会帮助和指导员工签订劳动合同，代表员工与企事业单位协商签订集体协议；工会对发生劳动争议的员工有给予法律支持和帮助的义务；劳动者申请仲裁，提起劳动诉讼，工会可以提供帮助、支持。

2. 教育功能

做好员工教育是工会支持发展经济、提高生产效率的重要体现，也是从根本上实现员工利益的重要举措。我国《工会法》第三十一条规定：工会会同企业、事业单位教育职工以主人翁态度对待劳动，爱护国家和企业的财产，组织职工开展群众性的合理化建议、技术革新活动，进行业余文化技术学习和职工培训，组织职工开展文娱、体育活动。

3. 监督功能

工会享有监督权利，要对企业落实员工民主管理权利和依法经营管理的状况进行监督。我国《工会法》规定，工会通过职工代表大会或其他形式实施民主监督，对企业、事业单位违反职工代表大会制度和其他民主管理制度，工会有权要求纠正，保障职工依法行使民主管理的权利。工会通过列席董事会、参加总经理办公会、参与企业经营管理、集体协商、签订和履行集体合同、调解劳资矛盾及发动职工开展合理化建议活动等形式，监督企业依法经营管理。对于企业违反劳动法律、法规的行为，如克扣工资、不提供劳动安全卫生条件、随意延长劳动时间等，工会应当代表职工与用人单位交涉，要求其采取措施予以改正，对拒不改正的，可以请求当地人民政府依法做出处理。此外，工会对用人单位处分职工不当的，如缺少法律依据、缺少事实理由、超过法定处理权限等，有权提出意见、建议，要求重新研究处理，若用人单位坚持错误处理决定，工会应当帮助、支持职工依法申请仲裁和提起诉讼。对企业单方面解除劳动合同的，工会享有审查权。

4. 协调功能

劳资关系双方是矛盾的对立统一体，按照收益最大化原则，资方追求利润的最大化，而劳方追求收入的最大化，劳资双方的利益追求存在对立性，劳资纠纷难以避免。工会作为劳动力供给方的利益代表，承担着与管理方进行沟通和协调的职能，在调解劳动纠纷、协调劳资关系方面发挥着不可替代的作用。

5. 制衡功能

工会作为一个独立的利益主体，它的制衡作用不但体现在某一企业或行业的工资、福利保险待遇的集体谈判中，而且在国家有关劳动立法方面，政府也要与最有代表性的工会组织和雇主组织进行协商。

（二）工会的法律保护

我国《工会法》明确规定了工会的性质、活动准则，工会的权利和义务、经费和财产等内容，为工会开展活动及企业处理与工会的关系提供了法律准则。

工会是职工自愿结合的工人阶级的群众组织。企事业单位有会员 25 人以上的，应当建立基层工会委员会；不足 25 人的，可以单独建立基层工会委员会，也可以由两个以上单位的会员联合建立基层工会委员会。针对新建企业工会组建率和职工入会率低、一些经营者阻挠和限制劳动者参加和组织工会，以及国有企业改制中出现的非法撤销、合并工会的现象，《工会法》特别规定，“任何组织和个人都不得阻挠和限制职工依法参加和组织工会”，“上级工会可以派员帮助和指导企业职工组建工会，任何单位和个人不得阻挠”。

职工 200 人以上的企事业单位的工会，可以设专职工会主席。工会专职工作人员的人数由工会与企事业单位协商确定。工会主席、副主席任期未满时，不得随意调动其工作。罢免工会主席、副主席必须召开会员大会或者会员代表大会讨论，非经会员大会或者会员代表大会全体代表过半数通过，不得罢免。基层工会委员会召开会议或者组织职工活动，应当在生产或者工作以外的时间进行，需要占用生产或者工作时间的，应当事先征得企事业单位的同意。基层工会非专职委员占用生产或者工作时间参加会议或者从事工会工作，每月不超过三个工作日，其工资照发，其他待遇不受影响。专职工作人员的工资、奖励、补贴，由所在单位支付。社会保险和其他福利待遇等，享受本单位职工同等待遇。

工会组织一旦成立，即取得民事主体资格，享受相应的权利。工会取得民事主体资格，享有独立的财产权及其他权益，工会组织的财产、经费和国家拨给工会使用的不动产归其所有或使用，工会投资建立的企业的财产与权益也归其所有。2003 年 7 月 9 日施行的《最高人民法院关于在民事审判工作中适用〈中华人民共和国工会法〉若干问题的解释》规定，人民法院在审理涉及工会组织的民事案件时，要将工会组织及其投资设立的企业的财产权益与建立工会的企业、事业单位或者机关团体的财产权益区别开来，作为不同的独立财产权益对待和保护。人民法院既不得裁判工会组织承担建立工会组织的企业、事业单位、机关的债务，也不得为清偿建立工会组织的企业、事业或者机关的债务对工会组织财产采取划拨、扣押、冻结等强制执行措施，侵害工会组织的合法权益，妨碍工会组织的正常工作。

四、劳动关系的法制化管理

员工关系是一种法律关系，体现为劳动者与管理方通过法律规定的劳动合同的形式缔结的权利义务关系。因此，依法进行员工关系管理是对组织的基本要求。这就涉及各国大量的人力资源法律法规的执行和法律风险的防范。本书第十章“人力资源法规”对此已做了详细介绍，此处不予赘述。

第三节　员工关系危机

一、员工关系危机的产生

员工持股多达 55%的美国联合航空公司，居然会因为员工反对以减薪渡过难关的方案而被迫申请破产保护，最终，员工关系的僵局将美国联合航空公司逼上了破产保护之路。当初英国电信公司面临经营困难时，管理层提出裁减 3 万人的政策，因为政策不当，军心大乱，居然有多达 4.5 万人同时提出辞职，大大影响了公司运转。

无论是国内还是国外，不少企业都会出现类似美国联合航空公司和英国电信公司的员工关系危机。综合来看，员工关系危机主要来自以下四个方面。

1. 没有独特的企业文化

一般来说，企业文化包括愿景、使命和核心价值观。企业的愿景和使命都是包括员工在内的企业利益相关者的共同追求；企业的价值观规定了人们的基本思维模式和行为模式。因此，员工关系管理的起点是让员工认同企业的愿景。没有共同的愿景，缺乏共同的信念，就没有利益相关的前提。据估计，中国年度营业收入规模在 2 亿元以上的企业存在清晰战略愿景的不到 20%。很多企业也提出了远大的目标，但是目标的制定缺乏员工的参与，目标的宣传远远不够，对于愿景的不认同也就在所难免。企业核心理念的深入人心必须通过制度去体现，价值观只有反复强化才会得到员工认同。很多企业没有形成自己独特的企业文化，或者有企业文化但是没有对员工进行企业文化方面的教育，使员工的行为偏离企业发展的方向，企业就难以与员工达成一种共同发展的愿望。

2. 没有明确的员工关系管理主体

在企业员工关系管理系统中，人力资源部和其他各部门负责人都处于联结企业和员工的中心环节。人力资源部是公司员工关系管理的组织部门，广大的直线经理是员工关系管理的首要负责人，而在这方面负最大责任的则是董事长或总经理，但是很多企业没有充分认识这一点，只是片面地认为，人力资源管理工作是人力资源部的事情，所以员工关系管理自然也是人力资源部的工作。一些直线经理或高层管理者平时不了解下属的工作状态，不关心下属的生活问题，等到员工关系紧张甚至发生冲突时，才感觉到束手无策，进而把问题抛给人力资源部。人力资源部有限的人力在承担起整个公司的员工关系管理时显得力不从心，而且对于基层的实际状况并不十分了解，往往只能充当“消防员”的角色，简单机械地通过政策手段或者法律手段进行“救火”，员工关系管理的效果自然不尽如人意。

3. 没有畅通的管理沟通

从某种意义上来说，管理的本质是沟通。当企业和员工之间、员工和员工之间出现矛盾、争吵和冲突时，沟通将成为解决问题的有效途径。沟通可以使员工心中的各种埋怨和误解得到释放，也可以使企业了解某一措施对员工可能造成的现实影响。现代企业的知识型员工不再盲目地服从企业的规定和上级的安排，他们需要得到尊重，强制性的措施反而会起到相反的效果，恶化员工关系。因此，畅通的沟通渠道和宣泄机制是维持良好员工关系的重要手段。

4. 没有有效的心理契约

维护企业和员工之间良好的心理契约是员工关系管理的核心所在。心理契约虽不是有形的，却发挥着有形契约的作用。目前企业对于合同、协议等契约比较重视，却普遍忽略了心理契约，没有清楚地了解每个员工的需求和发展愿望，并予以适当的满足，也没有对员工的需求进行适当的引导，导致员工需求期望的实现程度不高，老板和员工心理定位差距较大，双方的满意度都较低。

二、员工关系危机的预防和处理

（一）处理方式

危机防范是成本最为低廉的危机管理方式。不同的企业应该根据自己的特殊情况采取灵活多样的防范措施。

1. 设立员工关系危机管理团队

虽然危机管理并非只是特定部门或特定人员的职责，而是企业内各部门的联合责任，但在企业内设立危机管理团队还是必要的。考虑到危机类型繁多，一个有效的危机管理团队应该包括决策层负责人，以及企业各部门（如公关部、人事部、保卫部、财务部、技术部等）的主管或优秀人才，还可外聘公关专家。

2. 拟订员工关系危机管理计划或预案

虽然预先识别出危机并将危机扼杀于无形，是成本最低的危机管理方式，但是，任何一家企业即便防范措施做得再好，也不能保证万无一失。因而企业应该未雨绸缪，超前拟订、精心策划全面的员工关系危机管理计划或预案，以便在危机来临时能从容面对，不至于措手不及。虽然危机管理计划或预案在制订后，人们并不希望有实施的机会，但是，管理者不应存在侥幸心理，还是要花费必要的资源和精力，审慎地思考和制订危机管理计划。

3. 做好危机预警防范工作

企业在实现目标的过程中需要找出可能的员工关系危机并进行预防；当危机发生，或某些可能引发危机的情况出现时，通过好的处理方法，危机还可以变为转机。危机预警防范工作主要包括以下内容：①把可能会发生的员工关系危机记录下来，界定清楚；②把会导致员工关系危机的各种原因和状况收集、记录下来；③将各种可能导致员工关系危机的状况整合分析，用科学的方法做出风险评估，判断各种员工关系危机状况的发生概率，再研究预防、监控和消除的措施。

（二）培训与演习

企业需要加强对员工的员工关系危机管理知识培训，以及模拟员工关系危机发生时的应对演习。向员工进行员工关系危机管理知识培训，首先，强调“居安思危”，强化其危机意识，强调许多难以挽回的员工关系危机可能仅仅源于小的疏漏，提高其对于员工关系危机事件发生的警惕性；其次，培训和提高员工防范和处理员工关系危机的能力。

在员工中进行模拟危机发生的应对演习时，可由人力资源部在培训过程中以员工关系危机案例分析的形式，安排员工进行角色扮演，并按照员工关系危机管理计划的步骤进行训练，从而在提高员工防范与处理员工关系危机能力的同时，提高员工关系危机管理计划的可操作性。

【本章小结】

本章主要介绍了员工关系的概念、特点，并对员工关系与雇佣关系，员工关系与劳资关系的概念进行区分；概述了员工关系管理的定义、内容和作用；介绍了目前员工关系管理的热点——心理契约、压力管理和工会的相关内容；分析了员工关系危机出现的原因和预防处理方法。

【本章关键词】

员工关系	employee relations
员工关系管理	employee relationship management

劳资关系	labor-capital relations
劳工关系	industrial relations
工会	trade unions
员工关系危机	employee relationship crisis
心理契约	psychological contract
压力管理	stress management

【练习题】

1. 什么是员工关系？员工关系有哪些特点？
2. 什么是员工关系管理？员工关系管理包括哪些内容？
3. 请辨析员工关系与雇佣关系、劳资关系的异同。
4. 什么是心理契约？如何建立组织和员工之间积极的心理契约？
5. 什么是压力管理？组织如何做好员工压力管理？
6. 什么是工会？工会在劳动关系中的作用有哪些？
7. 请解释员工关系危机产生的原因，并阐释如何预防和处理员工关系危机。

案例讨论

微软的压力管理

心理学中说的压力，是指人的内心冲突和与其相伴随的强烈情绪体验。在实际生活中，“压力”既能是促进工作的源源动力，也能是抑制工作向上发展的阻力。在知识密集型企业中，员工所感受到的压力与其工作业绩直接挂钩，而在微软亚洲研究院——国内一流的研究机构中，压力又被赋予了其他的含义。

微软亚洲研究院集聚着一批国内外知名的科学家和优秀研究人员，他们在充满紧张氛围的工作环境下，创造着一个又一个为世人贡献极大的高科技成果。这里的气氛用“高压”来形容已经是不足够了，由此引发的看不见却感受得到的“动力”充满了整个研究院。

在微软亚洲研究院，压力的产生有多方面的原因，但最主要的原因是如何实现对自身事业的追求。从整体环境而言，如何在这家世界一流的研究机构中，找到符合自己的事业发展曲线并依靠其取得成功；从自身情况而言，如何在 best of the best 的同事中实现自身价值并一直保持卓越领先。这两方面使员工在无形中不断地给自己施加压力。从机制和环境的角度来看，原先的一些措施旨在消除压力，然而又在另外的层面上造成了新的压力，但微软亚洲研究院不认可这样的说法，他们更愿意称其为正面的压力，即动力。例如，高自由度所产生的“压力”：不仅没有严格要求工作时间，在弹性的工作时间下，员工自身要把握好研究方向，要由员工自身来设定研究项目，若员工提出大的研究项目，则可能还需要一整个团队的力量介入。然而，如果最后证明该项目没有太大价值，那么公司的资源，尤其是整个团队在这一段时间的努力就会付诸东流。这一压力所带来的影响就是：在最初确立项目时，项目负责人就会更谨慎缜密地从用户实际需求、学术价值、公司的利益等各方面、各角度全面地估量考核和评价。虽然大家普遍感到压力，但是，没有人觉得自己是被强迫做任何事情。在大多数情形下，个人的发展曲线与公司的发展曲线是大体弥合的。在微软亚洲研究院工作不仅要达到公司设定的预期目标，同时也要实现自己的职业目标；虽然大家都感受到了很大的压力，但并没有太多的抱怨。每个月，微软亚洲研究院都会采取各种方式方法帮助员工解压，而更多的时候，除人力资源部门外，都是各部门经理在做缓解压力的工作。微软亚洲研究院提出了三种缓解压力的方法，分别是沟通解压、活动解压和环境解压。

1. 沟通解压

微软亚洲研究院要求每个项目的项目负责人，也就是“老板”，定期与自己的项目组成员进行沟通，及时解决出现的任何问题。例如，当组员的资源较为缺乏或研究进程较为缓慢时，“老板”就要想办法帮忙解决。微软亚洲研究院还有一年两次“评比”、一次年终总结的活动，通过这些活动，大家可以回顾自身所取得的成绩，哪些部分做得较好，而哪些部分做得还不够，最重要的是，针对自己的成长发展，微软亚洲研究院能给予哪些帮助。这些活动有以下好处：通过每半年的评比活动，员工可以把自己的奋斗目标与“老板”进行交流，一方面“老板”可以加强对员工的了解，另一方面“老板”也可以对员工的发展目标进行一定的指导；对于员工而言，在半年一次的总结中，目标的制定包括两方面，50%是自己半年前制定的目标，50%是自己事业上的目标，通过定期总结，员工可以看到自己的不足，以及与目标的距离，从而也确定员工自身发展的方向。一年一次的年终总结，既能让“老板”知道员工这一年的目标进度，也能使员工对自己一年的计划保持心中有数。尽管这使大家都觉得工作压力大了很多，但每个人都很明确自己的奋斗目标。通过沟通交流，这种高压变成了有计划、有节制、自己能够把握的压力。

2. 活动解压

微软亚洲研究院还采取开展活动的方式对员工进行解压。针对每个研究小组，每个月都会组织一次聚餐，每三个月组织一次场外活动（Offsite），每六个月组织开展一次全院的Offsite，把员工聚集在有山有水的幽雅环境中召开一天半的会议，会议的主要内容包括：员工自身的工作总结、研究院的文化培养及下一步的发展方向。此外，会议往往会宣布一些振奋士气的好消息，如晋升人员、转正人员等。到了晚上，大家可以真正地开始放松了，第二天会有一个为期半天的活动，如旅游或培训等，旨在促进员工之间的交流。等大家重新回到研究院后，工作热情往往会十分高涨，跨团队的沟通也得到大大的改善与提高。

此外，在微软亚洲研究院还有一个不成文的活动，即每个月的最后一个周末下午 3 点会举办一次月末酒会，活动现场会提供水果、饮料和小吃等，大家可以互相问候、放松，或借此机会给本月过生日的员工切蛋糕庆祝生日等，并介绍本月新到员工。

3. 环境解压

在微软亚洲研究院中，工作环境是非常随意的，员工的办公室可以完全按照自己的意愿进行装饰打扮。在缓解压力方面，研究院还充分利用各种空间，为员工提供一个放松和沟通交流的场所，如有单独开辟出来的较为宽敞开阔的聊天室，其环境就像是家里的客厅，让员工在其中感觉到随意和舒心。此外，大大的落地玻璃、满眼鲜绿的植物及各种杂志都起到了使人放松的作用。当然，如果想找人讨论技术问题，无论是墙上还是桌子上都有白板。每半层都有24小时开放的厨房提供咖啡、巧克力奶、酸奶、豆浆、柠檬茶和各种汽水饮料，大家可以在此进行闲聊或小憩。研究院还有300多平方米的“桃花源”，这个世外桃源是由两个阳台组成的一个放松场所，不仅备有乒乓球台，还可能装上几台Xbox游戏机，供大家闲暇时放松娱乐。此外，为在更大程度上帮助员工缓解压力，研究院还会开展专业上的培训或讨论，此时，培训会作为一种奖励。以张亚勤为首的院长们也时常举办一些关于压力管理的培训，如在专门的时间内，给员工讲述“工作和生活之间平衡”的专题内容，有时也会请专业机构进行培训等。

资料来源：根据www.examda.com的文章《微软的压力管理》改写

思考题：

1. 在微软研究院，较高的压力为什么会变成提高绩效的动力？试用激励理论解释。
2. 除了案例中提到的解压方式外，你还可以提出哪些有效的解压方法？
3. 微软研究院的压力管理对我国企业的管理有哪些借鉴意义？

参考文献

程延园. 2004. 员工关系管理. 上海：复旦大学出版社.

高林. 2015. 基于企业文化的员工关系管理探讨. 商，(30)：48.

韩智力. 2007. 员工关系管理——案例、诊断、解决方案. 广州：广东经济出版社.

胡君. 2004. 基于组织变革的员工关系管理研究. 江西财经大学硕士学位论文.

李原. 2002. 员工心理契约的结构及相关因素研究. 首都师范大学硕士学位论文.

刘昕. 2004. 现代企业员工关系管理体系的制度分析. 北京：中国人民大学出版社.

刘燕. 2014. 心理契约违背对员工行为选择策略的影响机制研究. 吉林大学硕士学位论文.

刘颖何. 2013. 企业员工的压力分析与管理策略——以“80后”员工为研究对象. 西南财经大学硕士学位论文.

裴华. 2010. 煤炭企业员工压力管理研究. 中国矿业大学硕士学位论文.

秦艺. 2012. 浅析管理沟通在员工关系管理中的作用及应用. 价值工程，31(35)：139-140.

魏峰. 2004. 组织-管理者心理契约违背研究. 复旦大学硕士学位论文.

徐婧. 2011. 基于EAP视角的80后员工工作压力管理的实证研究. 福州大学硕士学位论文.

许云华. 2005. 探析基于组织承诺的员工关系管理. 经济论坛，(19)：84-85.

张丽梅. 2006. 基于员工关系管理的薪酬结构设计. 国际商务研究，(6)：53-56.

朱瑜. 2005. 企业员工关系管理. 广州：广东经济出版社.

Buchele R. 1992. Notes on the concept of commitment. American Journal of Sociology，(66)：32-42.
French J R P，Caplan R D. 1972. Organizational stress and individual strain//Marrow A J. The Failure of Success. New York：Amacon.
Karasek R A. 1979. Job demands，job decision latitude，and mental strain：implications for job redesign. Administrative Science Quarterly，24：285-308.

本章阅读材料：员工关系管理的研究综述

第十二章　社会保障与劳动保护

教学目的： 了解社会保障与社会保险的基本内容
知晓我国职业安全健康管理体系的范畴
掌握我国社会保障与劳动保护的法律规定

学习重点： 了解社会保障的基本内容
掌握劳动保护的基本内容
掌握我国社会保障与劳动保护的法律规定

学习难点： 掌握我国社会保障与劳动保护的法律规定

引导案例

张海超“开胸验肺”事件

张海超是河南省新密市刘寨镇老寨村村民。2004年6月，他到新密市曲梁乡郑州振东耐磨材料有限公司（以下简称振东公司）工作，该厂以生产硅砖、耐火材料为主。张海超先后从事过杂工、破碎、开压力机等工作。车间的粉尘很大，防护措施仅仅是戴一个口罩。2007年8月，张海超的身体开始出现胸闷、咳嗽、多痰等不适症状，他只当做感冒治疗了一段时间后没有任何效果。2007年10月，张海超从振东公司离职不久，辗转多家医院，最终确诊为职业病——尘肺。医生建议他赶快到地方职业病防治部门作鉴定，然后向公司讨说法。

张海超来到郑州市职业病防治所，要求作职业病鉴定。职业病防治所答复说职业病的诊断必须要用工单位开具工作经历证明，并提供相关健康档案资料。由于振东公司不开证明，张海超无法进行鉴定，而其他综合类医院又无权对职业病进行鉴定。又经过近两年的艰难上访，郑州市职业病防治所终于同意对张海超进行鉴定。2009年5月25日，郑州市职业病防治所出具了诊断证明，但是鉴定结果认为张海超患的是肺结核。万般无奈之下，张海超决定“开胸验肺”。2009年6月22日，经过4个多小时的开胸手术，郑州大学第一附属医院确诊了张海超患的是尘肺病。

“开胸验肺”事件经河南省媒体率先披露后，中央电视台等媒体迅速跟进，受到社会的广泛关注。随后，中华全国总工会对此事进行调查。郑州市成立了以常务副市长为组长，由安监、卫生等部门组成的“张海超事件处理小组”。郑州市职业病防治所再次组织省、市专家对张海超职业病问题进行了会诊，明确诊断为尘肺病Ⅲ期。2009 年 7 月 28 日，郑州市委对郑州市职业病防治所给予通报批评，并对相关领导和工作人员给予党纪政纪处分，责成有关部门对振东公司进行立案查处，罚款 25 万元，对公司相关责任人员予以开除党籍、撤职等处分。而事件的主角张海超以近乎残酷的方式，终于维护了自己的权益——得到了职业病的治疗。

思考题

张海超“开胸验肺”事件暴露出我国在职业病防治方面存在哪些问题？

第一节　社会保障及社会保障制度

一、社会保障的概念和特征

“社会保障”一词最早出现在美国 1935 年制定的《社会保障法》中，当代社会，社会保障已经成为各国普遍建立的一种社会稳定制度。社会保障制度是在政府的管理下，以国家为主体，依据一定的法律和规定，通过国民收入的再分配，以社会保障基金为依托，对公民在暂时或者永久性失去劳动能力，以及出于各种原因发生生活困难时给予物质帮助，以保障居民最基本的生活需要的制度。

社会保障具有以下基本特征。

1. 普遍性

普遍性是指社会保障是国家在全社会范围内普遍实施的一种社会制度，享受社会保障的对象是全体社会成员，主要包括丧失劳动能力，不具备和未形成劳动能力的社会成员。

2. 公平性

公平性主要体现在三个方面：保障范围的公平性——不存在对受保障对象的身份限制；保障待遇的公平性——为国民提供基本生活保障；保障过程的公平性——维护社会成员参与竞争的起点与过程的公平，同时缩小社会成员发展结果的不公平。

3. 强制性

社会保障制度的强制性是通过法律制度的规范来实现的。法律的强制规范为社会保障的运行提供了必须遵守的行为准则。例如，强制缴纳社会保险，对社会成员具有普遍的约束力。

4. 互济性

社会保障作为社会制度的重要组成部分，通过向社会筹集资金、国家利用财政“托底”的方式来保障遇到生活困难的人。当部分社会成员遇到基本生活困难时，社会保障可以给予其基本的经济支持。社会保障的互济性为社会保障制度的维持提供了良好基础，互济性也体现了社会保障政策的社会道德伦理内涵。

5. 安全性

社会保障通过国家法律的规范，对社会保障的对象、范围、权利和义务等进行了规定，使符合条件、生存发生困难的社会成员的基本生活得到保障，这为社会成员提供一种“安全感”，使人们保持一种社会心理上的平衡，从而为整个社会的安定创造良好的条件。

二、社会保障的目标

从现代社会的发展进程与文明进步的视角出发，综合考虑各国的社会保障制度，尤其是发达国家社会保障制度，可以发现，社会保障的总目标是通过保障和改善国民生活、增进国民福利来实现整个社会的和谐发展。围绕着这个总目标，社会保障制度在实践中需要实现以下分目标。

（1）帮助国民摆脱生存危机。社会上的一部分人出于先天与后天因素及自身与外来原因，因疾患、天灾人祸、失业等事件陷入生活困境。只有相应的社会保障制度，才能使这部分人摆脱生存危机。因此，通过相应的制度解决国民生存危机是社会保障的一个基本目标，也是最低追求目标。

（2）不断改善和增加国民的福利。随着社会经济的发展，人们对社会保障的需求也是不断发展的。社会保障制度正是通过经济保障、服务保障乃至精神保障的提供，达到满足国民福利增长需求并保证不断改善和增进国民福利的目标，它相对于前一目标来说，是更高层次的追求目标。

（3）实现社会的和谐发展。作为一个由多个社会保障子系统或项目构成的基本社会制度，社会保障追求的并不只是解决某些社会问题和增加国民福利的目标，而是为了促使全社会的和谐发展。它综合考虑经济社会的协调发展及自身的可持续发展，兼顾社会各阶层的利益，因此，对实现全社会的和谐发展具有多方面的责任，是和谐社会的核心制度安排。

三、社会保障的内容

社会保障的内容一般分为社会救助、社会保险和社会福利。此外，还有比较特殊的社会优抚。

1. 社会救助

社会救助是国家为帮助陷入生存危机的公民而建立的一种社会保障制度。它是最低层次的社会保障，也是人类最古老的一种保障制度。公民陷入生存危机的原因是多种多样的，社会救助一般分为灾害救济和贫困救济。

2. 社会保险

社会保险是国家为了帮助公民抵御种种生活危险而建立的一种社会保障制度。社会保险的项目有多种，一般包括工伤保险、疾病保险、失业保险、医疗保险和养老保险等。在现代社会保障体系中，社会保险占有最重要的核心地位。

3. 社会福利

社会福利是国家为改善和提高全体公民的物质精神生活水平而建立的一种社会保障制度，其内容包括公共福利、职业福利、住房福利、教育福利、卫生保健福利、社区服务等。

4. 社会优抚

社会优抚是给予法定的特殊社会成员以物质优遇和精神褒扬的一种社会保障制度。我国的军人及军属优待制度、退役军人安置制度、伤残亡军人及军属抚恤制度、革命烈士褒扬制度、劳动模范制度、离休制度都属于社会优抚。

第二节　社 会 保 险

社会保险起源于19世纪80年代的德国，它的产生被看做现代社会保障制度得以确立的标志。作为工业社会的产物，社会保险是由国家立法规范，面向劳动者建立的一种强制性社会保障制度，是各国社会保障体系中的主体组成部分。

社会保险的内容是由社会经济生活中的风险决定的。针对现代社会中可能造成人们收入中断、降低或丧失的经济风险，社会保险通常包括养老保险、医疗保险、工伤保险、生育保险、失业保险五个主要险种。在我国，2011年7月1日起施行的《中华人民共和国社会保险法》明确规定了上述五个险种，2017年开始试行医疗保险与生育保险合并。

一、养老保险

养老保险不仅是社会保险制度中的重要内容，也是整个社会保障体系中的基石。养老保险保障老年人在基本或完全退出社会劳动生涯后，仍有可靠、稳定的经济来源以满足基本生活需求。养老保险具有三个特点：第一，养老保险具有一定的时效性，它是在法定范围内的老年人基本或完全退出社会劳动生涯后才自动发生作用的；第二，养老保险具有一定的目的性，它是为了给老年人提供可靠稳定的生活来源，以保障其基本生活所需；第三，养老保险的实现需要一定的手段，主要是以社会保险为手段来达到保障目的。

目前，我国的养老保险制度由基本社会养老保险、企业补充养老保险、个人储蓄养老保险三部分组成，其中基本社会养老保险是支柱。基本社会养老保险由社会统筹账户和个人账户构成，社会统筹账户由用人单位按照年度工资总额的一定比例（20%左右）缴纳养老保险金，个人账户由员工个人按照个人工资额的一定比例（8%左右）缴纳养老保险金，缴费年限累计满 15 年，退休后将按月发给个人基本养老金。

二、医疗保险

在现代社会中，若劳动者不幸患上疾病，则不仅会造成该劳动者在患病期间收入中断、降低或丧失，并且劳动者又必须在医疗方面支出一定的费用，这就使劳动者一旦患病便在经济上处于内忧外患的窘境。因此，在帮助劳动者抵御疾病风险方面，为维护劳动力再生产，社会也必须承担一定的保障责任。医疗保险就是针对法定范围内的劳动者，向患病的劳动者提供部分或全部的预防和治疗费用，以及在病假期间的经济来源的制度安排。这一概念的界定包括三方面的含义。首先，医疗保险的覆盖面有限。它一般被用来处理因法定范围内的劳动者身患疾病而产生的两方面的经济风险：一是用于支付疾病预防或治疗的费用；二是用以确保劳动者病假期间的经济来源。其次，医疗保险具有一定的动态性。其具体做法因法定对象、时间和空间的不同而表现出极大的差异，通常以保障基本生活需求为最低标准。最后，医疗保险的实现主要通过社会保险的方式来达到保障目的。

目前，我国的医疗保险由统筹基金和个人账户构成。依据《中华人民共和国社会保险法》，所有用人单位及其职工都要按照属地管理原则参加所在统筹地区的基本医疗保险，基本医疗保险费由用人单位和职工共同缴纳。用人单位缴纳的基本医疗保险费分为两部分，一部分用于建立统筹基金，另一部分划入个人账户，企业单位缴费率控制在职工工资总额的 6%~9%（各地有差别）；职工个人缴纳的基本医疗保险费，全部计入个人账户，企业单位职工的个人缴费率一般为本人工资收入的 2%左右，由用人单位代扣代缴。

三、工伤保险

工伤（含职业病）与一般的伤害疾病不同，这种伤病是刻有职业烙印的，伤病的责任与雇主或企业的相关度更高，因此，在保障体系中应突出加以强调。

工伤保险是为了补偿劳动者因职业伤病而造成的全部经济损失，这些损失不但包括疾病预防、治疗、护理、康复和疗养的费用，而且包括保证劳动者生活水平不会因职业伤病而有所下降的收入补偿。工伤保险有三个要点：首先，工伤保险是与职业相关的。其次，工伤保险是为了补偿劳动者受到职业伤害而导致劳动能力丧失，一般标准是必须要达到保障受到伤害的劳动者生活水平不会因此下降的水平，一方面提供劳动者相应的疾病预防、治疗、护理、康复及疗养的全部费用；另一方面，确保受到工伤或职业病伤害劳动者的经济来源。最后，工伤保险的执行主要是采取社会保险的手段来达到效果。此外，它还可以采取企业责任制或雇主责任制的方式实现保障目的，这些方法大大提升了雇主或企业分摊的份额比率。

目前，我国关于工伤保险方面的主要法律依据有《中华人民共和国社会保险法》《工伤保险条例》《企业职工工伤保险试行办法》等。我国的工伤保险遵循以下三个基本原则：①强制实施原则，是指国家通过立法手段实施强制工伤保险。生产经营单位必须依法参加工伤社会保险，为从业人员缴纳保险费。对于不按照法律规定参加工伤保险的用人单位，要依法追究法律责任。②无责任赔偿原则，又称无过失赔偿原则，是指在各种工伤事故中只要不是受害者本人故意行为所致，就应该按照规定标准对其进行伤害赔偿，无论劳动者是否有过错。③个人不缴费原则。工伤保险费全部由用人单位缴纳，劳动者个人不缴费。这是工伤保险与养老、医疗等其他社会保险项目的不同之处。

按照我国工伤保险的法规，以下十种情形应当被认定或视同为工伤，可以领取工伤保险赔偿金：①在工作时间和工作场所内，出于工作原因受到事故伤害的；②工作时间前后在工作场所内，从事与工作有关的预备性或者收尾性工作受到事故伤害的；③在工作时间和工作场所内，因履行工作职责受到暴力等意外伤害的；④患职业病的；⑤因工外出期间，出于工作原因受到伤害或者发生事故下落不明的；⑥在上下班途中，受到人身伤害事故的；⑦法律、行政法规规定应当认定为工伤的其他情形；⑧在工作时间和工作岗位，突发疾病（与工作无关）死亡或者在48小时内经抢救无效死亡的；⑨在抢险救灾等维护国家利益、公共利益活动中受到伤害的；⑩职工原在军队服役，因战、因工致残，已取得伤残军人证，到用人单位后旧伤复发的。

四、生育保险

在妇女处于生育期间，生育保险向妇女提供部分或全部怀孕、生产、哺育期间的医护费用，并且保障妇女在产假或哺育假期间的经济来源，使其不会因生育而丧失基本生活保障。生育保险有三个要点。第一，生育保险是有特殊保障对象的，它一般是针对法定范围内的劳动者在生育期间产生的两方面经济风险：一方面是怀孕、生产、哺乳期间的医护费用风险；另一方面是产假和哺育假期间的经济来源风险。第二，虽然生育保险的覆盖面较广，但其会因人口政策的差异而表现出很大的不同，如有的生育保险鼓励生育，有的则控制生育。第三，生育保险和其他保险类似的是，它也可以通过社会保险的方式达到保险的目的，但与其他保险不同的是，生育保险的直接受益者大多数是妇女，其主要目的在于保障妇女儿童的权益。

目前，我国生育保险待遇主要包括两项：一是生育津贴，用于保障女性产假期间的基本生活需要；二是生育医疗待遇，用于保障女性怀孕、分娩期间及职工实施节育手术时的基本医疗保健需要。生育保险由企业按照其工资总额的一定比例（最高不超过工资总额的1%）缴纳生育保险费，建立生育保险基金。职工个人不缴纳生育保险费。享受生育保险待遇的不仅包括参保的职工（无论男女），还包括参保职工的未就业配偶。

五、失业保险

失业保险是针对法定范围内劳动者因失业而经济来源丧失时，保障其基本生活需求的正常实现。失业保险有三个要点：第一，失业保险具有一定的针对性，它是以在职业竞争中惨遭淘汰的劳动者阶层为主要对象。第二，失业保险具有一定的法定时限，其主要目的是帮助失业者或破产者在再次就业之前维持基本生活需求。第三，类同于其他保险，失业保险也通过社会保险的方式达到保障目的。

目前，我国失业保险资金主要由企事业单位按照年度工资总额一定比例（2%左右）缴纳的失业保险金、个人按照个人工资额一定比例（1%左右）缴纳的失业保险金和财政补贴构成。具备以下条件的失业人员，可以领取失业保险金：①按照规定参加失业保险，所在单位和本人已按照规定履行缴费义务满 1 年的；②非因本人意愿中断就业的；③已办理失业登记，并有求职要求的。失业保险金给付的最长期限为 12~24 个月。

第三节　职业健康与劳动保护

一、职业安全与健康

根据国际劳工组织（International Labor Organization，ILO）2003 年 4 月发表的一份报告，全世界大约有 1.6 亿人患有与工作相关的疾病，每年因工作现场发生的事故和职业病而夺去 200 万人的生命，并且造成全球 12 500 亿美元的经济损失。因此，作为当代人类社会面临的严峻的社会问题之一，职业安全与健康日益受到国际社会的广泛关注。

（一）职业安全的概念

职业安全是指在生产劳动过程中，为避免人身或设备事故，创建安全、健康的生产和操作环境而采取的一系列措施及相应的活动。职业安全是研究预防和控制职业性伤害事故的一门专业，其最终目标是提高劳动者职业生命的质量，促进经济的发展。职业性伤害又称工作伤害，是指在生产劳动过程中，由于外部因素直接作用而引起机体组织的突发性意外损伤。一般而言，工业组织的职业性伤害事故以物体打击、高处坠落、机械伤害、爆炸、火灾和坍塌、毒物中毒等为主；农业组织的伤害事故以触电、农业机械伤害、农药中毒等为主；其他组织的伤害事故以辐射、噪声、污染等为主。

（二）职业安全与健康管理体系

职业安全与健康管理体系是当前国际通用的现代安全管理模式，包括方针、组织、计划与实施、评价及改进措施五大核心要素，如图 12-1 所示。

组织的最高管理者应根据本单位的规模和活动类型，在征询员工及其代表意见的基础上，制定书面的职业安全健康方针。从上至下应努力做到以下几点：第一，从企业战略出发，为确保职业安全健康管理体系的建立、合理实施与运行，明确各部门和各级人员的职责与义务；第二，从企业员工出发，以各级人员实际所应达到的职业安全健康能

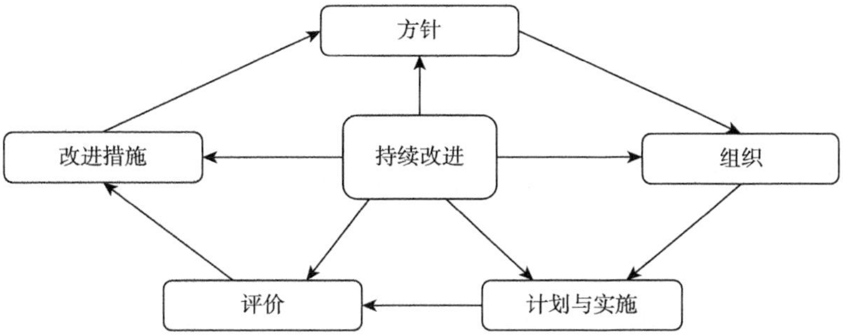

图 12-1　职业安全与健康管理体系的核心要素

资料来源：金泰旗. 职业卫生与职业医学. 第 5 版. 北京：人民卫生出版社，2003

力为出发点，切实制订方案并努力实施管理；第三，从实际情况出发，建立相关的规则条例，定期或不定期对现有职业安全健康管理体系及相关管理方案进行评估与改善。考虑到职业安全健康计划制订的完整性与科学性，应定期进行评审、监测、测量及记录程序，还应根据初始评审、复评的方案或其他可获得的资料做出相应的对策安排，并予以实时的维护更新保持。在充分综合考虑国家法律法规、用人单位的职业安全健康目标或工伤、疾病等事件影响力的基础上，持续改进职业安全健康管理体系各有关要素及整个体系。

（三）职业安全与健康工作的职责

正如人力资源管理的任何其他工作一样，职业安全与健康工作是组织中每一个人的责任。专业人力资源管理人员在确保本组织符合法律和法规的要求、制定安全与健康的措施等方面承担了大部分责任。尽管各级业务或直线经理不直接参与这些工作，但他们的支持和鼓励对职业安全与健康工作起着关键性作用。此外，员工也应该积极地承担起创造一个安全与健康工作环境的责任。各级经理人员、专业人力资源管理人员及员工三方在职业安全与健康工作中的职责如表 12-1 所示。

表 12-1　职业安全与健康工作的职责分工

各级经理人员	专业人力资源管理人员	员工
◆意识到职业安全与健康工作的战略意义 ◆支持专业人力资源管理人员对全体员工进行职业安全与健康的培训工作 ◆鼓励员工报告安全隐患，并提出改进建议 ◆避免对不安全行为的鼓励做法	◆引导业务经理理解职业安全与健康工作的长远价值 ◆确保组织的运作符合相关法律法规的要求 ◆确保事故及与健康有关的事件得到准确的监督、报告和记录 ◆与其他专业人员共同制定保证职业安全与健康的措施 ◆制订并实施在安全与健康行为方面对员工的培训计划	◆参与制订和管理安全与健康的计划 ◆遵守安全与健康制度 ◆促进有助于安全与健康的行为规范的实施 ◆积极提出增进安全与健康的建议 ◆保持良好的身心状况

资料来源：杰克逊 S E，斯图尔特 L S. 人力资源管理——从战略合作的角度. 第 8 版. 范海滨译. 北京：清华大学出版社，2005

二、劳动保护

（一）劳动保护的含义

从广义上看，劳动保护可被解释为：国家和社会（包括企业）为保护劳动者在生理、经济和社会各方面的权益而采取的各项综合保障和维护措施的统称。这种广义的劳动保护概念具有以下三个方面的含义。

第一，对劳动者的生理保护，即国家通过立法形式或强制方式保护劳动者在劳动过程中的生理安全与健康，以避免和消除工伤事故和职业病的发生。

第二，对劳动者经济状况的保护，主要是指对劳动者的报酬和福利等的保护。

第三，对劳动者社会条件的保护，主要包括对劳动者素质、劳动中良好的人际关系、劳动者职业稳定和职业发展及劳动者参与企业管理权益的保护。

从狭义上看，劳动保护是为了保护劳动者在生产过程中的安全与健康，预防职业病，防止人身事故发生而对作业条件与劳动环境进行改善的一系列措施与活动。劳动保护的范围，只限于保护劳动者在劳动过程中的安全和健康，而不包括劳动者其他政治和经济方面的权益，不包括对普通疾病的治疗和保健，也不包括劳动者在劳动过程之外，如社会治安等方面的安全和健康保护。

（二）劳动保护的基本任务

（1）采取各种有效措施，保证安全生产，减少和消除劳动中的不安全、不卫生因素，改善员工的劳动条件，满足其安全需要。例如，维护厂房、工作台、机器设备、动力装置等的安全；防止粉尘危害、减少噪声危害、减少电磁辐射等。

（2）实现劳逸结合，采取各种必要措施，规定员工的工作时间和休假制度，限制加班加点，使员工有劳有逸，有张有弛。这是劳动者维持再生产的需要，也是提高员工生活质量的需要。

（3）根据妇女的生理特点，对女员工实行特殊保护。女员工由于其生理特点，受毒敏感性高，患病率也高，特别是在经、孕、产、哺期，而且女员工的健康关系到下一代的人口素质，因此，对女员工的保护意义重大。

（4）对特殊工种（如高空作业、有毒有害操作、易燃易爆作业等）进行上岗培训并组织考核发放上岗准许证。

（5）组织工伤救护工作，确保一旦劳动者发生工伤或其他意外事故，能够立即得到良好的治疗。

（6）做好职业病和职业中毒的预防工作和救治工作，做好劳动防护用品的选购、贮存、保藏、发放等工作，定期体检，夏季做好防暑降温，冬季做好防寒保暖。

（三）我国在劳动保护方面的法律规定

1. 劳动保障监察条例的规定

劳动保障行政部门实施劳动保障监察，履行以下职责：①宣传并督促用人单位贯彻执行劳动保障法律、法规和规章；②检查用人单位遵守劳动保障法律、法规和规章的情况；③受理对违反劳动保障法律、法规或者规章的行为的举报、投诉；④依法纠正和查处违反劳动保障法律、法规或者规章的行为。

2. 劳动法的规定

用人单位必须建立健全劳动安全卫生制度，严格执行国家安全卫生规程和标准，为劳动者提供符合国家规定的劳动安全卫生条件和必要的劳动防护用品，对从事特种作业的人员进行专门培训，防止劳动过程中的事故，减少职业病危害。

劳动者对危害生命安全和身体健康的劳动条件，有权对用人单位提出批评、检举和控告。

用人单位以暴力、威胁或者非法限制人身自由的手段强迫劳动者劳动的，或者用人单位违章指挥、强令冒险作业危及劳动者人身安全的，劳动者可以立即解除劳动合同，无须事先告知用人单位。

3. 劳动合同法的规定

用人单位有下列情形之一的，依法给予行政处罚；构成犯罪的，依法追究刑事责任；给劳动者造成损害的，应当承担赔偿责任：①以暴力、威胁或者非法限制人身自由的手段强迫劳动的；②违章指挥或者强令冒险作业危及劳动者人身安全的；③侮辱、体罚、殴打、非法搜查或者拘禁劳动者的；④劳动条件恶劣、环境污染严重，给劳动者身心健康造成严重损害的。

此外，还有《对外劳务合作管理条例》《国务院关于职工工作时间的规定》《中华人民共和国职业病防治法》《中华人民共和国安全生产法》《工伤保险条例》《中华人民共和国社会保险法》《女职工劳动保护特别规定》《使用有毒物品作业场所劳动保护条例》等一系列法规，在劳动保护方面也做出了相应的规定。

【本章小结】

本章对社会保障相关内容做了概述。着重讲述了社会保障的概念、特征和内容；社会保险的组成项目与我国各种社会保险项目的概况；职业安全与健康的定义、管理体系和在企业内的职责分工；劳动保护的概念、基本任务和有关的法律规定。

【本章关键词】

社会保障	social security
社会保险	social insurance
职业安全	occupational safety
工伤	occupational injury
职业安全与健康体系	occupational safety and health management system

【练习题】

1. 什么是社会保障？它包括哪些内容？
2. 社会保险包括哪些内容？
3. 职业安全健康管理体系包括哪些内容？
4. 什么是劳动保护？劳动保护的基本任务有哪些？

案例讨论

惠州 SK 公司赔这笔医疗费冤不冤

2012 年 7 月 11 日，江小二入职惠州 SK 公司，劳动合同期限为 3 年。入职时，江小二出具申请书，表示自愿放弃购买社会保险。江小二因腰椎神经鞘瘤术后复发，2014 年 3 月 14 日至 2014 年 4 月 13 日请假 1 个月，在南方医院住院治疗，共花费医疗费 96 448 元，该费用由江小二自行垫付。南方医院出具疾病诊断证明书和出院通知书，医嘱建议全休三个月。2014 年 7 月 1 日，其返回公司上班，要求公司支付医疗费 56 554.2 元，公司不同意支付，江小二提出了解除劳动合同。

接下来双方就打起了官司。公司认为江小二在职时未能及时参保，江小二亦有责任；江小二认为公司未为其缴纳社保费用的责任在公司，公司应当承担医疗费。

仲裁委员会和一审法院认为公司未缴社保导致江小二不能报销医疗费，公司需承担责任，判决公司支付江小二的医疗费。公司觉得很冤，向广东省高级人民法院申请再审。广东省高级人民法院经过审理认为，本案中，虽江小二签订了放弃购买社会保险的承诺，但《劳动法》第 72 条规定："社会保险基金按照保险类型确定资金来源，逐步实行社会统筹。用人单位和劳动者必须依法参加社会保险，缴纳社会保险费。"因此，用人单位一旦与劳动者建立劳动关系，用人单位就应依法为其缴纳社会保险。江小二承诺放弃购买社保是无效承诺，公司有法定的义务为员工江小二缴纳社会保险。由于公司未按规定缴纳医保费，江小二无法享受医保待遇，故未缴纳期间公司所属职工发生的医疗费用，应由公司按规定承担，最终驳回了公司的再审申请。

思考题：

1. 结合案例，怎么理解社会保险的强制属性？
2. 企业应该汲取什么样的教训？

参考文献

代海军. 2012. 工业发达国家职业安全与健康立法. 现代职业安全，（7）：106-107.

韩颖，陈子丰，魏瑞清，等. 2006. 我国社会保障研究文献综述. 学术论坛，（8）：69-73.

侯占岳. 2015. 人力资源和社会保障统计理论体系的构建. 统计与管理，（5）：13-14.
马红光. 2014. 职业安全健康事故发生理论综述. 现代企业教育，（2）：162-163.
宁丙文. 2014. 环球职业安全健康动态. 劳动保护，（2）：120-122.
张校. 2013. 职业安全健康管理体系的制度化建设. 山东煤炭科技，（2）：308-309.
郑功成. 2005. 社会保障学. 北京：中国劳动社会保障出版社.
Gordon J E. 1949. The epidemiology of accidents. American Journal of Public Health and the Nation's Health，39（4）：504-515.
Hale A R，Hale M. 1970. Accidents in perspective. Occupational Psychology，44：1-4.
Heinrich H W. 1959. Industrial Accident Prevention. New York：McGraw-Hill Company，Inc.
Mckenna F P. 1983. Accident proneness：a conceptual analysis. Accident Analysis and Prevention，15（1）：65-71.

本章阅读材料：社会保障与劳动保护的研究综述

第十三章 企业人力资源管理诊断

教学目的： 了解现代企业人力资源管理诊断的含义
熟知诊断所需的程序和方法

学习重点： 人力资源诊断的作用及意义
人力资源诊断的内容
人力资源诊断的程序
人力资源诊断的方法与技术

学习难点： 人力资源诊断的程序
人力资源诊断的方法与技术

引导案例

F公司面临的困境

F公司是一家全国驰名的文化传播公司，性质属于全民所有制企业。该公司目前拥有员工数百人，杂志的出版和发行是其主营业务，旗下除母刊外，还有三本子刊；此外，该公司在实业投资方面还拥有一家合资的教育学院、一家股份制的房地产公司及一些配套产业。F公司始建于20世纪90年代，单一杂志业务的出版一直是其主业。由于准确的读者群定位，杂志的发行量在20世纪90年代初开始便出现了显著增长，在2009年已跃居至全国综合类杂志排行榜的前列，净利润超过20亿元。在良好的发展势头下，公司领导决定打破以往闭门造车的局面，扩展业务范围，接连创办三本新刊，并且加大对实业方面的投资力度，同时积极招募新人加盟，既能弥补业务扩展造成的人才缺口，又能为公司未来的发展储备优秀人才。新刊的所有关键岗位均由老员工担任，但新刊的风格和内容与母刊有很大的差异，这批老员工的编辑技术和心理准备显然还没有完全适应新刊的运作模式。同时，大批新加盟的员工（约占员工总数的一半）尚未适应企业的原有运作方式，在公司企业文化的认知上也存在一定的差距，因此，F公司的人力资源配置出现了较大问题。诸多问题的积累，造成了三本新刊在市场定位、渠道销售和广告宣传方面都存在弊端，新刊的仓促面世没有得到市场的认可，而前期投入的几百万也几乎颗粒无收。2011年，F公司的整体利润同比大幅下滑。

思考题：

1. F公司整体利润下降的主要原因是什么？
2. 你若是F公司高层管理者，会如何决策使利润回升？

第一节　企业人力资源管理诊断概述

一、人力资源管理诊断的含义

诊断是医学上的专业术语，它的含义是寻找病症，确定病因。企业诊断，也称为管理咨询，起源于20世纪30年代的美国。为了企业的生存与发展，企业经营者迫切需要借助专门的技术人才或管理人才，改善经营管理，提高管理水平，提高生产效率、降低生产成本，因此，企业诊断这门科学应运而生。而企业人力资源管理诊断是将现代企业人力资源管理理论和方法与企业诊断理论和方法有机结合所诞生的新兴学科领域，其含义如下：管理咨询人员在对企业人力资源各个环节运行实际情况及发展趋势充分理解和知晓的基础上进行分析、评估，并发现其存在的问题，提出合理建议或改进方案，提高企业效率。

人力资源诊断涉及两个方面：一是劳动过程中管理者与被管理者各自状态及相应关系，以及人与物、人与劳动环境的相互关系；二是对人力资源的具体管理，主要包括招聘、调配、培训、考核、晋升及奖惩等方面的政策及方法。

二、人力资源管理诊断的作用

面对新的竞争环境和挑战，有效管理人力资源将成为企业获取竞争优势的重要来源。而人力资源管理诊断是一项关系企业实际生存和发展的关键活动。对企业的人力资源情况进行有效合理的咨询诊断，能够促使企业正确、有效地开发人力资源和合理、科学地管理人力资源，为企业发展创造永续竞争力。具体地讲，人力资源管理诊断对企业的生产和经营有以下几方面的益处。

（1）解决问题，保证企业生产经营正常进行。开展人力资源管理诊断，可以及时发现员工存在的弊端，并能够针对弊端采取相应的对策措施，通过改善管理，增加员工的工作热情，提高员工的工作积极性，从而保证企业的经营运作正常进行。

（2）促进岗能匹配，提高管理绩效。企业可以通过员工个人能力的调整来改变员工的岗能不匹配的问题。通过提高员工岗能匹配度，进一步优化企业人力资源配置状况，在合适的工作岗位上配备合适的人，不仅能提高管理绩效，还能促进企业自身的发展壮大。

（3）为企业人力资源发展规划提供必要的依据。企业人力资源管理诊断对企业制定或调整人力资源战略乃至企业战略具有积极影响，一方面可以为编制人力资源发展规划提供依据，另一方面在招聘、甄选、人员考核、晋升和薪酬等方面能够帮助企业做出正确的决策。

三、人力资源管理功能正常的标准

人力资源管理功能正常具有重要的意义，人力资源管理功能充分发挥的标志是“高质量的工作”，高质量的工作能够最大限度地调动员工的工作积极性。人力资源功能正常的标准应该涵盖以下几个方面：企业人力资源管理政策应与政府及国家法规一致；人力资源管理过程必须充分遵循员工是企业主人的原则；人力资源管理人员熟悉业务；人力资源管理六大模块符合要求；工作环境适宜；定员编制适宜。

第二节　人力资源管理诊断的程序

遵循一定的流程，是科学开展企业人力资源管理诊断的必然要求、需要；并且当诊断进入不同的阶段时，应根据实际情况调整侧重点，采用适宜的诊断方法。

一、确立诊断项目，组建诊断小组

通常，诊断工作小组由以下三部分构成：①企业内部人力资源部的专业人员。内部专业人员作为外部专家的助手，协调外部专家与企业各部门之间的关系，安排专家工作，执行已被认可的实施方案，发挥辅助作用；②企业决策层的高级管理人员。高级管理人员作为用户代表，设定工作目标、提供工作条件、判断诊断结果，在诊断工作中起认购作用；③外聘人力资源专家。他们为诊断咨询提供思想、技术，组织诊断，发挥主持作用。

二、收集资料

不同的人力资源管理诊断项目，所需资料也不同。首先，搜集的是与诊断对象有关的资料，如企业人力资源规章制度、组织结构图、近年来的统计资料等。一般而言，此阶段要准备诊断工作情况清单，根据收集的资料罗列企业可能存在的问题，形成初步的访谈提纲。接受诊断的企业要提供以下资料：①企业员工数量及结构；②组织机构及职权范围；③劳动纪律及出勤状况；④上年度的生产状况；⑤各类人员的变动状况；⑥工资及奖金的情况；⑦离职、退休制度及其执行状况；⑧作业制度的实施情况；⑨人事考核和能力评价的方法；⑩现场整顿和安全卫生状况；⑪教育训练及其实施效果；⑫提薪、升职流程及执行状况；⑬部门及人员之间的信息交流情况；⑭福利保健设备设施及其利用情况；⑮领导及从业人员的素质情况；⑯企业人际关系情况；⑰企业人员的工作热情；⑱近三年的劳动生产率变化情况。

其次，搜集、整理现有人力资源政策规定及人力资源管理程序，如受诊企业的上级行政部门在开展人力资源工作时的工作原则等。必要时，要访问企业高层管理者，因为企业高层管理者能够站在战略的角度，对企业的发展进行阐述，描绘企业工作的全景图。

最后，能清楚理解高层的意图，这也有利于诊断工作获得更多的支持。

三、深入诊断

利用诊断方法和技术作进一步的数据收集。这一阶段的主要内容有以下几方面。

（1）调查工作满意度，通过对员工、领导、发展途径、工作环境和工作量态度的调查，全面了解影响公司士气的关键因素。

（2）调查人力资源状况，主要调查企业人力资源制度的合理性及其实施情况，包括公司企业总体状况调查，如企业招聘、培训、绩效评估评价、薪酬管理、福利政策、公司环境、工作条件等；员工个人情况调查，如员工个人期望与发展、工作权责、人际关系、工作时间、工作挑战性、部门间及跨部门合作情况等。

（3）人力资源相关指标（指数）的调查问卷，设计问卷调查员工对企业人力资源管理效益的看法和态度，为员工创造表达个人意见的机会，吸取员工建设性意见。

四、方案设计

提出阶段性诊断报告，形成初步解决方案。这份报告对受诊断企业人力资源管理客观、全面地总结和评价，帮助企业认识在人力资源管理方面存在的优势和弊端，对企业人力资源运作状况进行客观评价，作为受诊企业制定人力资源改善措施的依据，为建立现代人力资源管理体系提供数据和资讯依据。阶段性诊断报告主要有以下三方面内容。

（1）前言，简要介绍诊断目的、诊断活动安排和诊断组成员。

（2）评价，包括总体评价、问题点评价和成果评价。

（3）建议与改进方案，根据问题点提出改进方案、改进步骤和改进安排建议。改进方案应包括改进项目、内容、完成期限、责任者和改进完成确认；改进项目应该实际、具体、可操作，利于实施落实和检查监督。

五、辅助实施和反馈

诊断报告是企业人力资源管理阶段性的成果，并非人力资源管理诊断的结束，诊断专家还应辅助受诊企业实施诊断方案。在辅助实施和反馈阶段，对受诊企业相关部门领导和员工开展培训，帮助他们了解掌握开展工作的方法和知识，提高他们的劳动技能和综合素质。在改进方案实施过程出现问题时，诊断小组应及时研究并提出相应对策，也可以根据某些改进项目做示范性指导。

诊断方案经过一段时间的实施后，诊断小组要反馈和评价实施效果，确定诊断效果或根据新出现的问题调整方案。

第三节　人力资源管理诊断的方法

一、资料收集方法

1. 访谈法

访谈法是研究者与研究对象进行交谈，从交谈中有针对性地收集有关行为数据资料的方法。根据访谈过程控制程度分类，可分为结构式访谈和无结构式访谈。一名经验丰富的优秀诊断人员通过与少数人的交流，便能较为准确地了解企业人力资源管理乃至整个企业的情况，对企业运转情况也会有较为准确的认识。所以，访谈法是企业人力资源管理诊断人员获取受诊企业第一手资料的有效方法。

2. 问卷调查法

问卷调查法是通过设计问卷有目的地测量、了解被调查者情况的方法。根据不同的企业人力资源管理诊断目的、诊断对象、诊断内容等，科学地设计不同的问卷，是诊断人员的一项基本功。

二、资料分析方法

1. 资料整理

一般而言，诊断过程中收集的原始资料都是杂乱、粗糙的。虽然该资料是事物最直接的表现，反映事物的某些表象特点，但是这些杂乱的数据并不能体现事物的本质特征。所以，必须检查、整理、分类、简化、分析原始数据，使之系统化、逻辑化、条理化，作为进一步分析的资料。资料整理是资料收集工作的延续，也是资料分析的前提。

2. 统计分析法

统计分析法用于对受诊企业人力资源管理部门提供的相关报表进行数理统计，发现某些方面的变动趋势；也可以用于对调查问卷得到的数据进行统计分析。常用的统计方法有单变量统计描述（变量的分布、集中趋势分析、离中趋势分析）、双变量统计分析（方差分析、回归分析）、统计推论（参数估计与假设检验等）。因为统计分析方法数据来源科学，分析手段科学，所以分析结构说服力强。此外，对于统计分析结果的说明，还应该结合定性资料和其他分析方法综合得到。

三、诊断方法

1. 系统分析诊断法

在情况不确定时，通过充分调查问题，寻找解决方案，并通过定性和定量分析，对所有方案的结果进行科学评估，帮助决策者做出最佳的科学决策选择。

2. 鱼骨图解法

由日本东京大学的伊什卡瓦教授首创，鱼骨图有助于说明各个原因之间如何相互影响。它能表现出各个可能的原因是如何随时间而依次出现的，这有助于着手解决问题。

3. 价值树法

价值树法主要为对管理人员进行绩效评估时所使用的树状图，可以从数量上测量各相关因素对指标的影响程度，从而帮助决策者抓住主要矛盾或者形成更有说服力的评价绩效。

4. 平衡计分卡法

平衡计分卡从财务、客户、内部经营过程、学习和成长四个角度审视企业，并利用这四个层面的因果关系，提炼关键因素，建立绩效测评指标。

5. 多因素评分法

从一定角度将某些问题划分为多种因素的综合，根据每一种因素的重要性确定不同的评分标准，再根据各种因素的影响程度确定其评分等级，最后将所得分数相加，得出对问题的总体评价。

6. 人力资源指数评估法

通过设计好的人力资源指数，以调查表的形式调查企业气氛，其结果能反映企业组织的优势和劣势，因此能够较为准确地找出特别麻烦的症结所在及需要集中考虑的问题。

第四节　企业人力资源诊断指标

一、人力资源管理状况诊断指标

在企业人力资源管理过程中，存在一些可以表征企业人力资源管理健康状况的数据指标，及时地收集、整理、监控，可以为企业人力资源诊断提供依据。根据指标的层级可以分为群体指标和个体指标。

（一）群体指标

群体指标从企业整体人力资源视角表征企业人力资源管理状况，涵盖以下几类，即企业从业人员变动状况指标、企业从业人员的工作状况指标、企业人员构成比率指标、教育培训比率指标、安全比率指标。下面分别对上述指标做出定义。

企业从业人员变动状况指标：

就职率=新就职人数/企业人数

退职率=退职人数/企业人数

满员率=已录用人数/需要人数

企业从业人员的工作状况指标：

实际出勤率=实际工作日/总工作日

加班率=加班时数/总工作时数

每月平均加班率=每月加班时数/企业人数

企业人员构成比率指标：

直接人员比率=直接作业人数/企业人数

一线管理人员比率=一线管理人员数/直接作业人员数

教育培训比率指标：

受训比率=受训人员数/企业人数

人均受训率=教育培训总时数/企业人数

安全比率指标：

工伤事故率=全年工伤事故件数/企业人数

工伤事故损失率=损失劳动时间/总劳动时间

员工福利保健率=福利保健费/企业人数

（二）个体指标

个体指标主要从单个员工视角分析企业人力资源管理状况，通过培训、职位轮换及奖惩情况，跟踪员工个人能力开发和职业发展，诊断企业人力资源管理体系的有效性，涵盖学历水平，工作能力，受培训情况（受训内容、考核结果、受训后的业绩等），工作岗位转移状况（升级、降级、专业调动、部门调动、职务变动等），奖惩情况（荣誉、惩罚处理情况及现实表现等）。

二、企业人力资源指数分析

美国弗雷里克·舒斯特设计的人力资源指数（human resource index）评估方法，用于评估、分析企业员工对企业的态度、满意度及对企业目标所做的贡献，能准确地找出特别麻烦的症结及需要集中考虑的问题，并为开辟双向沟通和企业发展奠定基础。舒斯特将人力资源指数问卷调查表用在国际商用机器公司、施乐公司、通用电器公司等 30

多家大型企业，效果显著。

人力资源指数分析方法采用调查表的形式，由于企业气氛调查的结果能反映企业组织的优势和劣势，因而有助于将调查结果与在其他企业组织调查结果的基础上建立的规范标准作比较。

人力资源指数问卷调查法在美国不同行业和不同规模的企业组织中被广泛采用，各种规范标准已经建立，到目前为止已被证明是相当稳定的。虽然企业与企业、组织与组织相比有很大差异，但只要是大批调查的数据，其结果总有惊人的一致性。

我国学者赵曙明教授与舒斯特教授在1992~1995年一起合作研究跨文化组织的人力资源管理课题，采用人力资源指数问卷调查表，对中、美、日三国企业进行调查，比较三国人力资源管理的异同，学习国外先进的人力资源管理的理论和实践，建立具有中国特色的人力资源管理模式。赵教授在舒斯特的基础上重新设计了一套适合中国国情的人力资源指数调查表，并在我国的华北、西北、华东、华南十多个城市近100家企业进行了调查研究，通过大量数据分析、论证，结论表明，人力资源指数调查对于评估一个企业的人力资源管理的有效性是非常实用的。此外，调查数据还显示，这种人力资源指数调查表对诊断企业中的特殊问题也是有效的。

【本章小结】

人力资源管理诊断是一项关系企业实际生存和发展的关键活动。对企业的人力资源情况进行有效合理的咨询诊断，能够促使企业正确、有效地开发人力资源和合理、科学地管理人力资源，为企业发展创造永续竞争力。本章在分析人力资源诊断重要性的基础上，介绍了人力资源诊断的内容及方法，并着重描述了人力资源诊断的程序。学习本章有助于了解人力资源诊断的基本概念和相关知识，本章难点在于掌握人力资源诊断的程序。

【本章关键词】

人力资源诊断	human resources diagnosis
人力资源指数	human resource index
鱼骨图	fishbone diagram

【练习题】

1. 人力资源管理诊断对企业的生产和经营的好处是什么？
2. 人力资源诊断方法和技术有哪些？
3. 人力资源诊断的内容包括哪些方面？
4. 人力资源管理诊断的程序如何？

案例讨论

上汽通用五菱汽车股份有限公司的人力资源管理诊断

一、项目背景

1. 发展历程

上汽通用五菱汽车股份有限公司（以下简称SGMW）其前身为柳州五菱汽车股份有限公司，成立于1958年，从柳州动力机械厂到上汽五菱汽车有限公司，再到SGMW，SGMW经历了漫长的发展阶段。2001年7月，五菱实现了与上汽集团合作，成立了上汽五菱汽车股份有限公司。2002年6月，五菱、上汽集团、美国通用实现三方合资，成立了SGMW，其中上汽集团占有股份50.1%，通用中国占有34%，柳州五菱汽车有限公司占有15.9%，企业的发展进入了新阶段。

2. 战略定位

SGMW的战略定位如下：SGMW应该立足于国内市场，成为国内领先的微小型汽车公司；同时积极开拓国际市场，在国际上具有一定的竞争力。

二、SGMW人力资源管理的现状

SGMW由老国企发展而来，最初实行的是传统的人事管理，逐步由人事管理向人力资源管理转变。随着公司的快速发展，人力资源供给难以满足公司发展速度的需要。公司高层日益意识到人力资源管理的战略作用，战略性人力资源的规划、储备与培养已被提上日程，人力资源管理方式逐渐向战略人力资源管理转变。

企业文化建设方面，公司确立了“低成本、高价值”的经营理念和人力资源管理理念，形成了“客户满意，学习创新，高效务实，团队合作，诚实守信”的价值观。公司通过“文化整合与价值链整合”充分集成内外部资源，通过理念创新、管理创新、技术创新三个创新获得了持续快速发展的动力。

组织结构方面，根据公司业务发展的需要每年都做了相应调整。2004年SGMW对部分业务进行了重组和划分。2005年根据董事会的决议，取消了“总工程师”的岗位设置；同年公司实现成功收购，成立了青岛分公司。2006年根据董事会的建议实施技术中心业务重建，构筑以车身研发为核心的自主研发体系，完善发动机工厂建制。根据海外业务发展需要，2006年执行委员会又批准了销售公司构建“海外业务部”的设想。这些改革优化了业务流程和组织结构，支持了公司的战略发展。

绩效与薪酬管理方面，SGMW建立了薪酬分级制度，员工的薪酬直接与岗位、销售量挂钩，对人员激励起到了一定的作用。同时已分别建立起管理人员、技术人员、技能工人的职业发展通道，为促进人才多方向发展指明了方向。目前SGMW的员工激励还存在很多问题。例如，对所有员工实行同样的薪酬制度和福利制度，这样不能反映某类员工的核心价值。现阶段迫切需要改革研发人员的薪酬制度，新的薪酬制度应该能够反映研发人员的核心价值。SGMW 还存在激励手段比较单一的问题，对公司具有战略意义的核心员工的福利与普通员工差别不大，缺乏有效的激励。

人才储备与培养方面，SGMW 主要是通过招收大学生作为人才培养储备的基础，对人员的选拔、使用、考评、培训形成了一套较完整的体系。SGMW 有系统的培训地图和课程矩阵，形成了面向整个公司、部门内部、科室工段的三级培训体系。SGMW 还提出了岗位胜任力模型、员工发展体系、高潜力人才发展计划、关键岗位继任者等新的人才培养工具。

三、SGMW 人力资源管理方面存在的问题

1. 理念问题

（1）缺乏战略管理理念。目前 SGMW 的人力资源管理已经有了一定的战略性思考，但是全局性和战略性还不够；人力资源管理对公司经营业绩的战略意义还没有被深刻认识；在调研中发现，很多管理人员认为人力资源管理主要由人力资源部实现，没有认识到其他部门与员工本人在人力资源管理中的重要性。需要在 SGMW 形成战略人力资源管理理念。

现阶段 SGMW 的人力资源管理没有与组织战略实现“对接”，即 SGMW 的人力资源规划没有有效地与公司发展规划对接，公司目前还缺乏长远的人力资源战略。因此 SGMW 的人力资源管理还在较低层次运作，难以支持公司的战略发展。

（2）缺乏经营人力资本理念。通过调研发现 SGMW 缺乏人力资本的理念，始终把员工作为企业的成本，没有考虑如何发挥人力资本的价值创造作用。人力资源管理以经营价值为中心，将员工看做企业最重要的资本，并投资人力资本的建设，通过员工需求的满足与帮助员工能力提升，促进员工个人价值的实现，从而提升企业人力资本的质量，达到为企业创造更多价值的终极目标。

2. 人力资源管理问题

SGMW 人力资源管理功能基本完善，但是还存在一系列的管理问题。

（1）管理者在人力资源管理中的角色定位问题。在对公司的全面调研中发现有较多的管理者还没有认识到自己在人力资源管理中的重要性，因此难以发挥部门与直线经理在人力资源管理中的作用，导致人力资源管理的许多措施难以有效实施。公司高层管理者尚未意识到对接公司发展战略和人力资源管理的重要性，导致人力资源管理缺少战略性的思考；人力资源管理部陷于日常事务管理，对业务单位的服务和咨询应对不力；业务部门管理者参与人力资源管理的主体意识较低；公司员工的自我管理意识淡薄。SGMW 人力资源系统的管理能力较为薄弱，导致其人力资源管理的许多措施在实施过程中困难重重，难以真正落实。

（2）绩效评估与激励的问题。员工激励不够科学。SGMW 对于管理人员、技术人员等不同类别的人员都实行相同的薪酬制度和福利制度，无法正确反映一部分员工的核心价值，无法全面调动员工的积极性。

绩效管理流于形式。合资以后 SGMW 引进通用的业务流程图（business process

diagram，BPD）与 GMS 管理模式，能较好地考核制造体系，但在调研中我们发现，考核的结果并没有很好地与员工或部门的激励结合起来。而在制造体系以外的技术、管理类部门，员工从事的脑力劳动具有难以量化和不可测度的特点，采用 BPD 与 GMS 体系难以有效地考核其核心价值，这些部门大多缺乏合理的绩效评估指标体系，公司难以对技术、管理部门进行有效的考核与激励。

（3）人才培养的问题。人才培养缺乏系统性。人才培养应该是一项系统性工程，人力资源部、各部门、员工本人都参与其中。部门是人才培养的摇篮，通过工作发展人的能力，人力资源部制定与推进人才培养规划，并提供需要的培训与支持；员工应发挥主观能动性。现阶段 SGMW 的人才培养缺乏系统性规划，人力资源部推进人才培养力不从心，部门在人才培养中的主导作用发挥不够；员工主观能动性没有很好地调动起来。

（4）人力资源管理手段难以落实。SGMW 引入了一系列先进的人力资源管理工具——高潜力人才计划、关键岗位继任者计划、岗位胜任力模型等。但这些管理手段并没有得到很好的执行和实施。

高潜力人才计划流于形式，人力资源部推行高潜力计划力度欠缺，部门管理者并没有认识到培养高潜力人才对公司的战略意义，没有对高潜力人才的培养进行系统的规划和实施，且与员工的互动不够，难以发挥预期的作用。

关键岗位继任者计划举步维艰，公司员工和管理者对关键岗位本身理解不清，过去提出的关键岗位很多都不合理，使这一计划难以有效实施；此外，在岗位继任者的培养过程中，岗位领导者并未完全意识到重要性，对继任者培养的参与也不够。

岗位胜任力模型正在编制之中，许多部门未认识到其对人才发展的重要意义，因此配合不够积极。

（5）存在较大的人才缺口。高端人才严重不足，新的战略业务缺领导。随着公司业务的快速发展和国际市场的不断拓展，急需一批有领导能力又深刻理解微车制造的高层管理人员。公司的高端技术人才严重缺乏，尤其是大师级的技术类人才，SGMW 的自主创新缺乏技术领导者。虽然 SGMW 现有 2 名外聘院士，但是他们投入的时间和精力十分有限。中层人才全面缺乏，公司核心竞争力的基础不坚实。从 SGMW 中层人力资源构成来看，中层管理人才全面不足。目前公司的发展势头非常强劲，业务领域不断扩大，从单一的微车领域逐步向微轿和发动机领域延伸，公司业务区域从柳州辐射向全国其他地区乃至向海外扩张。因此公司对中层人员的需求数量将会随着公司的快速发展而大幅增加，对中层人员的能力要求也更高。员工能力缺口。在公司进行了一段时间的人力资源调研后，我们发现公司员工（尤其是中层、基层管理与技术人员）的知识、技能结构比较局限，一般只掌握了本岗位的业务知识与技能，缺少系统的知识及能力结构。团队缺口。随着 SGMW 的逐步发展，战略业务单位也不断增多，如新的战略业务单位——国内外的制造基地，技术中心由过去的战术性业务部门上升为战略性业务部门，这些新战略业务单位的功能实现都需要高效团队的支持。而 SGMW 团队缺口严重，缺少国际化团队、技术创新的高素质团队等，这是因为 SGMW 缺乏团队构建的能力。

思考题：

1. 如何帮助 SGMW 树立先进的管理理念？
2. 如何解决 SGMW 人才体系存在的问题？
3. 如何改进 SGMW 的激励机制？

参考文献

陈光. 2012. 大型企业人力资源管理控制模式的建设. 人力资源管理，(9)：65-66.

段华洽. 2005. 组织人力资源管理诊断的十大关系. 人才资源开发，(10)：91-92.

贾正源，宫立华. 2008. 基于系统思想的人力资源管理诊断模型. 科技和产业，(7)：84-86.

林泽炎. 2002. 诊断专家. 北京：中国国际广播出版社.

刘进华. 2012. 企业人力资源管理诊断的方法与技术研究. 现代商业，(11)：102-103.

佟天佑. 2004. 人力资源动态诊断手册. 广州：广东经济出版社.

王璞. 2007. 新编人力资源管理咨询实务. 上海：中信出版社.

王佑. 2003. 像咨询顾问一样思考. 北京：机械工业出版社.

叶艳枫. 2003. 人力资源管理诊断研究. 现代管理科学，(7)：61-62.

甄源泰. 2000a. 企业人事诊断的主要内容与范围. 干部人事月报，(3)：49-50.

甄源泰. 2000b. 企业人事诊断十步法. 干部人事月报，(4)：42-43.

周晓林. 2005. 我国国有企业人力资源的问题与对策. 才智，(4)：41.

本章阅读材料：企业人力资源管理诊断的研究综述

第十四章　企业人力资源风险管理

教学目的： 掌握人力资源风险的基本概念
掌握人力资源风险的成因和表现形式
了解人力资源风险管理原理和人力资源风险评估的方法

学习重点： 人力资源风险管理相关的基本概念
人力资源风险的表现形式
人力资源风险管理的基本原理

学习难点： 人力资源风险评估方法的理解及应用

引导案例

东航云南分公司集体返航事件

2008 年 3 月 31 日，乘坐东航 MU5943 航班从昆明前往思茅的杜先生很纳闷，“上午 11 点就该起飞的航班，拖到中午 1 点 40 分才起飞。飞机在思茅上空转了一圈，下午 3 点 15 分左右又降落在昆明机场的停机坪上。后来一打听才知道，不但去思茅的航班是这样，到大理、丽江、芒市、临沧还有昭通的航班情况都和我们差不多。共有 14 个航班返航，东航方面给出的解释是天气原因，而同一天飞往这些地区的其他航空公司的航班都是正常降落的”。

“不知道与两天前的那封信有没有关系。”该航空公司的一名工作人员告诉记者。两天前，飞行员的宿舍、飞行楼里，贴了很多“致东航云南公司全体飞行员的一封信”。信中，历数了 4 条“应该警醒”的理由：一是相对同行而言，待遇太低；二是一些针对飞行员的检查使“飞行员的自尊心受到了巨大的伤害”；三是工资和补贴标准没有与税收标准接轨；四是提到了“郑志宏事件”，质疑他曾遭到的天价索赔。原中国东方航空云南分公司飞行员郑志宏曾因跳槽遭公司索赔 1 257 万元，在国内创下飞行员跳槽遭索赔金额新高。这封信的结尾处，提到“本着有益于自己身心健康，有益于飞行安全，有益于公司健康和谐发展的原则，望大家畅所欲言，同心协力”。“我认为这封信得到了大家的认同。”一名飞行员接受记者采访时表示，“几年前某航空西南公司也发生过这样的情况，一天内有 30 多个航班因所谓天气原因返航。争取待遇倒在其次，这应该是飞行员为了改善生存环境的一种无奈之举。”

2008 年 4 月 7 日，东航首次公开承认返航事件存在人为因素，由飞行员与航空公司之间的“劳资纠纷”所引发。随之，舆论对东航及涉事的飞行员一片挞伐之声，不少乘客开始自发抵制东航航班。同年 4 月 23 日，有乘客向昆明官渡法院提起“返航门”诉讼，要求大额赔偿。同年 7 月 2 日，东航对外发布了“云南分公司 3·31 返航事件责任人员”的处理结果，对 13 名涉事飞行人员分别给予停飞、降职和警告处分；对 8 名相关领导人员追究管理责任，分别给予免职、党内警告处分。业内人士纷纷表示，这一事件对航空公司和飞行员来说，显然是一个“双输”的结果，值得同行企业深思。

资料来源：根据东航云南分公司航班集体返航疑因飞行员罢工，http://www.sxgov.cn/bwzt/dhsj/zxjzh/544613.shtml 改编

思考题：

1. 东航云南分公司集体返航事件前有哪些风险征兆？
2. 为了避免类似风险的发生，公司可以从哪些方面采取措施？

第一节　人力资源风险管理相关概念

一、人力资源风险

人力资源风险，一部分来自人力资源本身，一部分则来自企业对其管理的不善。人力资源本身的风险主要源于人的心理及生理的复杂性。例如，人力资源具有能动性，使其在使用中受人的主观意愿和行为的影响，当人的主观意愿与组织的目标不一致时，就有可能造成企业目标难以实现，并给企业带来损失；又如，人力资源具有动态性，表现在人力资源素质与行为不断发展、变化，当个体在决定自己行为时，会出现过程上的不确定性；再如，人力资源具有流动性，在个人产权、个人利益得不到承认和保护时，个人可以凭借其事实上的控制权“关闭”有效利用其人力资源的通道。因企业的管理不善而造成的人力资源风险，主要是指由于对人力资源各方面的认识不全面、方法不得当或控制出现纰漏，造成人力资源管理各个环节出现可能性的危害。一般可按人力资源管理中的各环节分为招聘风险、绩效考评风险、工作评估风险、薪金管理风险、员工培训风险、员工管理风险等。

企业的人力资源风险具有以下特征。

（1）内因性和可防性。企业人员的风险行为潜藏于企业自身。它是由企业内部人员的不良行为造成的，受当事人主观意志支配。它并非不可抗力，只要企业制度健全、管理到位、监督得力，就能够防范和化解风险。

（2）隐蔽性和突发性。企业内部少数人追求非分需求的满足会导致越轨行为，这是人员行为风险的根源。然而，需求和动机是人的内在心理活动，一般不易被他人察觉；而当事人往往采取一些手段掩饰其非分需求，如将越轨行为隐匿于职务行为中，借助职

务行为掩人耳目，逃避监督。这种风险的隐蔽性不仅导致识别、判断和防范风险的难度增大，也导致了风险产生的突发性。

（3）职位相关性。企业中人员行为风险与当事人的职位相关，职位越高，受到的监督越少，越轨行为越不易被发现，引发风险的可能性就越大。由此看来，企业法定代表人的行为风险最大，甚至“一个人可以断送一个企业”。

（4）风险不可转移性。人员行为风险属于道德风险范畴，如何度量和控制道德风险，是困扰学术界和实务工作者的难题，故人员行为风险尚未被列入各种保险项目的承保范围。因此，人员行为风险无法向外转移，只能靠企业自身防范和化解。

二、企业人力资源风险管理

人力资源风险管理，即将风险管理理论和方法应用于人力资源管理，通过风险识别和评价确定问题结果的优先次序，将人力资源风险控制在可容忍的水平内，从而合理利用有限的资源。人力资源风险管理主要包括两个阶段，即风险预警和危机管理。

在风险预警管理阶段，主要进行风险分析、风险评估和风险监控。风险分析是对尚未发生的、潜在的影响风险的各种因素进行系统、连续的辨别、归纳、推断和预测，分析风险事件发生的可能性大小及产生的损失。风险评估是把各种风险因素发生的概率、损失幅度及其他因素的风险指标值综合为单指标值，并与确定的可接受的风险标准进行比较，确定该事件的风险等级，由此决定是否应该采取相应的风险处理措施。风险监控即对尚未达到报警等级的风险进行持续跟踪，对已提示报警的风险采取适当的处理措施，将人力资源风险控制在可容忍的水平，形成有效的监控机制。对于企业人力资源风险的预警管理要把握以下五个要点。

（1）人力资源预警管理是一种新的管理行为模式，吸收了危机管理、决策学、系统学等学科的最新成果。

（2）人力资源预警管理强调对危机征兆的早期识别和诊断，属于预防控制。

（3）人力资源预警管理是一个动态的管理过程，包括“识别、诊断、预防、纠正、改进”一系列的活动。

（4）针对人力资源危机情境预先提出管理措施和应付策略是其重要的工作内容。

（5）人力资源预警管理的目的是将人力资源危机带来的损失降到最低。

在风险的危机管理阶段，对早期预警干预无法扭转的劣型趋势甚至已经陷入灾难性危机的状况，进行具有“例外”性质的特别管理活动，以应急组织方式、特别领导小组、紧急处置和危机救助方案等介入企业的管理过程，直至局势恢复正常而结束使命。

三、企业人力资源风险管理的作用

企业开展人力资源风险管理归根到底是为了防止企业人力资源管理不善而导致整个组织结构瘫痪、功能失常，无法完成企业的使命。具体来说，人力资源风险管理的作用主要有以下四个。

（1）为企业排查管理漏洞，及时解决风险隐患。企业在长期的发展中，已经形成了一套较为完备的管理体系，但同时也容易让人员产生依赖性，对企业的管理漏洞或者没有发现，或者视而不见，久而久之形成一种僵化、独断的机制。人力资源风险管理就是要建立一种企业的自查机制，通过一些指标的监测，让企业在运行中自我发现问题、查找问题，在隐患未浮出水面时就及时解决，避免漏洞太大而导致整个企业垮塌。

（2）为领导提供决策依据，加强企业管理的科学性。企业领导进行人力资源决策，如中高层管理者的聘用、新进员工的甄选、不同工作性质的员工的晋升通道设计等，都需要一定的参考依据。以往我国很多企业的领导者通常都是凭借经验、亲信的评价等做出决策，但随着企业的日益壮大，这种粗放的人力资源管理再也不能适应新的形势。企业领导者迫切需要一种科学的、有说服性的决策依据。人力资源风险管理本身就是针对企业潜在危机的一种管理，可以把企业的危机征兆识别出来，及时发现人力资源的行为风险，判断人员对企业的信任感和归属感，衡量人员对企业的满意程度等，这些都可以在一定程度上成为企业领导制定人力资源决策的参考依据。

（3）为员工提供申诉通道，缓解员工与企业的矛盾冲突。企业管理是否科学合理，员工会根据个人的价值观、工作经验等做出一定的判断。当人员发现企业不能认可个人的工作业绩，不能获得期望的薪资报酬时，就可能产生离职的意向，知识型的核心员工还可能带走企业的机密文件、专利设计等，给企业造成无法估量的损失。人力资源风险管理就是预先识别人员行为风险的征兆，观测到人员行为出现异常，或者某个部门某个预警指标超限等，立即介入，采取措施，及时与员工沟通，让员工自由申诉，缓解与企业的矛盾冲突，在人员还未发生“身体上的撤离”行为时，通过积极疏导，把人员流失风险降到最低。

（4）对企业出现的人力资源危机事件应急处置，避免企业功能全面崩溃。人力资源风险管理中包括大量的风险和危机事件的预案，并组织必要的演练。当早期预警干预无法扭转风险的劣型趋势，如企业已经陷入了“员工集体跳槽”的危机，可以立即启动危机管理活动，以应急组织方式、特别领导小组、紧急处置方案等，将企业损失降低到最小，避免企业功能全面崩溃。

第二节　人力资源风险的成因和表现形式

一、人力资源风险的成因分析

概括来讲，造成企业人力资源风险的不外乎以下三个方面的因素。

（一）个人因素

在现代企业中，存在层层的委托代理关系，如企业投资人与总经理之间、部门领导与下属之间、委托人和代理人之间往往存在利益和目标的冲突，使代理人企图摆脱委托人的制约，追求自身利益及个人目标。代理人可能非法使用委托人授予的权力，违反双方的约定，偏离委托人的预期目标，导致委托人利益受损的风险。因此，只要发生授权形成委托—代理关系，人员行为风险就难以避免，毕竟个人是行动的主体，其主观因素直接决定行为选择。

（二）社会环境因素

1. 社会人文环境因素

文化和道德等人文因素对理想、价值观和心理品质的形成起着重要的作用，它们透过人的心理因素影响人的行为规范和行为方式。我国正处在社会转型时期，人们原有的思想观念受到挑战，精神世界出现一些空白点，某些消极思想容易趁虚而入。

2. 法律法规因素

我国的法律体系尚不健全，给人员行为风险的孕育和爆发留下了空间，严重干扰了对违法违纪行为的防范和惩治。

（三）组织因素

1. 权力结构

我国企业的权力结构问题很多：职权边界不清晰，助长某些当权者私欲的膨胀，导致难以对权力进行监督；权力过于集中，容易发生掌权者凌驾于制度和群体之上，加大滥用权力的风险；权力制衡不够，组织结构有缺陷，权力分配和制约关系脱离产权关系；权责不对等，委托人对代理人激励过度和约束不足。

2. 制度体系

人员行为风险的产生有制度层面的原因。企业管理不善是造成人员行为风险的主要原因，而漏洞百出的制度体系是人员行为风险滋生的温床。

3. 监控手段

人员行为风险的产生也有操作层面的问题。委托人和代理人之间存在信息不对称，代理人掌握了主动权。在瞬息万变的信息社会中，如果作为委托人的管理者停留在听汇报、看材料等靠传统手段获取信息的状态，则无法对代理人的言行进行有效监控，无法及时发现和化解风险的。

二、人力资源风险的表现形式

冰冻三尺，非一日之寒，企业存在人力资源管理的危机都不是一朝一夕所致。任何企业在出现人力资源危机时，种种不祥的征兆往往早已浮现，但常常被企业管理层忽视。探寻人力资源风险的表现形式，就是识别那些可能转化为危机的征兆，为风险预警奠定基础。下面对企业人力资源风险常见的表现形式进行举例说明。

1. 人事任免不当

组织中的人事任免关系到组织的发展、民心稳定和企业形象等。企业内部拉帮结派、排斥异己、钩心斗角，轻则压制和浪费人才资源，重则导致内战频繁、内耗严重、人才流失，这将从根本上动摇企业生存的根基，风险极大。企业人事任免不当的表现形式一般如下：高层领导任人唯亲；管理层不愿开发培训下属，因为害怕地位受到威胁；组织结构和岗位设置使论资排辈大行其道；盲目起用新人；内部选拔通常没有预先告知员工，甚至走选拔形式而人员内定；沿用过去的工作模式，没有考虑到过去的经验与目前公司该岗位要求的差距，导致平庸无能的人占据公司要职，优秀人才不断流失等。

2. 激励手段无效

当公司没有按业绩计报酬，关键业务没有量化到个人时，业绩好的员工就会感到没有被认可也没有受到奖赏；当公司的规则和流程造成“鞭打快牛”时，积极主动的人满负荷工作，因为他们可靠、值得信赖，不可靠的人却工作得很少，而老板对违规者也没有处罚，长此以往，就会伤害努力工作者的积极性和忠诚度。

3. 绩效评估工作不力

长期以来，“官本位”观念在我国根深蒂固，公司在人事管理方面也有如此痕迹：考核制度比较模糊，主要表现在考核缺乏比较明确的目的，缺乏透明度；仅仅是为了考核而考核，考核流于形式，考核工作事倍功半；对考核结果不能充分利用，认为考核主要是为了评先进、发奖金。这容易造成员工感到不公平，失去对考评制度的信任。

4. 人事制度有缺陷

这里的人事制度缺陷主要是指公司对人力资源的管理没有规划，没有建立相关的人才流动管理制度。领导层与基层员工鲜有接触，偏听偏信；高高在上，盲目决策；同事之间相互倾轧，推诿责任；不关心公司的发展和其他部门的工作；缺乏团结、合作的企业文化等。

5. 组织机构设置不当

企业的机构设置不合理，部门交叉重复设置、机构臃肿；职责权限界定不清，“有事没人做，有人没事做”，老板事必躬亲，高管形同虚设，组织功能不能有效发挥。组织机构设置不当，企业犹如踩在危险的地面，根基不牢。硬件不稳，在管理流程方面就容易陷于混乱状态。

6. 人际协调失当

公司内部出现管理层的威信降低甚至遭到挑战；部门内部及部门间的冲突没有得到有效解决，而是出现升级；内部谣言不断；许多人相互扯皮，尽量少做事，不关心同事；没有能力的人形成了一个小团体，经常在一起抱怨；组织中很少有人感觉良好或快乐；员工争相追求自己的目标和个人利益，全然置于组织利益之上。这些在很大程度上都说明公司内部的人际协调失当，员工没有安全感和归属感，领导层对员工没有信任感等，这也是人力资源危机的征兆之一。

第三节　人力资源风险管理的原理

一、人力资源风险管理的原则

人力资源风险管理是企业风险管理的一个分支，必须结合企业实际情况，充分与其他分支相融合，建立一个相互支撑、相互印证的系统，目的在于使企业风险管理变被动为主动，消除风险隐患，形成自我监督、自我检查、自我评价、自我审核、自我纠正的持续改进的管理机制。开展人力资源风险管理需要遵循以下原则。

（1）科学性原则。人力资源风险管理具有一定的科学规律，要在各种科学原理的指导下，对所搜集的信息进行科学的分析与综合，找出导致企业风险的主次要因素和内外环境因素及内在的客观规律，进而采取可行的预防和补救措施。

（2）系统性原则。人力资源风险管理是一个系统，它不能独立于企业其他风险管理系统而存在，与其他风险系统是相互支撑的关系。人力资源风险管理系统内部也存在多个相互之间有机联系的要素，这些要素互相依存、互相影响。企业在实施人力资源风险管理时，应该充分考虑与之有影响的内外部因素，如企业的战略使命、组织结构、人员的需求层次分析、价值观等各个方面，才能使整个系统功能达到最优。

（3）预见性原则。人力资源风险管理本身具备预测和预报的功能，在事态发生之前建立应对的程序，通过指标监测对企业风险进行识别、诊断和评价，及早地做出预警、预控对策准备。

（4）可行性原则。人力资源风险管理归根到底是为预防企业人才管理风险而建立的，因此，必须根据组织的实际情况，有针对性地开展预测预报工作，并且保证每项数据或信息的搜集和监测都便于操作，不能使管理成本超出风险发生带来的损失。

二、企业人力资源风险管理的运作流程

企业人力资源风险管理的对象主要是企业人力资源波动和失误。企业人力资源波动和失误具体表现为企业人力资源组织、开发和管理中的种种问题，其发展趋势包括良性和劣性两类，人力资源风险管理是对企业人力资源的劣性趋势进行监测、识别与诊断，在此基础上进行预控，以免其步入人力资源危机状态。对企业人力资源管理的预警预控会产生两种结果，正确有效的管理过程使企业人力资源由劣性波动转变为良性波动，而错误失败的管理过程使人力资源劣性波动加剧，步入危机状态，不得不启动危机管理。

企业人力资源风险管理的运作流程具体如下。首先是人力资源部门及企业的中高层管理者对外部环境、企业自身和员工状况进行诊断，把外部环境中可能存在的诱因、企业自身的缺陷及员工表现出来的各种异常行为进行统计分析，建立人力资源行为风险数据库，然后根据建立的预警指标对企业的日常运作进行全面监控。如果发现问题，就开始识别。当监测值处于警戒线以下，即为正常状态，信息输入预警管理信息库；如果超出警戒值，则开始进行诊断，相关管理部门要分析原因，采取措施，直至警戒状态转为

安全状态；如果措施采取不当，可能导致警戒状态恶化，甚至由于监测值大大超出警戒状态而进入危机状态，此时就要由专门的危机管理小组进行统一管理，通过组织、领导、协调与控制等职能将人力资源风险降到最低。危机处理结束后，要对此次危机的等级及危害性进行评估，并把相关信息输入预警管理系统信息库，作为今后管理的参考和借鉴。系统开始运行下一个预警管理循环，如图 14-1 所示。

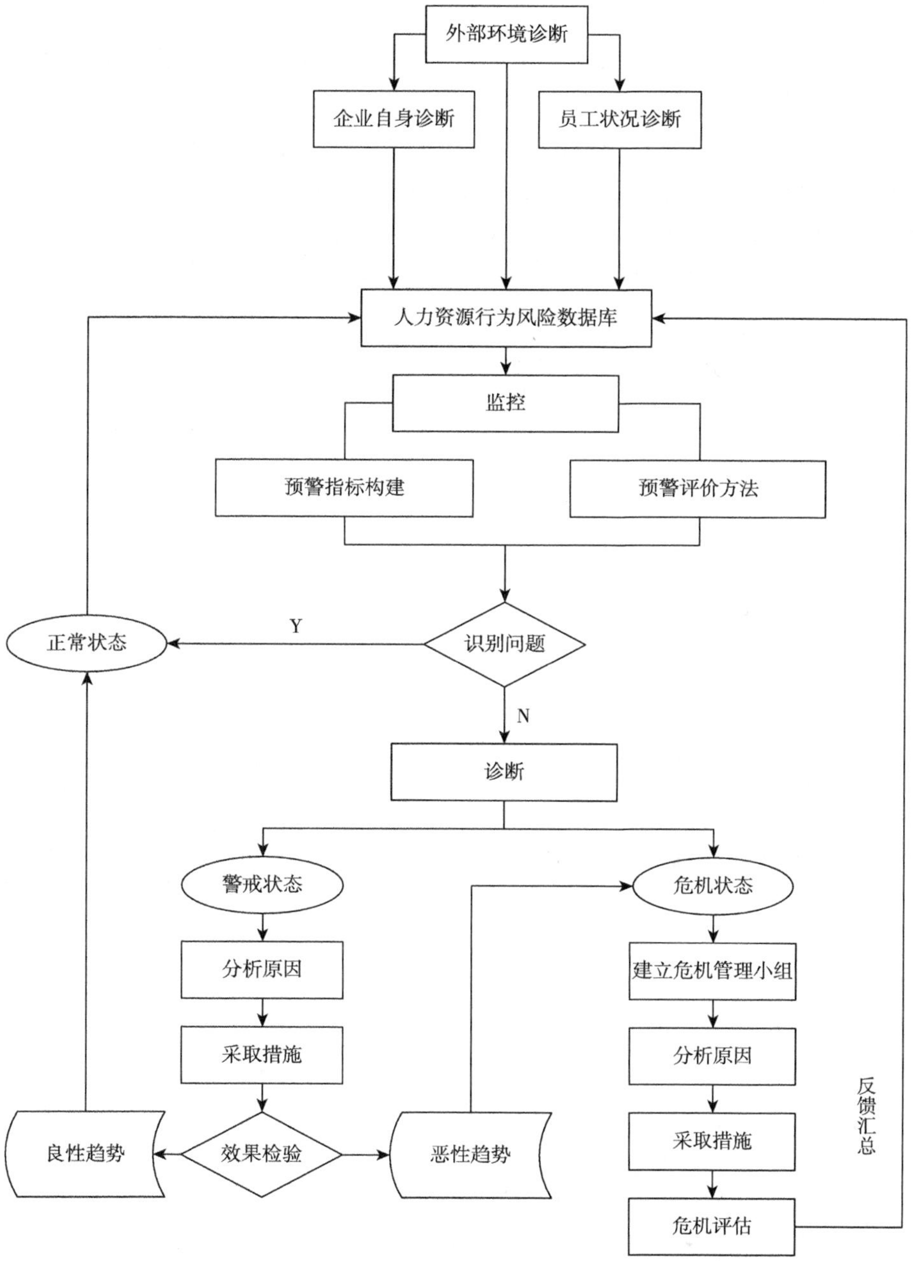

图 14-1　企业人力资源风险管理的运作流程

第四节　人力资源风险评估的方法

一、风险评估指标的设计和测量

（一）风险评估指标的设计

针对可能引发人力资源风险的影响因素，从人力资源组织、人力资源开发和人力资源管理三方面来提炼预警指标。当然这只是预警指标的第一层面，还有第二层面及第三层面等，视企业的具体状况和预警精度等具体需求而定。越到深层，指标的操作性也越强，监测效果越明显，越能反映出企业人力资源管理的安全状态。

下面举例说明常见的企业人力资源风险评估指标。例如，某企业根据自身的实际情况设计了 9 个人力资源组织指标、7 个人力资源开发指标、10 个人力资源管理指标，见图 14-2。

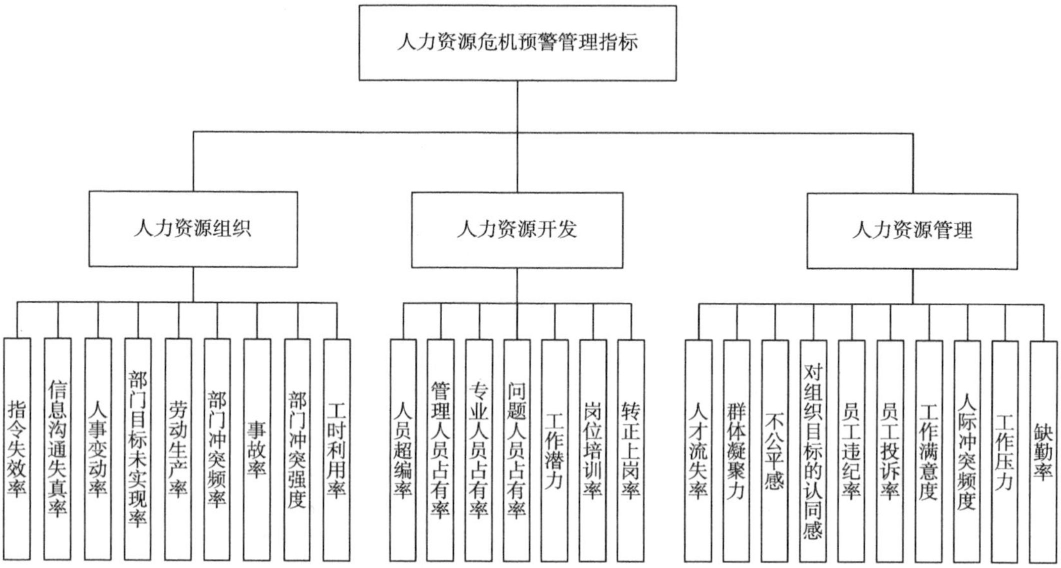

图 14-2　某企业人力资源风险评估指标体系

（二）风险评估指标的含义及测量方法

需要注意的是，并不是每个指标都可以量化，定量指标的预警值可以根据历史数据等进行确定，而那些即使可量化的指标也不能仅以数量这一维度作为监测标准，而要综合考虑时间维度、成本维度等。此外，同样是员工，可能因为某一类员工的年龄、工作年限、职务等级等的不同，需要不同的监测指标。预警指标在不同的部门、不同的阶段的监测重点也不同，需要企业结合自身的实际，确定重点关注的对象和有针对性的指标，而不追求面面俱到。表 14-1 是某企业人力资源风险管理评估指标的含义及测量说明。

表 14-1　某企业人力资源风险管理评估指标的含义及测量说明

指标类别	指标名称	说明	测量方法
人力资源组织	指令失效率	指令失效率是指公司的领导或管理者发出的工作指令不能得到有效落实程度，这可能是因为员工感到自身利益受损、信息传达失真或员工因为工作不满意而故意产生的抵触行为。该指标可以反映出员工对管理层的信赖程度	可以采用关键事件记录法，对重大的指令失效事件进行记录
	信息沟通失真率	该项指标需要定性定量相结合，指员工传达或汇报工作信息时人为地造成故意延误、删减内容等，一般是员工对工作不满意的报复行为或工作心不在焉而导致信息沟通失真	可以定性地考察员工传达信息的准确性、及时性，考察员工是否在规定时间内把相关信息传达给相关人员
	人事变动率	该项为定量指标，主要用于测评公司在一定时间内关键岗位发生的非客观原因造成的人事变动情况，如人员流失、其他岗位发生空缺而临时调动等	人事变动率=关键岗位人事变动人次数/关键岗位总人数×100%
	部门目标未实现率	部门目标未实现的原因可能由于外部环境的变化，也可能由于人员因工作不满造成的主观故意行为，是衡量人力资源风险的重要指标	部门目标未实现率=部门目标与总目标的差额（可以换算为财务指标，或者利用打分的方法得出数值）/总目标×100%
	劳动生产率	劳动生产率的降低也可能是由于人员因工作不满造成的主观故意行为，是衡量人力资源风险的重要指标	根据公司的相关财务指标得出
	部门冲突频率	该项为定性指标，是指部门间合作关系的处理能力，可以间接反映主管、员工的情绪和心理状态	通常可以根据一些关键事件，如公开争执、故意诋毁别人等行为得出，可设为 4 个等级进行监测，分别是低、较低、较高、高
	事故率	公司发生生产事故可能由于工作人员玩忽职守、技能培训不到位等。该指标可以反映员工在个人职业道德、工作技能方面的问题	采用关键事件法进行记录
	部门冲突强度	该项为定性指标，是指部门之间人际关系的处理能力，可以间接反映主管、员工的情绪和心理状态	通常可以根据一些关键事件，如公开争执、故意诋毁别人等行为得出，可设为 4 个等级进行监测，分别是低、较低、较高、高
	工时利用率	工时利用率是一个产出与时间的比值，可以反映员工的工作效率，当工作效率降低或不稳定时，可能是人员的思想发生波动或有离职倾向	根据公司的相关财务指标得出
人力资源开发	人员超编率	该项是考察公司是否人浮于事、机构臃肿，是一个相对指标，需要根据公司的具体情况做出判断，也可以通过试验来考察人员是否满负荷工作	可以通过问卷调查人员的工作负荷、工作潜力等，间接反映冗员情况
	管理人员占有率	该项是一个相对指标，即管理人员与整个组织运行的适应性，具体情况必须参考企业实际和业内普遍状况	通过调查、外部专家咨询和员工的反映得出与组织运行相对适应的一个管理人员数量
	专业人员占有率	该项是一个相对指标，即专业人员与整个组织运行的适应性，具体情况必须参考企业实际和业内普遍状况	通过调查、外部专家咨询和员工的反映得出与组织运行相对适应的一个专业人员数量
	问题人员占有率	该项是一个相对指标，即指那些严重违背公司的发展理念，故意诋毁公司领导层，不利于公司发展的人员。该指标不容易测量，但可以通过观察人员的风险行为得出	通过匿名调查、领导谈话等发现此类人员
	工作潜力	该项是指工作的难度如何、工作内容与员工的能力的匹配性如何，一般情况下，如果工作要求远在员工能力之上，则容易让员工感到工作压力过大，而如果没有挑战性，则容易造成人才流失	可以通过相关员工对工作挑战性的主观感受评断得出评价
	岗位培训率	该项是指企业为员工提供的知识、技能培训的频度和效果，反映企业对员工可持续发展、避免“精力枯竭”的投入程度，可以成为吸引和留住员工的重要因素	可以参考企业提供的培训的频度、培训范围、培训水平和效果等，但培训并不是越多越好，而要有针对性，注重效果

续表

指标类别	指标名称	说明	测量方法
人力资源开发	转正上岗率	该项是指企业对技术型员工的要求程度，如果员工不能达到技术要求而上岗，轻则造成人员压力大、出错多，重则可能造成生产事故	转正上岗率=单位时间内转正上岗人数/总人数×100%
人力资源管理	人才流失率	该项反映公司不正常的人才流失情况，是人力资源风险的重要指标	人才流失率=人才流失人数/关键岗位人才总数×100%
	群体凝聚力	该项是一个定性指标，反映组织内部人员相互之间的信赖程度、团队合作精神等	可以通过问卷、谈话等调查部门内部、部门之间人际关系情况
	不公平感	该项为定性指标，是员工对个人所得与他人所得比较后的主观感受	可通过问卷调查、访谈等方法对员工进行调查，设置弱、较弱、较强、强4个等级来进行测评
	对组织目标的认同感	该项反映员工对组织的认同感。高的认同感可以提高工作效率，低的认同感容易产生人员流失	可以通过问卷调查、领导谈话等反映
	员工违纪率	反映员工主观故意违纪的情况，是人力资源风险的敏感指标	员工违纪率=员工违纪人次数/总人数×100%
	员工投诉率	反映员工对公司不满意的申诉情况。通常良好的申诉渠道可以缓解员工与组织的矛盾冲突，降低人力资源风险	员工投诉率=员工投诉人次数/总人数×100%
	工作满意度	该项为定性指标，反映员工对工作的整体评价，包括各种物质所得、人际关系及物理环境等	可设置问卷、满意度量表进行测评，并把员工的满意度分成不满意、不太满意、较满意和满意4个等级进行测评
	人际冲突频度	该项为定性指标，是指员工的人际关系的处理能力，可以间接反映员工的情绪和心理状态	通常可以根据一些关键事件，如公开争执、故意诋毁别人等行为得出，可设为4个等级进行检测，分别是低、较低、较高、高
	工作压力	反映员工的工作负荷情况，如果压力过大，可能导致人员流失	可设置问卷、压力度量表进行测评
	缺勤率	该项为定量指标，是对员工到岗情况的反映	缺勤率=（缺勤天数/工作天数）×100%

对于具体企业而言，人力资源风险评估指标体系还要根据企业所在行业的特殊性进行筛选和完善，使指标体系以最小指标集合反映最完善的信息。监测的周期要合理，太短不能反映状况，太长则可能使监测值由警戒区域进入危机区域，给企业带来不必要的损失；对于评价等级也要根据具体情况设置，及时采取预控对策，才能避免不必要的人力资源管理风险。

二、风险评估指标的评价方法

人力资源风险评估的方法多种多样，每一种方法都存在其长处和不足。在实际操作过程中需要根据实际情况，综合运用多种评估方法，才能产生最佳的效果。常见的风险评估方法有定性方法和定量方法两种。

（一）常见定性分析方法

1. 风险列举法

风险列举法是根据企业之前的人力资源管理经验，分析企业每项人力资源活动中可能遇到的风险。其中最常用的方法是流程图分析法，人力资源风险管理人员可以针对培训过程中的关键环节和薄弱环节进行调查和分析风险。

2. 安全检查表

安全检查表是按照系统工程的分析方法，在对人力资源系统进行科学分析的基础上，找出各种可能存在的风险因素，然后以提问的方式将这些风险因素列成表格。它不仅是发现风险因素的一种有效手段，也是分析事故的一种方法。

3. 事件树分析法

事件树分析法是美国国家标准局规定的事故分析的技术方法之一，它的实质是利用逻辑思维的规律和形式，从宏观的角度去分析事故形成的过程。它从事件的起始状态出发，用逻辑推理的方法，设想事故的发展过程，按事件发生先后顺序和系统构成要素的状态（成功和失败两个状态），并将要素的状态与系统的状态（也是成功或失败）联系起来，以确定系统的最终状态，从而了解事故发生的原因和发生的条件。

（二）常见定量分析方法

1. 简单风险评价方法

风险评价方程为

$$\boldsymbol{Y}=\sum_{i=1}^{n}P_iL_i$$

其中，$\boldsymbol{Y}$ 为系统适时风险；n 为监测指标个数；P_i 为第 i 个监测指标发生的频率；L_i 为第 i 个监测指标导致的系统事故所造成的损失。

风险等级记为 $\boldsymbol{Y}$，它是风险矩阵方法中根据风险严重程度 L 和风险可能性 P 的值确定的风险级别，分为高、中、低三级。风险严重程度 L 一般分为 5 个等级（可忽略的、轻微的、严重的、危险的、灾难性的）；风险发生概率 P 一般分为 5 个等级（频繁发生的、可能发生的、很少发生的、比较罕见的、不可能发生的）。这是一种非精确的对风险因素进行分类的方法。

2. 综合的评价方法

在现代管理评价技术工作中，对一个有多项评价指标的系统而言，各评价指标权重的确定是一个关键。确定权重的方法有排序法、权重因子判断表法、层次分析法、专家直观判定法等。美国著名运筹学家萨蒂（T. L. Saaty）提出的层次分析法（analytic hierarchy process，AHP）是对非定量事物进行定量分析的简便方法，也是对人们主观判断作客观定量描述的有效方法。首先把问题层次化，根据问题的性质和要达到的总目标把问题分解为不同的组成因素，并按照因素间的相互关联影响及隶属关系将因素按不同层次聚集组合，形成一个多层次的分析结构模型，最终把分析和综合评价归结为最低层相对于最高层的相对重要性权重值的确定的问题。该方法减少了传统权重确定过程中的主观随意性成分，建立在分层次、单目标、单准则两两对比判断基础上，最易区别优劣高低。而采用符合人们思维判断过程的 1~9 比率标度方法，可省去大量的数据统计和计算工作。它非常适合解决复杂、随机的预警问题。

从企业风险预警管理指标体系可见，除了可量化的指标之外，还有难以用数量确切表达的指标。对于这类模糊性现象的处理、描述和分析，模糊数学提供了有效的方法。模糊集合论放弃了经典集合论中特征函数值“非 0 即 1”的旧逻辑，以此为基点引进了隶属度的概念，将隶属度的取值区间定为区间[0，1]，使其评价结果具有合理性。此外，模糊综合评价过程原则上不舍弃任何已获取的评估信息，体现集体的意见和作用，使评价结果客观公正，可信度高。

下面将层次分析法和模糊集合论结合，说明确定人力资源危机预警管理评价指标的权重，并进行多级模糊综合评价的步骤。

1）建立动态监测因素集 F

预警管理评价指标体系即构成了因素层次划分模型，决定最终指标和因素集 F 是由两个层次的因素构成，第 1 层的因素为 $F=\{F_i\}$（i=1，2，…，m），其中第 1 层因素 F_i 又分别由第 2 层因素 F_{ij} 构成，即 $F_i=\{F_{ij}\}$（j=1，2，…，n）。

2）建立诸因素的评价指标集 V

评价指标集是对各层次因素状态的直接描述和表征形式。可确定模型中各因素的监测等级为 4 个。其评价集元素的含义为{严重超限，低度超限，基本正常，正常状态}，分别对应于 4 个预警档次隶属度。

3）建立因素的权重 A

采用层次分析法确定权重的基本步骤如下。在因素层次划分模型的基础上，采用 1~9 比率标度进行同层次两两因素间的相对比较。构造判断矩阵 $\boldsymbol{M}$，这一过程由若干专家进行。求解判断矩阵 $\boldsymbol{M}$ 的特征根问题 $\boldsymbol{M}_\omega=\lambda\max\omega$，其解 ω^*（特征向量）即为同一层次各因素相对上一层某因素相对重要性的排序权值，然后进行思维一致性检验。

4）建立单因素模糊评判矩阵 $\tilde{\boldsymbol{R}}_i$

这是对每个基因素分别做出特定的等级评判的过程，即通过现场调查获得综合评价第一手资料的过程。具体过程如下：先由一组评判人员（一般以 20~30 人为宜），对所调查的基因素进行等级评判；再对评判结果进行统计，r_{ijk} 值是以评判人员认为因素 F_{ij} 属于 V_K（K=1，2，3，4）等级的人数，除以参加评判的总人数。故 r_{ijk} 是一种隶属度，其含义为全体评判者认为因素 F_{ij} 属于 V_k 评价等级程度。$\tilde{\boldsymbol{R}}_i$ 可表示为

$$\tilde{\boldsymbol{R}}_i=\begin{Bmatrix} r_{i11} & r_{i12} & \cdots & r_{im} \\ r_{i21} & r_{i22} & \cdots & r_{i2m} \\ \vdots & \vdots & & \vdots \\ r_{in1} & r_{in2} & \cdots & r_{inm} \end{Bmatrix} \quad (i=1,2,\cdots,4)$$

其中，$\tilde{\boldsymbol{R}}_i$ 的行数 n 决定于各 F_i 中所含基因素的个数；$\tilde{\boldsymbol{R}}_i$ 的列数 m 决定于评价集 V 中元素的个数，在此 m=4。

5）模糊综合评判

对于多层次的综合评价问题，模糊综合评判过程是由低层次向高层次逐步进行的。

（1）第 2 层次的模糊综合评价集。根据 A_i 及 $\tilde{\boldsymbol{R}}_i$ 有第 2 层次的模糊综合评价集：

$$\tilde{B}_i = A_i \bullet \tilde{\boldsymbol{R}}_i = \left(b_{i1}, b_{i2}, b_{i3}, b_{i4}\right)$$

$$b_{ik} = \bigvee_{i=1}^{n}\left(a_{ij} \wedge r_{ijk}\right) \quad \left(i = 1,2,3; k = 1,2,3,4\right)$$

它表示在第 2 层次中，对决定 F_i 的各因素 F_{ij}（j=1，2，…，n）进行综合评判时，评价对象 F_i 对各评价元素 V_k 的隶属度。

（2）第 1 层次的模糊综合评价集。按第 2 层次的评判矩阵进行第 1 层次的模糊综合评判，即

$$\tilde{\boldsymbol{R}} = \begin{Bmatrix} B_1 \\ B_2 \\ B_3 \\ B_4 \end{Bmatrix} = \begin{Bmatrix} A_1 \bullet \tilde{\boldsymbol{R}}_1 \\ A_2 \bullet \tilde{\boldsymbol{R}}_2 \\ A_3 \bullet \tilde{\boldsymbol{R}}_3 \\ A_4 \bullet \tilde{\boldsymbol{R}}_4 \end{Bmatrix} = \left[\boldsymbol{R}_{ij}\right]_{4\times4}$$

则第 1 层次模糊综合评价集为

$$B = A \bullet R = A \bullet \begin{Bmatrix} B_1 \\ B_2 \\ B_3 \end{Bmatrix} = \left(b_1, b_2, b_3, b_4\right)$$

$$b_k = \bigvee_{j=1}^{n}(a_{ij} \wedge r_{ijk}) \quad \left(k = 1,2,3,4\right)$$

6）评价结果的处理

可用多种形式表征最终的评价结果。

第一种方法是最大隶属法，以 maxb_k 所对应的评价等级 V_k 作为评价结果，便于作一般性的描述。评价集 V 以隶属度的形式表征了综合评价结果，但其缺点是不太直观。

第二种方法是参数表征法。在实际问题中，还要建立相应的比较参数，即确定评价集的等级加权向量。根据企业风险问题的特点，设定该加权向量为 μ_v=（1，0.75，0.5，0.25），加权向量对评价集进行加权，就可以使评价集的分散元素值变成一个可比的综合值。将综合值划分成若干区间，即[1，0.75]，[0.75，0.5]，[0.5，0.25]，[0.25，0]，分别对应于企业安全管理的风险状态、低度危机状态、基本正常状态和正常状态。当计算出的综合评价值处于某个区间时，则可直观表示安全管理的具体状态。

以等级评价加权向量 μ_v 与 B_k 的乘积为参数。

$$N = \mu_v \times B_k^T = \mu_v \times \left(b_1 b_2 \cdots b_k\right)^{\mathrm{T}}$$

以参数 N 的值来表征评判值，以数量形式描述的结果最为直观，也有利于纵向与横向的区别和比较。

【本章小结】

本章主要介绍了有关人力资源风险管理的相关内容，包括人力资源风险的成因和表现形式、人力资源风险管理的基本原理及人力资源风险评估的方法。掌握人力资源风险的表现形式以及风险管理的基本原理是本章的重点内容，而人力资源风险评估的方法为本章难点，需要加强学习理解。

【本章关键词】

人力资源风险　human resource risk
风险评估指标　risk assessment indicators
风险评价方法　risk evaluation methods
模糊综合评价　fuzzy comprehensive evaluation

【练习题】

1. 人力资源风险有哪些常见的表现形式？
2. 如何建立人力资源风险评估模型？请用自己的话简述。
3. 企业如何识别人力资源短缺的风险？试举出几项评价指标。
4. 什么是层次分析法？它的应用范围是什么？
5. 举例说明多级模糊层次综合评价的运算过程是怎样的。

案例讨论

北京现代城销售人员集体跳槽事件

北京中鸿天房地产有限公司（以下简称中鸿天公司）的总经理潘石屹最近有些纠结，一方面，该公司在北京商务中心区开发的现代城项目开盘一年半以来，房价攀升了 30%，销售势头很好；另一方面，中国第一商城开发商正在加紧“挖”现代城的六位销售副总监的消息令他忧心忡忡。

中鸿天公司正处于高速成长的阶段，这个阶段的目标是以最快的速度将房屋销售出去，并以最快的速度收回房款。这样就需要一套鼓励竞争、严格的销售管理制度，以促使销售人员在最短的时间内创出最佳的绩效。中鸿天公司的销售部队伍较为庞大，有销售总监、销售副总监，销售员三级。销售总监负责整个项目的销售控制，六位销售副总监起先由公司高层决定人选，自去年开始通过末位淘汰制进行选择。每位销售副总监负责一个销售小组，每个小组 6 个人（包括销售副总监）。公司每 3 个月评定个人销售业绩和小组销售业绩。销售业绩的衡量标准是销售员销售的房子套数，套数相同营业额高的居先。小组销售业绩居末位者自动淘汰，而该季的个人销售冠军自动升为销售副总监，再由新的六位销售副总监对所有的销售人员进行重新挑选和组合。因此，与公司其他员工不同，销售人员被要求与公司签订 3 个月一签的劳务合同，并且在3个月内随时会因为业绩不好而被辞退。销售人员收入除了每月 1 000 元的底薪外，其他都以佣金形式发放，佣金与销售业绩直接挂钩。销售员的佣金是其销售额的千分之四；销售副总监的佣金是其所在组业绩的千分之二；公司销售业绩的千分之一属于销售总监。相对于其他员工而言，销售人员的收入较高，但无福利及各项保障，这使公司其他员工不自觉地把流动性比较大的销售人员视为“外部员工”，隔阂感比较强烈。而销售人员与公司的感情也很淡薄，认为自己与公司是纯粹的赚钱关系，经常在各房地产公司之间“跳”来“跳”去。

实行末位淘汰制半年后，听说有销售副总监和销售员因为压力太大，出现了神经衰弱的症状。每3个月，销售员的淘汰率差不多达到30%。对于销售副总监来说，虽然淘汰后可以做业务员，但一般说来，只要能在其他房地产公司找到相同的职务，就不会做这种考虑。有销售人员私下说：“一年不休息，处在疯狂的保组和冲绩效的压力下，太累了。”估计“挖墙脚”是从那时开始的。据说，中国第一商城先通过一个销售员找到销售副总监之一的徐丹，告知其中国第一商城需要一位销售总监，希望她能去帮忙，又由徐丹牵头开始游说其他销售副总监跳槽，在这个过程中，他们有点犹豫不决，多次一起吃饭商讨集体跳槽事宜。后来，一名销售业绩突出的销售员，以身体不好为由提出辞职，但事实上，她身体很好。这件事让时任销售总监的金怀南觉得蹊跷，立刻找到她的直接上级、销售副总监之一的李彦荣询问，李彦荣较坦诚，透露了这位下属是受自己的影响想跳槽。金怀南马上向总经理潘石屹做了汇报，潘石屹意识到事态的严重性，因为销售人员的离开很可能会带走客户，当务之急是尽力挽留他们。当晚，现代城总经理办公会成员及各部门经理与六位销售副总监一起吃饭。饭后，潘石屹等高层逐一与四位有跳槽意向的销售副总监单独交谈，并试图挽留。四个销售副总监均表示现代城的末位淘汰制使大家压力巨大，并说：“我们已与中国第一商城签署了协议，拿了他们18万~25万的现金支票。协议明确规定：在中国第一商城效力的时间不少于半年，否则将双倍返还作为处罚。他们还鼓励我们劝各自部下同时离开。”第二天凌晨，现代城全体部门经理召开紧急会议进行讨论。经过讨论，认为让已签署协议的销售副总监及员工留在现代城已无望，决定将四位已与中国第一商城签约的销售副总监和两名普通员工予以除名。当天中午，北京中仑律师事务所康铧律师代表现代城，分别向四位销售副总监宣布公司对其除名的决定，并采取措施，阻止离开人员带走公司文件及客户档案资料。随即，潘石屹在媒体上以广告形式发出声明文章，称四名销售业务骨干在中国第一商城邓智仁的操纵下被挖走，并声称保留通过法律手段解决此项“不正当竞争”的权利。同一天，现代城在主要报纸上刊登招聘广告，并在报名的千余人中选拔出十余人，补充进销售队伍及其他部门。

思考题：

1. 如何评价潘石屹在处理“集体跳槽”这个危机事件中的表现？

2. 有人认为末位淘汰制过于残酷，你如何看待这一制度？

3. 你认为企业应当采取什么样的激励措施，才能够既取得很高的业绩又能留住最优秀的员工？

参 考 文 献

陈帅. 2012. 基于层次分析法的企业员工流失预警模型构建. 中国商贸，(35)：43-44.
丁娟娟. 2006. 高新技术企业人才流失预警系统探析. 商业现代化，(11)：309-311.
黄钟仪. 2003. 企业人力资源决策预警体系的构建. 重庆工商大学学报，(3)：41-43.
李健. 2000. 关于人力资源开发中的预测预警系统研究. 天津理工学院学报，(3)：89-93.
刘成勇，李中斌. 2007. 企业人力资源风险管理问题探析. 价值工程，26（5）：120-123.
刘家国. 2007. 企业人力资源危机预警系统理论模型构建. 商业现代化，(3)：295-296.
刘磊. 2013. 浅析人力资源风险及人力资源管理风险. 人力资源管理，(9)：57-57.
罗帆，佘廉. 2003. 企业人力资源危机的预警管理. 工业工程与管理，(4)：10-14.
闵惜琳. 2004. 人才资源管理危机预警系统研究. 系统工程，(9)：74-77.
王雅荣，尉莹莹. 2014. 企业人力资源危机预警系统模型验证. 统计与决策，(9)：172-174.
尹训红. 2012. 企业人力资源类危机管理预警系统的构建思路. 商业时代，(32)：98-99.
张明亲，谢立仁. 2004. 企业人力资源管理风险预警指标体系的研究. 西安工业学院学报，(4)：403-406.
赵红月，肖慎勇. 2013. 企业人力资源危机预警模式研究. 人民论坛，(23)：74-75.
赵瑞峰，刘华明. 2012. 国有企业人力资源危机的现状分析及防范策略. 改革与战略，28（2）：139-141.

本章阅读材料：企业人力资源风险管理的研究进展

第十五章　跨国企业人力资源管理

教学目的： 掌握跨国人力资源管理的基本概念、重要性、特点
了解各国跨国人力资源管理模式
了解跨文化管理理论、跨文化沟通步骤
明确学习跨国人力资源管理难点

学习重点： 跨国人力资源管理的基本概念、特点
跨国人力资源管理难点

学习难点： 掌握我国跨国人力资源管理存在的问题及对策

引导案例

外派经理王海的经历

H公司是中国的一家知名企业，经营范围包括家电、医药、物流和房地产。H公司也是中国最早一批进行海外并购及建厂的企业，2000年H公司在美国并购了当地的一家电器工厂，生产家用电器，产品主要在北美和南美大陆销售。

为了应对业务的国际化，H公司很早就开始进行外派经理的储备培养工作。王海是该公司着意培养的外派经理之一，他精通英语和西班牙语，又在国内家电领域积累了10年的管理经验，从基层管理者做到了事业部经理。2013年他被安排到美国进行美洲市场开发的工作。外派前，总经理专门找王海谈话，明确外派的任务是在适应当地文化和维护公司利益之间找到平衡。王海对自己的管理能力和外语水平很是自信，虽然公司没有进行外派前的专门培训，他认为外派工作不会存在什么困难。

但是到达美国后，王海很快察觉到了海外文化环境给自己带来的不适感。“冲突还是挺大的。生活上就感觉挺困难，每天都在外面吃西餐、炸鸡，因为做中餐的食材在附近的市场上很难买到，我妻子想买点醋拌面条不知跑了多少家超市才买到。在语言方面，我是学西班牙语的，英语也算得上流利，一直感觉语言上没问题，可是和当地人比，我的语言基本是小学生水平，在深层次的交流上还有障碍。困扰最大的还是思维和管理方式上。例如，在国内时，我在家电事业部里曾经尝试过一个管理方式：每天谁干得好要表扬，谁干得不好，要站在‘思过台’上被领导批评。当时效果不错，总公司还派人来

学习推广过。但是，在美国工厂里，我想采取这种方法管理时，遭到了美方经理的强烈反对，美国人说：'点名表扬可以，站在思过台上批评绝对不行。'反复沟通了多次，最后有一个美国的人力资源经理想出了一个大家都接受的办法。这位经理买了一个玩具熊，一个玩具猪，线布做的，谁工作得好，就把玩具熊放在谁旁边，工作得不好，就把玩具猪放在谁的旁边。好多类似的事，各个国家的文化不一样，在中国很正常的做法，在国外就不行了，要反复沟通、谈判，有时只能放弃。"

思考题：

1. H公司对外派经理的培训方面存在哪些不足？
2. 分析中国文化和美国文化中对于批评的理解差异。
3. 从这个案例分析跨国人力资源管理不善会产生什么后果？

第一节　跨国企业人力资源概述

一、跨国公司

跨国经营的历史距今已有近200年，而跨国公司在全球范围内的蓬勃发展则是近40年的事。但在短短的40年中，跨国公司一跃成为世界经济的主宰力量，由跨国公司主导的全球经济一体化和贸易自由化已成为当今世界不可抗拒的潮流。

跨国公司是为适应现代化大生产而产生的一种企业组织形式。它通常将总部设在本国，而将分支机构和生产经营网点设立在其他一个或多个国家。跨国公司具有以下特征：经营规模庞大，跨国公司的资产所有权一般归多方主体共有，所以管理主体也必然是多元的；内部来自多方主体的管理者必然会带进各自的管理理念和方法，形成多元的管理文化，既有利于跨国公司走出一条管理的新路子，形成广阔的管理思路和管理思想，同时也给跨国公司的人力资源管理带来了许多困难。经营跨国化的基本手段是对外直接投资，美、日、欧仍然是国际直接投资的大头，但发展中国家也加快其国际投资的速度；跨国公司实施全球经营战略，一般采取的经营战略有低成本战略和差异化战略。例如，韩国的钢铁企业、半导体企业采用的是低成本战略，而宝马（BMW）公司通过向顾客提供高质量、高性能的运动型旅游轿车在世界市场进行竞争，就是采取差异化战略。

二、跨国企业人力资源管理特点

相比国内人力资源管理，跨国企业人力资源管理在很多地方都有差异。首先，就人力资源管理活动而言，跨国企业人力资源管理需要考虑更多的因素。例如，外派员工的薪酬问题。由于外派员工的薪酬是以东道国的货币为计价单位的，本国与东道国之间汇率的变化会对外派员工的实际收入造成一定的影响，因此，跨国企业人力资源管理必须解决好这些问题。其次，国际人力资源管理包含的内容更为复杂。跨国公司的员工至少来自两个国家，如何处理好不同国家员工之间的文化差异问题，就成为跨国企业人力资源管理的一个重要任务。解决跨文化问题在各种人力资源管理活动中的影响是跨国公司必须要考虑的问题。

归纳起来，跨国企业人力资源管理具有以下特点。

（1）跨国企业更注重人力资源管理与企业的发展战略相结合。跨国企业的人力资源管理服务于企业发展战略，对企业战略目标的实现起支撑作用。它不是急救式的人力资源管理，而是从招聘开始就秉承一个原则——所招聘的雇员一定符合企业发展战略的需要。不仅关注雇员的工作能力，更主要的是雇员对企业价值观、经营理念和企业文化的认同，积极鼓励雇员参与企业的经营发展战略的拟定，激励其工作的积极性、主动性、创造性和挑战性。

（2）跨国企业更重视人力资源的开发与员工素质的培养。人力资源开发是通过有计划、持续性地组织实施培训、教育和开发计划以改善员工和整个组织的工作绩效的活动。为培育有潜在能力的高级管理人才，跨国企业更注重对雇员有计划地实施系列培训项目，而不仅仅是培训雇员的岗位技能。很多跨国企业在投资国推行管理本土化战略，通过培训，本地有潜力的员工的素质得到提升，帮助其成为高级管理人员，目的是发挥他们对本地政治、经济、文化、法律、风土人情等方面熟悉的优势，使跨国公司的各种行为更符合所在国的国情。

（3）跨国企业人事部门更注重构建发展所需的企业文化。跨国企业的人事管理部门具有一项非常重要的职能，即沟通雇员与企业的关系。人事管理部门的工作人员会经常参与雇员的聚会、倾听雇员对企业和人事管理的意见、对离职雇员进行访谈，通过这些活动，雇员对企业的发展目标有一个清晰的了解，并使其认同企业的发展目标，推进更具包容性和开放性的企业文化的形成和发展。

三、跨国企业人力资源管理模式比较

著名学者摩根曾提出一个包含三个维度的跨国人力资源管理模型，三个维度分别是人力资源管理活动、企业经营所在国家类型和员工类型。其中，人力资源管理活动包括人力资源规划、员工招募、绩效管理、培训与开发、薪酬计划与福利、劳资关系，体现了人力资源的获取、分配与利用的全过程。企业经营所在国家类型包括所在国、母国和其他国。员工类型包括所在国员工、母国员工和其他国员工。再加上文化背景、招聘与培训方式的偏好、人才评价与开发的渠道、高层管理者对人才派遣的态度等变量，就形成了不同的跨国人力资源开发与管理模式。

（一）跨国企业人力资源开发与管理的美国模式

1. 美国的企业整体文化

美国是典型的个人主义文化，强调个人权利，注重社会范围内的公正和积极的自由。美国的个人主义文化深深影响着其跨国企业人力资源开发与管理的模式。在人力资源管理中，其主要表现如下：重视个性发展，强调个性的表现力，鼓励个人的创造性，向权威挑战，追求多样性，尊重冒险精神等。

2. 招聘与培训方面

美国的跨国公司主要通过报纸广告发布招聘信息、大学招聘、内部提升、雇员自荐、国家及私立就业服务等实现招聘，公司招聘战略类型多样。招聘时，个人成就（如教育、天赋、经验）是美国公司重点关注的方面，此外，工作经历也是企业考察应聘者的重要因素。对于员工的培训，主要是企业自设培训机构和利用专门的培训机构等。

3. 人才的评价和开发方面

许多美国公司都乐于确定有潜力的经理，培训使其才能符合组织对管理人才的需要。为了储备潜在的经理人员，许多美国公司在进行业绩考核时，会将管理后备力量的情况作为上一级经理人员的考核指标；一旦确定某储备人员注定会进入较高管理层，会为其设置“快车道”职业生涯，通过给他们安排各种富有挑战性的工作，锻炼其应对更复杂情况的能力，当储备人员能力达到公司要求时，就会得到迅速晋升。

4. 国际性人才的外派

跨国公司人力资源管理的一个重要方面，就是正确选派国外子公司的主要管理人员。大多数美国跨国公司的总部会给外派经理较大的授权，较少干预子公司的人事工作，子公司自主进行经理和主要管理人员的招聘，并按照公司的规定确定人员的职位和晋升。

（二）跨国人力资源开发与管理的日本模式

1. 日本的企业整体文化

日本文化的集体主义特征比较明显。日本企业文化主要有四大特点。第一，“和”的观念深入人心。“和”是指爱人、仁慈、和谐、互助、团结、合作、忍让，“和”的观念让日本企业的员工奉行团队合作和献身主义，成为保证日本企业团队高效性的精神主导和联系纽带。第二，终身雇佣制。终身雇佣制贯穿于日本员工生活与工作，但随着技术的进步，终身雇佣制会导致人力过剩的问题，迫使企业不断改善管理水平，以解决相关问题。第三，年功序列工资制。年功序列工资制主要依据员工的学龄、工龄、能力、效率等确定员工工资。第四，推行企业工会制度。

2. 招聘与培训的文化

第二次世界大战后，在人力资源开发上，日本形成了自己独特的模式，其特色是招聘卓越人才，淘汰能力较差者，提拔优秀的管理人员。对于经理的选择，日本公司将著名大学的毕业生作为主要的招聘对象，日本公司认为应届毕业生具有更强的可塑性，更易于引导其适应和认同公司文化。

3. 人才的评价与开发

相对于技术能力，管理人员的个人品质更受到日本公司的关注，公司会以战略眼光对管理人员进行开发工作。员工的考核期多为进入公司后的5~8年，主要对员工的工作业绩进行考核。考核期结束后，竞争机制就开始运行，工作业绩突出的员工每4年会获得一次晋升机会，而那些工作业绩较差的管理人员会有两种选择：一是到重要程度较低的岗位工作，二是离开公司。

4. 国际人才的外派

日本跨国公司的人事配备工作由总部统一领导，上级直接委派海外子公司的总经理，绝大部分的高级管理人员也为本国派遣，只有约一半的中低级管理人员是东道国国民。

（三）跨国人力资源开发与管理的德国模式

1. 德国的文化传统

受文艺复兴运动的影响，德国强调依法治国，拥有完备的法律体系；德国人讲究信用、严谨、追求完美的行为习惯，奠定了企业文化的基础。德国企业将人事管理视为至关重要的方面，对人事的管理为垂直和层次管理；在人力资源管理中推行科学的人事评价标准和奖惩措施。

2. 招聘与培训方面

正式学徒年限加上与技术专业密切相关的职业路径是德国模式的最大特点。德国的全国性职业教育与培训体系为德国企业提供了主要的人力资源。德国的职业教育与培训形式主要有两种：一种是包括一般和专业化的职业技术学校及学院；另一种是把在职学徒培训和业余职业学校培训相结合的双重体系。其中，双重体系占据主导地位。雇主、工会和国家互相合作，费用由公司和国家分摊，雇主负有允许职工离岗参加职业培训的义务。

3. 人才的开发与管理

德国公司对员工的考核期一般为进入公司后的2~5年，考核期较长。考核期内，员工在职能部门之间流动，以全面了解企业业务，并清楚自己的能力与兴趣。一旦选定适合自己的工作，员工就会固定在该职能部门向上发展。在以后的职业生涯中，员工必须不懈地学习和掌握新的技能，才能获得晋升。

4. 跨国人才的派遣

德国跨国企业在人才管理战略中很重要的一个特点是，十分重视让企业管理人员去国外工作，目的是让企业管理人员掌握国际经济管理的知识经验和国际市场的竞争对手的详细情况。

（四）跨国公司人力资源开发与管理的英—荷模式

英国和荷兰传统文化特色明显。两国企业普遍思维保守，管理制度严格。在招聘与培训方面，英—荷模式主要是依据具体岗位的特定需求聘用应届大学毕业生，而不会刻意去追求高端人才。在最初几年，新晋员工多在特定职能部门工作，接受公司的考核，考核优秀的员工会得到晋升和重用。在人才的开发与管理方面，英—荷模式注重培养管理人员的知识和技能，培养管理能力的全面性。在国际人才的外派方面，英—荷公司多以国家层面的地域单位为基础对人员选派工作进行管理。总部不干涉子公司的人事工作，但为了保证上下间的协调，总部会委派人事专家到子公司对人事工作进行指导。

第二节　跨文化管理与沟通

一、跨文化管理理论——文化维度理论

在跨文化管理中运用范围最广泛的是荷兰学者霍夫斯泰德提出的文化维度理论。在对 IBM 遍布全球的员工进行调查研究后，他发现不同国家文化对 IBM 员工的影响可以用 4 个维度进行区分：个体主义—集体主义、权力距离、不确定性规避、男性度—女性度。20 世纪 80 年代后期，霍夫斯泰德提出了第五个维度，长期导向与短期导向。

1. 个体主义—集体主义

这一维度是对个体与集体的关系密切程度的衡量，关系越密切，人们对集体利益的关注越高。中国和美国分别是集体主义与个体主义的典型代表。

2. 权力距离

权力距离大小与一个社会中的人群对权力分配不平等这一情况的接受程度成正比。权力距离越大，社会层级越分明；权力距离越小，越表现出民主。在企业中权力距离大小的表现形式是组织结构与决策方式的不同。权力距离大的文化中组织一般层级鲜明、决策自上而下，员工参与管理程度较低，如韩国或中国的企业。权力距离小的文化中的组织结构一般比较扁平、员工参与管理程度较高，如美国、北欧的公司。

3. 不确定性规避

不确定性规避是指人们对不确定性情况的忍受程度。但需要注意的是，不确定性规避必须在具体的范围内进行讨论。一般来说，不确定性规避越低的人越敢于冒险，对未来充满信心。

4. 男性度—女性度

男性度与女性度可以用工作中人们更注重事业成功还是生活质量来衡量。男性度强

调竞争、进取心与利益；女性度强调关系和谐与感情。与欧美国家相比，中国等亚洲国家的男性度得分也很高，即为了事业成功可以牺牲很多。

5. 长期导向与短期导向

长期和短期导向文化中人们行动的切入点不同。长期导向的人习惯从事情的边缘着手，将相关情况全部了解清楚后，再谈正在关注的生意。短期导向的人习惯从当前的生意出发，假如成功了，再拓展关系，了解其他方面的情况。

霍夫斯泰德采取定量分析的方法对五个维度的文化差异进行研究，因此每个国家在每个维度上都有一个得分。具体数据见表 15-1。

表 15-1　中、韩、印、美在五个文化维度上的量化

文化维度	国家			
	中国	韩国	印度	美国
个体主义	21	18	48	91
权力距离	63	60	77	40
不确定性规避	49	85	40	46
男性度	51	39	56	62
长期导向	118	75	61	29

二、跨文化沟通

沟通是指交往双方试图相互理解对方意图的行为，其实质是信息的传递。沟通传递的信息有语言信息也有非语言信息。信息发出者在意图传播前必须通过编码进行外部化和符号化，使意义、信息变为可以传递的符号，信息接收者接到信息后要先解码，即将接收到的符号转化为意义和信息。在同一文化中沟通时，信息发出者和信息接收者编码与解码的“规则”一致，更容易理解和达成一致；而当信息的发出者和接收者不属于一个文化单元时，就存在跨文化沟通，由于文化差异，编码与解码的“规则”不一致，在某一特定文化中编码的信息，包括语言、手势和表情等，传递到另一文化单元中，必须经过解码和破译，才能被对方接收、感知和理解，因而更容易造成双方的误解，产生文化冲突。

（一）跨文化沟通的结果

跨文化沟通有四种可能的结果，即文化融合或多文化共存、文化边缘化、文化同化及文化分隔。

当跨文化沟通双方在被主流文化的准则吸引的同时，也有意识地保存自身文化的优势时，将两种文化的精髓结合起来，就达到文化融合或多文化共存，这是跨文化沟通的最理想形式。

与之相对的是文化边缘化，是指来自少数文化的成员既不被鼓励保留他们自己的文化准则，也不被接纳加入主流文化，是最无效的文化适应方式，也是跨文化沟通中极少出现的情况。而在这两个极端之间是文化同化和文化分隔。

文化同化是指少数文化的成员单方面去迎合主流文化。研究结果表明，虽然文化同化被外派人员视为一种与当地人互动的有效的跨文化沟通方式，但如果外派人员过于被东道国文化同化，也有可能遭受母公司成员的怀疑。

文化分隔是指少数文化的成员与主流文化保持距离。例如，部分来自少数文化的外派人员避开与东道国人员的接触，甚至选择住在规定为外国人居住的区域。文化分隔简单易行，却违背大部分公司所提倡的包容政策，也不能产生有效的协作关系。

（二）实现有效跨文化沟通的措施

文化融合是有效跨文化沟通的结果。要达到这一结果，让两种或以上文化精髓融合，跨国公司管理者可以从以下几个方面着手。

（1）端正文化态度。端正文化态度是跨国公司人力资源管理者跨文化管理成功的前提。文化差异是不可避免的，但跨文化管理可以决定它是无法跨越的阻碍还是一种文化做事方式。当文化冲突产生时，管理者必须冷静地考虑双方的文化背景，明白冲突的实质，寻求正确的解决办法。

（2）语言沟通。跨文化背景下的沟通更有可能因不同文化的差异而决定语言沟通的成败。这里所说的语言不仅包括口头语言，还包括众多非口头语言，如肢体语言、书面语言等。正确的语言沟通有两点窍门。第一，当沟通双方语言不同时，口头交流应尽量表述清晰、简单、缓慢，多重复，多用主动语态。同时，辅以肢体语言与照片、图形、表格、幻灯片等书面表达方式。第二，在语言沟通的过程中，注意对方的表现，通过经常的停顿给对方理解的时间。了解双方的差异，在语言表达完之后，先假定对方不理解，让对方将所理解的部分解释一遍，确定其理解程度。

（3）跨文化培训。随着跨文化交流的增多，跨文化培训已成为人力资源管理不可分割的一部分。跨文化培训能帮助跨国企业培养立足全局、适应性强、具备积极的首创精神的管理者。跨文化培训的主要内容有文化认识、文化敏感性训练、语言学习、跨文化沟通及处理跨文化冲突的技巧、地区环境模拟等。其主要目的在于降低外派人员与东道国员工产生文化冲突的可能性；促进东道国员工对母公司价值观与工作方式的理解和认同；维持跨国企业内部良好稳定的人际关系；促进跨国企业内信息传播；提高决策过程的效率；加强跨国企业内的团队协作精神与公司凝聚力。

（4）跨文化的文化适应和变革。学习和适应东道国文化是跨国企业成功经营的基础，但在此之上跨国公司还应提高对不同文化变化的鉴别能力甚至对东道国文化的某些方面加以变革。只有这样才能适应多变的文化环境，达成跨国企业的经营目标。

对东道国文化进行适应或变革是一个渐进的过程。多元文化背景下的跨国经营者首先考虑的是东道国文化的适应问题，确定多方能够顺利合作后，对不同文化引发的冲突达成共识，才能有效地开展下一步的工作。同时，了解东道国对文化变革的抗拒程度。东道国文化或多或少存在不同程度的排外情绪，在面对外来文化时，难免采取一种谨慎的态度。跨国经营者可以对东道国文化的组成进行区分，学习和适应语言、风俗习惯，渗透和引导消费者购买方式和员工工作方式等一些抵触情绪较小的领域，慢慢将东道国文化改造为更有利于跨国企业经营的文化。最后，跨国经营者还应对东道国文化变化的方向、过程与程度有一个清晰、明智的认识。只有这样，才能更适应东道国的文化，减少文化差异对公司经营的影响程度，进而有的放矢地对东道国的文化施加影响。

第三节　跨国企业人力资源管理的难点突破

一、跨国公司知识转移问题

（一）跨国公司知识转移含义

跨国公司知识转移，是指经验知识（如技能和能力）与具有战略价值的外部信息在跨国公司母子公司之间，以及各国子公司之间的双向流动过程。其中经验知识包括流程设计、营销诀窍、采购技巧、产品设计、企业文化等方面；而外部信息则包括具有全球战略价值的关键顾客、竞争对手或供应商的信息。

企业知识包括显性知识与隐性知识。显性知识能够通过语言、文字、数据、公式等清晰地表达，其特点在于规范化、系统化，易于沟通和分享。隐性知识是指高度根植于个人行为经验和个人所处的环境之中的，难以用语言清晰表达的，不易于沟通和交流的，只有通过切身实践才能为人所掌握的知识。已有研究表明，相较于显性知识，隐性知识的跨国界转移更为困难。

（二）促进跨国公司知识转移的人力资源管理实践

麦肯锡咨询公司在2000年针对40家欧洲、日本与美国公司进行深入研究，调查结果显示，成功的企业通过一些人力资源管理制度和实践，一方面激发员工追求知识的渴望，另一方面促进知识能够不断在企业中创造、运用与扩散。

通常跨国公司可以通过以下人力资源管理实践促进知识，特别是隐性知识的转移。

（1）经理人激励机制。跨国公司对子公司的激励机制会增强子公司人员的学习意愿，从而促进知识的有效转移。具体做法如下：将知识共享与转移过程中子公司的参与度与经理的晋升挂钩并予以奖励；激励子公司成员学习母公司知识；激励子公司成员学习标杆子公司知识。

（2）跨职能团队。在跨国公司中，跨职能团队通常由来自不同的海外子公司或职能部门的人员组成的，为完成某个项目或计划而设立的组织形式。跨职能团队具备组织形式灵活的特点，是组织内部的不同单元之间的交流渠道，不同子公司的员工能在跨职能团队中进行面对面的交流，而且跨职能团队为团队成员相互学习提供实践的场所。

（3）人员培训。跨国公司通过人员培训促进知识转移，具体可从三个角度着手。首先，增强员工的吸收能力。通过教育和培训，公司能在增加员工知识储存的基础上提高并更新员工的业务技能和管理理念，从而增强跨国公司员工对于新知识，尤其是隐性知识的吸收和利用能力。例如，松下公司在 20 世纪 70 年代初期成立的海外培训中心，帮助众多公司管理者提高语言能力，为他们到全球的子公司工作奠定良好的基础。其次，拓宽子公司的沟通渠道。在参加跨国公司组织的培训项目时，来自不同子公司的管理者可以在培训过程中开展正式与非正式的交流与沟通，建立起紧密的人际关系网络。最后，塑造跨国公司的组织文化。员工可以在培训项目中了解公司共同的发展蓝图和价值体系，因而降低知识转移过程中传递单位与接受单位之间由组织文化差异引发的问题，促进跨国公司内部各单位之间知识转移过程的进行。

（4）员工轮岗。越来越多的跨国公司开始采用职员轮岗这一促进知识有效流动的管理工具。基于隐性知识根植于个人经验和组织惯例之中的特质，公司可以通过人员的流动促进隐性知识转移。员工轮岗可以帮助员工从多个不同的角度理解企业的业务，同时可以促进知识传递者与接受者之间的沟通；轮岗过程中人际关系网络的加强也有助于知识和技术的自主传播。按主体可将跨国公司中员工轮岗的方式分为三种：第一，以母公司为主体，由母公司向各个子公司输送外派人员；第二，以子公司为主体，各海外子公司之间进行人员流动；第三，以跨国型职员为主体，母子公司和子子公司之间流动趋于平衡。

（5）实践社区（community of practice）。实践社区是一种由众多具有特殊专长的企业员工所组成的非正式网络群体。这些特殊员工在相互交流和帮助的工作过程中形成相对趋同的兴趣和目标，进而产生知识分享的需要与行为。在实践社区中，知识转移是一个交流—信任—学习—分享的良性循环过程。具体的循环过程如下：实践社区的成员通过相互交流经验营造出一种相互信任的知识分享氛围；信任促使实践社区成员更加积极主动、快速地学习其他成员的知识与经验；而成员通过实践社区获得的知识越多，就越想与其他成员一起分享所学的知识，共享知识又会引发成员之间进一步的分享。

二、跨国企业人才流失

员工是跨国企业最重要的资源，但也是极有可能因管理不善而流失的资源。因为跨国企业所处环境更为复杂，时常要面对文化冲突，管理的难度更高，而员工因为处在规模庞大的跨国企业中，与高层管理者和核心权力层的心理距离较大，与其他员工的沟通渠道不一定畅通，往往感受不到人情关怀，降低对企业的忠诚度，更容易流失。

（一）跨国企业人才流失的原因分析

1. 外部因素

影响企业人力资源流失风险的外部因素是指跨国企业在进行国外投资经营时所处区域的外部环境因素。外部环境一般由自然环境和社会环境组成。自然环境是指子公司所处的地理位置、地形、气候条件、自然资源及环境污染情况等。例如，东道国的地形面貌是高山、平原还是沙漠可能决定跨国企业人力资源的去留，气候条件（如温度、降雨量、风等）也会限制人们的活动。总的来说，东道国的气候条件和母公司所在地或者招聘的第三国人员所在地的气候条件越相近，母公司派出的人员或者从第三国招聘的人员越能适应该地区的气候，从而适应该国环境，特别是不会因为自然环境给他们及其家人的健康状况带来不良影响而造成人员流失。社会环境是决定跨国企业员工去留的另一重要因素，一般是指社会环境中的政治法律环境、经济市场环境及社会文化环境对员工造成的影响。

2. 内部因素

内部因素主要是跨国企业内部管理因素。如果跨国企业在人才选拔时不够公平，对员工缺乏有吸引力的职业发展设计，不同国家的雇员薪酬差距过大，绩效评估标准没有考虑东道国实际情况，对外派人员缺乏足够的培训和关怀，企业文化冲突不断等，都可能导致跨国企业人才的流失。

（二）跨国企业解决人才流失的对策

为了避免人力资源的流失，跨国企业必须从人力资源管理角度出发，使员工对企业产生归属感从而留住人才。跨国企业留住人才的措施可从以下几个方面着手。

1. 薪酬制度优化

与母公司的薪酬制度相比，跨国经营的独特经营环境给企业带来更大挑战。例如，在全球多个国家建立子公司的跨国企业在制定子公司的薪酬策略时，是按照母公司的标准还是东道国的标准，或者按照跨国企业在全球子公司的薪酬平均水平制定？除此之外，跨国企业人力资源组成的复杂性也给薪酬制度的制定带来麻烦。如何平衡外派人员、东道国人员及第三国人员之间薪酬的公平与效率是跨国人力资源管理必须考虑的问题。

在跨国企业中员工对薪酬的不满往往源于外派人员对比外派报酬与在生活水平较高的国内工作时得到的同期报酬，以及欠发达的东道国当地员工与外派人员薪酬比较时产生。优化跨国企业的薪酬管理，对于外派人员，常见的薪酬方案主要有三种：第一是以国内基本薪酬为基础加上东道国生活及住房补贴；第二是直接采用东道国员工的基本薪酬制度再给予一定的补贴；第三是采用区域统一薪酬制度。在薪酬方面应保证外派人员能够享受与母国同样或者以上的生活水平。一般情况下，外派人员都想去经济发达的国家，而当他们被派去环境恶劣的国家时就需要高的薪酬和好的福利制度激励。

对于东道国的员工，要了解其需求层次和优势需要，实行公平合理的薪酬制度，构建畅通的沟通机制，还要顺应实际情况的变化，对薪酬水平进行适时的调整。例如，当东道国员工素质与国外员工素质差距大幅缩小，薪酬的差距也应该适当调整，可以列出他国员工的驻外补贴，但岗位工资不应该再有较大差距。

2. 职业设计明确

职业设计与员工的职业倦怠感、工作满意度等相关，是影响员工流失的潜在因素之一。在跨国企业中，要有明确的职业发展通道的设计，并让全体员工了解，按照选择哪国人（母国人、东道国人、第三国人）最为有利的原则来选拔，不要设置歧视性的标准。对外派人员，要帮助其制定职业规划，规划内容包括被选拔者上任后的工作安排、未来可选择的职业走向、外派期间的工作任务和外派人员归国后的政策。让被外派者了解任期的具体任务和个人可获得的实际利益，为未来职业发展带来的好处，解除外派人员的后顾之忧，更能留住人才。

3. 绩效评估改进

跨国企业绩效管理的难点主要体现在母国公司对外派人员在东道国子公司的工作成效缺乏合理的评估和考核。与东道国人员相比，外派人员的工作需要考虑母公司和东道国子公司两者的利益。外派人员的绩效考评主要由母公司与东道国子公司上级两部分评价构成，由于外派的特殊性，两方对外派人员的工作绩效可能存在误解。特别是母公司对外派人员的考核往往以公司的外派任务为基础建立定量的指标，如产量、销售额、利润率及市场份额等，忽视外派人员为适应新环境所做出的努力。同时，有时定量指标会受东道国政治经济环境变化的影响，不由外派人员控制。跨国公司应以原有绩效管理体系为基础，制定适合外派人员的弹性的绩效管理机制：将外派人员的工作环境考虑在内，调整绩效指标的权重与分布；在绩效标准调节和实施过程中都应加强与外派人员的沟通，确保标准是适合的，同时可加强对绩效的监督；要对外派人员的工作给予充分支持，为其高绩效完成任务提供力所能及的帮助；要充分信任外派人员的能力，适当放宽外派人员的工作权限。

4. 企业文化凝聚

只有在多样性的文化背景中建立具有跨国企业特色的企业文化，用统一的思维和行为规范引导和激励员工，才能降低文化冲突对跨国公司的影响。企业文化是跨国企业员工形成凝聚力向企业战略目标前进的关键，也是留住跨国企业人才的根本。

三、跨国企业外派人员管理

（一）外派失败的因素分析

外派人员是相对于跨国公司的母国和母公司而言派往东道国和子公司的。但由于外派人员个人、企业制度设计及宏观经济社会因素，外派往往难以取得预期的理想效果。外派失败的具体原因较为复杂，大致涵盖以下几个方面。

（1）从宏观角度看，母国和东道国的政治、经济、法律、社会、科技及文化等方面存在差异，外派人员难以适应。

（2）从企业角度看，跨国企业对外派人员管理往往存在缺失或者不健全；外派人员挑选失误；忽视外派前的准备；缺乏对外派人员海外任职期间的支持；对归国人员安置失当。

（3）从个人角度看，家庭因素是外派员工首要考虑的因素，派驻海外通常意味着与家人地理上的分离，不能有效照顾家庭成员，难以实现工作生活的平衡发展；文化冲击也是外派员工面临的重要障碍，如何适应东道国的社会文化，与当地员工沟通融合协作，都对外派员工提出了挑战。

（二）外派人员的过程管理

强调对外派人员实施过程管理，重点在于从外派前、外派期间和任满归国三阶段对外派员工加以积极影响。

1. 外派前外派人员的选拔

按照恰当的标准选拔合适的外派员工是过程管理的起点，外派人员合理的选拔标准来自企业的外派管理战略。企业层面要考虑外派人员技能、环境因素、文化冲击、家庭因素、价值观。把这些因素转化为选拔标准，分别体现为工作因素——工作技能、工作经验、教育经历；人际因素——交流和沟通能力、文化移情能力；适应能力——跨文化适应能力、语言技能；家庭因素——配偶因素、家庭成员的意愿、家庭成员适应新环境的能力；其他因素——接受海外派遣的动机、职业目标、健康状况等。跨国公司可根据上述选拔标准开发较为全面的测试量表和选拔工具，辅助管理人员决策。

2. 跨文化培训的实施

对外派员工实施跨文化培训是企业提高员工跨文化适应性的重要手段，要把握以下三个要点。首先，跨文化培训是个长期的系统循环工程，不可能一蹴而就。要做好前期的培训规划，跨文化培训在外派预备前、启程前、到任后、归国前等外派管理的四个阶段都要开展。其次，四阶段紧密相连，环环相扣。四个阶段培训的重点有所差异，但要注意其衔接和连贯性。最后，要做好培训需求分析及后期评估，需求分析是培训工作的起点，也是确定培训内容选择培训方式的依据；每个阶段培训结束后，要对实施效果进行客观评估，有利于系统持续改进跨文化培训工作。

3. 外派期间外派人员的管理

首先，对外派人员任职期间的调整做出计划。包括对新的工作要求的调整、与东道国国民的社交调整、对东道国文化和生活环境的一般性调整。

其次，对外派人员的绩效评估做适当安排。外派人员的绩效评估体系包括三个环节，即绩效目标的设置，绩效评估的操作及评估结果的管理应用。跨国公司必须考虑评估目的、环境状况、评估者、评估标准、评估频率和评估方法等方面，设计出一个有效的外派人员的绩效评估体系。

最后，对外派人员的薪酬恰当地设计。外派人员的薪酬通常包括基础薪酬、激励性薪酬、福利、税收补贴、海外特别津贴等五部分，跨国公司要对各部分整体规划并进行局部调试，才能起到较好的激励和保障作用。基础薪酬可以参照岗位工资制、技能工资制或谈判工资制；激励性薪酬要注意奖金等短期激励和股票期权等长期激励的组合使用；外派人员的福利项目起到很关键的作用，包括标准福利（保障计划与非工作时间薪酬）和额外福利（搬家补助、离家补休福利、休整假期福利等）。海外特别津贴是外派员工薪酬的重要组成部分，部分企业甚至占外派人员薪酬比例的50%以上，一般涵盖商品和服务津贴、住房津贴、艰苦津贴、教育津贴等。

4. 任满后外派人员归国管理

海外任职期满后，外派人员要面临再一次的文化调适和职业震荡。企业要帮助员工进行心理缓冲和干预。归国管理包括四个步骤：帮助外派人员明确归国后的计划和安排；妥善安置外派人员及其配偶；帮助外派人员尽快适应母国工作环境，不仅应在工作、生活上提供帮助、指导，还应进行必要的心理辅导。

【本章小结】

本章主要介绍了跨国公司人力资源管理的基本概念、跨文化管理的基础理论，概括了跨国企业人力资源开发与管理的美国模式、日本模式、德国模式和英—荷模式的特点，并阐述了跨国公司人力资源管理的难点如何突破，对跨国企业人力资源管理存在的问题提出了解决思路。

【本章关键词】

跨国公司	multinational corporation	母公司	parent company
子公司	subsidiary company	文化差异	cultural difference
跨文化管理	cross-cultural management	跨文化沟通	cross-cultural communication

【练习题】

1. 对比跨国企业人力资源开发与管理的美国模式、日本模式、德国模式和英—荷模式的特点。
2. 你认为如何减少跨国公司人才流失？
3. 如何做好跨国公司外派人员的管理？

案例讨论

家乐福本土化过程中出现的问题

成立于1959年的法国家乐福集团作为欧洲第一，全球第二的跨国零售企业，于1995年进入中国大陆市场，在北京建立了第一家门店。截至 2013 年底，家乐福在中国 73 个城市开设了 236 家大型综合超市，拥有员工 6 万多人。家乐福秉承“本土化战略”，与本地企业共同投资成立合资公司，中方占股达到 30%~45%，并与 2 万多个本地供应商建立良好的合作关系。作为中国社会的一员，家乐福积极参与社区活动、助力公益事业，家乐福中国连续四年获得在华外资企业最佳“光明公益奖”。家乐福致力于中国零售业的健康发展，并力争成为中国消费者喜爱的品牌。2000 年，家乐福在中国设立亚洲唯一的一所培训中心，为家乐福和中国零售业的发展培养专业人才；2013 年，家乐福与中国各地院校签署校企合作协议，向在校学生提供实习和就业机会……经过 20

余年的本土化发展，家乐福培养了大批本土人才。显然，家乐福在中国的本土化战略尤其是人力资源管理的本土化还是取得了一定的成绩，但在这个过程中难免要面对一些棘手的问题。

家乐福在中国的发展初期采取“小火慢炖”的策略，逐渐尝到了扩张带来的利润甜头，扩张的速度逐年增长，慢慢超出了公司原本的战略预期，很多配套的管理措施无法满足公司扩张的速度，例如，随着新店数量的增加，需要招募一大批新的基层销售员工，公司原本制定的培训规划无法保证每一位基层员工在上岗前都得到必要的培训，因此造成家乐福一些新门店的员工综合素质较低，单就英语水平这一项来说，在笔者调查的几家家乐福超市中，掌握基本英语口语对话的基层员工人数不到5%，对于家乐福这样一家全球第二大零售超市来说，在中国也免不了要接待来自各个国家的消费者群体，如果基层促销人员或收银员没有掌握基本的英语对话能力，显然会影响企业形象和销售业绩。

家乐福进入中国，由于东西方典型的文化差异，对于劳资问题的处理方式也存在诸多矛盾和冲突，中国本土员工缺乏归属感，也影响了人力资源管理本土化的顺利推进。第一，薪酬问题，家乐福作为一家跨国公司，由于其跨国经营的特殊性，对于东道国本土员工和对于外派人员，分别适用于不同的薪酬体系和标准，而这种区别对待无疑将会影响薪酬制度的内部公平性，尤其是外派员工工资远远高于本土员工的事实，更是降低了本土员工的归属感从而影响其工作积极性。第二，没有结合中国员工的实际情况改进绩效考核制度。家乐福对于基层卖场销售人员的绩效评估以个人定量销售额考核为主，这也充分体现了西方绩效考核制度中对个人主义的强调。然而，工作态度、人际关系、忠诚与否等感性层面的能力却是很多中国企业绩效考核的重点，因此法国定量的绩效考核可能在中国出现水土不服的情况，对销售员个人定量考核比重过大容易降低员工的工作满意度。第三，对员工合法权利保障不够导致劳资纠纷。近年来，中国对《劳动法》和《劳动合同法》两部保障劳动者合法权益的法律进行了修订和完善，而家乐福在人力资源管理本土化的过程中并没有及时根据法律法规的变化来调整规范其劳动合同。2013年4月，长沙家乐福超市就因为非法解除与员工黄某的劳动合同被告上法庭，最终判决原告家乐福在裁决书生效之日10日内，支付被告赔偿金11万余元。家乐福进入中国的二十几年来，公司不遵守《劳动法》的相关规定，无理由辞退员工和员工权益得不到充分保障的问题频频引起公众关注，在消费者群体中对企业形象造成了严重的不良影响，也让本土员工对企业失去了信心和忠诚度。

思考题：

1. 家乐福在中国的人力资源管理本土化过程中存在哪些问题？
2. 如何提高家乐福在中国的员工素质？
3. 如何处理跨国企业人力资源管理中的“同工不同酬”现象？
4. 跨国企业如何避免劳动关系的法律纠纷？

参 考 文 献

陈晓萍. 2009. 跨文化管理. 第二版. 北京：清华大学出版社.

陈艳红，姜启军. 2012. 跨国经营企业人力资源本土化的问题与对策. 上海海洋大学学报，21（5）：923-928.

邓武. 2013. 跨国公司人力资源管理模式研究. 现代企业教育，（24）：52.

金明吉. 2006. 基于文化差异的跨国公司人力资源管理模式研究. 哈尔滨工程大学硕士学位论文.

刘宏鹏. 2010. 跨国经营中的人力资源管理难题及应对策略. 中国人才，（4）：67-69.

刘宏鹏，仲秋. 2010. 跨国经营中的人力资源管理难题及应对策略. 中国人才，（7）：67-69.

刘正凯. 2011. 跨国公司人力资源管理的特点及发展趋势探讨. 企业管理，（12）：114.

罗舒哲. 2012. 跨国经营人力资源配置策略选择的影响因素研究. 大连民族学院学报，14（4）：372-375.

孟繁强. 2010. 企业跨国经营的人力资源策略分析. 中国人力资源开发，236（2）：23-27.

邵芳，陈艳芳. 2009. 跨国公司人力资源管理评述. 经济论坛，465（17）：125-127.

王丰. 2010. 企业跨国经营中人力资源管理模式的选择研究. 河北工程大学学报（社会科学版），27（2）：33-34.

王兰. 2014. 论跨国企业跨文化人力资源管理存在的问题及解决策略. 人力资源管理，（6）：29-31.

吴爱明. 2007. 我国企业跨文化人力资源管理模式选择. 生产力研究，（6）：121-122.

杨河清，潘虎，张瑞杰. 2008. 跨国企业人力资源管理开发新特点. 人力资源研究，5：30-31.

叶红春. 2012. 企业跨文化人力资源管理模式研究——基于霍夫斯泰德文化维度. 科技与管理，14（6）：118-121.

张凤和. 2007. 跨国企业的战略人力资源管理. 兰州大学硕士学位论文.

张少辉，高爱军. 2010. 当代跨国公司人力资源管理的特点与启示. 东岳论丛，31（11）：63-65.

赵曙明. 2016. 国际企业：人力资源管理. 第五版. 南京：南京大学出版社.

赵曙明，武博. 2002. 美、日、德、韩人力资源管理发展与模式比较研究. 外国经济与管理，（11）：31-36.

赵曙明，高素英，耿春杰. 2011. 战略国际人力资源管理与企业绩效关系研究——基于在华跨国企业的经验证据. 南开管理评论，14（1）：28-35.

朱晋伟. 2010. 跨国经营人力资源管理模式的选择. 商业经济与管理，227（9）：27-32.

Black J S，Mendenhall M A. 1989. Practical but theory-based framework for selecting cross-cultural training methods. Human Resource Management，28（4）：511-539.

Desatnick R L，Bennett M L. 1978. Human Resource Management in the Multinational Company. New York：Nichols.

Dowling P J. 1988. International and domestic personnel/human resource management：similarities and differences// Schuler R S，Young-Blood S A，Huber V L. Reading in Personel and Human Resource Management. St. Paul：West Publishing.

Hofstede G. 1991. Cultures and Organizations. London：McGraw-Hill.

Kleiman L S. 2003. Human Resource Management：A Managerial Tool for Competitive Advantage. Stanford：

Thomson Learning.

Markus H R，Kitayama S. 1991. Culture and the self：implications for cognition，emotion，and motivation. Psychological Review，98：224-253.

Trompenaars F，Hampden-Turner C. 1997. Riding the Waves of Culture. New York：McGraw-Hill.

本章阅读材料：跨国企业人力资源管理的研究综述